今からでもすぐできる！

弁護士メンタルヘルスケアの心得

メンタルお悩み事例から学ぶ
セルフケア実践法

三浦 光太郎 編著

第一法規

・本書は、2025年1月末日内容現在にて執筆・編集をしています。
・本文中に記載されている商品名及びサービス名は、各社の登録商標、商標又は商品名です。(2025年1月末日までに公表されている内容によっています。)
　なお、本文中ではこれらについて、TMなどのマークを省略しています。

はじめに

　本書では、弁護士が抱えがちなメンタルヘルスの問題について解説しています。弁護士はやりがいの大きい仕事である反面、業務時間が長くなることが多く、依頼者や相手方を含む様々な関係者との難しいやり取りが発生することもあるなど、心身ともに負担の大きい仕事です。中には、過労やストレスを理由に心身を病んでしまう方や、残念ながら命を落としてしまう方もいらっしゃいます。本書は、このような事態を避けるべく、弁護士の皆様が日々心身ともに健康を保ちながら働けるようにするためのガイドとなるように執筆されました。

　本書は、理論編と事例編の2部構成です。理論編では、メンタルヘルスに関する基礎知識を説明し、メンタルヘルスに関する問題やメンタルヘルスケアの方法などについて解説しています。事例編では、インタビューに協力していただいた弁護士の皆様の話をもとに21の事例を紹介し、当該事例で生じたメンタルヘルス上の問題や、取るべき対処法を解説しています。本書を通じて、弁護士が抱えやすいメンタルヘルス上の問題やこれに対する対策を知り、日頃からメンタルヘルスケアに努めていただくとともに、問題を抱えた際には、本書を参考にご対応いただければと思います。

　もっとも、弁護士という仕事の多忙さや責任の重さを踏まえると、時には十分な休養を取ることが極めて難しい状況もあるかと思います。本書では、忙しい合間でもできる簡易なメンタルヘルスケアについても記載しております。普段は日々のセルフケアや休養を通してしっかりとメンタルヘルスケアに努めることが最も望ましいですが、どうしても休みがとれないときには、本書を参考に短時間でできるセルフケアをお試しください。本書が少しでもメンタルヘルスの悪化を防止するための一助となれば幸いです。

はじめに

　本書の刊行に当たり、本書の執筆にご協力いただいた皆様にこの場を借りて感謝を申し上げます。まず、本書の企画から発行に至るまで、小林千紘様をはじめとする第一法規株式会社の皆様に多大なご尽力をいただきました。また、本書の執筆に時間を惜しまず、その専門知識と経験を生かして本書の内容を実用的なものとしてくださった執筆者の皆様にも深く感謝いたします。さらに、インタビューに快く応じてくださった弁護士の皆様や、事例と解説の調整にあたり意見交換をしてくださった弁護士の皆様のおかげで、実例を踏まえた臨場感のある事例と実務に寄り添った解説を作成することができました。特に、本書の全体的な内容について貴重な意見をくださった弁護士法人世田谷用賀法律事務所パートナーの島村光弁護士にも感謝いたします。最後に、弁護士として本書の内容について多くの助言をしてくれただけでなく、妻として理解と協力を惜しまず常に私を支えてくれた玲奈に、心から感謝しています。

　なお、本書につきましては、編者及び著者が所属し、または過去に所属していた法律事務所、企業、病院、事業所、学校その他の団体の見解を示すものではございません。

2025年1月吉日

　　　　　　　　　　　　　　　　　　　　　　　　　三浦　光太郎

弁護士メンタルヘルスケアの心得 ◎ 目次

はじめに ——————————————————————— (3)

理論編

第1章 弁護士業務とストレス —————— 2

Ⅰ ストレスとは何か？ —————— 2
　1．ストレスの定義や種類　2
Ⅱ ストレスに強いとは？ —————— 9
　1．「ストレスに強い」ことのよくある誤解　9
　2．ストレスへの強さの理解を深める　14
Ⅲ ストレスによる弁護士業務への悪影響 —————— 18
　1．ストレスが弁護士業務に与える悪影響の具体例　19

第2章 弁護士が抱えやすい不調 —————— 28

Ⅰ 弁護士を取り巻くストレス —————— 28
　1．弁護士を取り巻く環境　28
　2．弁護士が抱えるストレス　29
Ⅱ 弁護士業務への影響 —————— 33
Ⅲ 事務員がストレスを感じやすい場面とは？ —————— 34
　COLUMN　カウンセラーから見た弁護士という仕事の大変さ —————— 36

第3章 自覚症状チェックリスト —————— 38

Ⅰ 各種チェックリストの概要 —————— 39
　1．ストレスに関するチェックリスト　39

2．疲労の蓄積　　45

　　3．抑うつ症状　　48

　Ⅱ　代表的な精神疾患の特徴と治療法 ──── 52

　　1．気分障害　　52

　　2．適応障害　　53

　　3．発達障害　　54

　　4．不安障害　　54

　　5．アルコール使用症　　56

　　6．睡眠障害　　56

第4章　セルフケア ──── 58

　Ⅰ　弁護士に必要なセルフケア ──── 58

　　1．必要最低限のセルフケア　　58

　　2．弁護士に必要なセルフケアとは？　　59

　Ⅱ　具体的なセルフケア方法の紹介 ──── 60

　　1．生活習慣を整える──日常生活の積み重ねから　　60

　　COLUMN　何もしないことの大切さ ──── 71

第5章　業務上のコミュニケーション ──── 73

　Ⅰ　円滑なコミュニケーションを行う方法 ──── 73

　　1．円滑なコミュニケーションをとるための理論　　73

　　2．自我状態　　76

　　3．依頼者と円滑なコミュニケーションを行う方法　　78

　Ⅱ　法律事務所における働き方とその影響 ──── 83

　　1．法律事務所の運営状況　　83

　　2．弁護士のストレス事情　　84

Ⅲ　職場におけるコミュニケーション ── 87
　　1．法律事務所内で円滑なコミュニケーションを
　　　可能にする方法　87
　　2．心理的安全性　93
　　3．ボス弁に期待されるコミュニケーション　95

第6章　休業と復帰 ── 101

　Ⅰ　メンタルクリニックの受診について ── 101
　　1．メンタルクリニック受診の目安　101
　　2．メンタルクリニックの選び方のポイント　103
　Ⅱ　休業から復職へ ── 107
　　1．主治医から仕事を休むように提案された場合　107
　　2．復帰後の働き方　112
　　3．事業所によるメンタルヘルス不調者への
　　　対応のポイント　113

事例編

事例編を読む前に ── 124

CASE 1　若手弁護士
新人弁護士の苦悩──職場環境と業務内容への不満 ── 125

　Ⅰ　新人弁護士Aが抱える問題 ── 126
　　1．成長の機会がないことへの不安や苛立ち
　　2．不平等に対する不満
　　3．所長とのコミュニケーション不全

弁護士メンタルヘルスケアの心得 ◎ 目次

 Ⅱ 新人弁護士Aが取った対策 ── 128
  1．自分から学びに行く姿勢
  2．同期との扱いの相違を知る
  3．同僚の話から事務所への理解を深める
  4．他の法律事務所の弁護士から話を聞く
 Ⅲ 本事例で取れるその他の対策や予防 ── 131
  1．社会人経験がない苦労
  2．ストレスケア

CASE 2　若手弁護士
ボス弁からの厳しい叱責に悩む日々 ── 134

 Ⅰ 若手弁護士Bが抱える問題 ── 135
  1．ストレス反応
  2．学習性無力感
  3．職場内のソーシャルサポートの不足
 Ⅱ 若手弁護士Bが取った対策 ── 137
  1．職場外のソーシャルサポート
  2．脱中心化（Decentering）
 Ⅲ 本事例で取れるその他の対策や予防 ── 139
  1．心理学的なアプローチ
  2．現実的なアプローチ

CASE 3　若手弁護士
訴訟で緊張してしまう新人弁護士 ── 143

 Ⅰ 新人弁護士Aが抱える問題 ── 144
  1．裁判官への対応に対する不安と緊張
  2．完璧主義によるプレッシャー
  3．緊張や不安感が強くなった場合の心理的な不調

Ⅱ 新人弁護士Ａが取った対策 —— 146
1．他の人の話を聞く
2．成功体験などを振り返る
3．訓練の実施

Ⅲ 本事例で取れるその他の対策や予防 —— 147
1．あがり症を克服するためにできる対策
2．緊張に対する心構え
3．完璧主義への対策
4．ストレスコーピング
5．認知行動療法

CASE 4　若手弁護士
成長への焦りで失われるプライベートと健康 —— 152

Ⅰ 若手弁護士Ａが抱える問題 —— 153
1．弁護士としての職場適応
2．劣等感と自己評価の低さがもたらすもの
3．ワークライフバランス

Ⅱ 若手弁護士Ａが取った対策 —— 156
1．仕事量を増やす（ハードワーク）
2．指導担当係への相談
3．目標の設定とコーピングスキル
4．ストレス発散のための飲酒

Ⅲ 本事例で取れるその他の対策や予防 —— 157
1．成長のためのハードワークを見直す――交流分析の人生脚本から
2．自己評価と振り返り――少しの軌道修正をしたいとき
3．時間配分の見直し

弁護士メンタルヘルスケアの心得 ◎ 目次

CASE 5　若手弁護士（中堅弁護士・経営者弁護士）
仕事の相談がしづらい職場環境 ── 162

Ⅰ　新人弁護士Ｈが抱える問題 ── 163
　　1．相談できない環境
　　2．相談できない個人的要因

Ⅱ　新人弁護士Ｈが取った対策 ── 165
　　1．相談しやすい環境を作ったこと
　　2．できることから行動に移したこと

Ⅲ　本事例で取れるその他の対策や予防 ── 166
　　1．三項随伴性──相談できないメカニズム
　　2．相談しやすくする組織的な取組み
　　3．相談を可能にする個人レベルの取組み
　　4．相談するための準備
　　5．弁護士の友達づくり

CASE 6　中堅弁護士
独立への思いと家族からの反対 ── 173

Ⅰ　中堅弁護士Ａが抱える問題 ── 174
　　1．成長とともに変わるキャリアの葛藤

Ⅱ　中堅弁護士Ａが取った対策 ── 175
　　1．ネガティブ・ケイパビリティ
　　2．キャリアの葛藤を超える──仕事は人生の一部
　　3．相談の重要性
　　4．「価値」の明確化

Ⅲ　本事例で取れるその他の対策や予防 ── 179
　　1．ネガティブ・ケイパビリティの鍛え方
　　2．コーピングレパートリーを豊富に

CASE 7 中堅弁護士
忙しくて週末も家族との時間が取れない ─── 182

Ⅰ 中堅弁護士Aが抱える問題 ─── 183
1. 土日休みを決断する前の葛藤
2. 土日休みを決断した後の葛藤

Ⅱ 中堅弁護士Aが取った対策 ─── 184
1. アクセプタンス＆コミットメント・セラピー（ACT）
2. ソーシャルサポート

Ⅲ 本事例で取れるその他の対策や予防 ─── 189
1. 柔軟な働き方
2. 依頼者の期待値の調整
3. 思考を柔軟に保つこと

CASE 8 経営者弁護士
パートナー候補の退職と引継ぎの苦労 ─── 193

Ⅰ 経営者弁護士Lが抱える問題 ─── 194
1. 所属弁護士の退職という喪失体験
2. 引継ぎの負担により生じるさまざまな懸念

Ⅱ 経営者弁護士Lが取った対策 ─── 196
1. 退職に対するネガティブな感情の整理
2. 引継ぎ業務への割り切り
3. 業務体制の再編

Ⅲ 本事例で取れるその他の対策や予防 ─── 199
1. コミュニケーションによる職場環境の改善
2. メンタルヘルス不調のチェック
3. その他の考えられる対策

弁護士メンタルヘルスケアの心得 ◎ 目次

CASE 9 経営者弁護士
弁護士や事務員の退職と難航する採用 ——— 201

- I 経営者弁護士Aが抱える問題 ——— 202
    1. うまくいかないことが繰り返されることで生じる心理的状況
       ——学習性無力感
    2. 求める人材が採用できない!!——要求水準を検討する
- II 経営者弁護士Aが取った対策 ——— 204
    1. 現実問題への対処——弁護士Aの実行機能の高さ
    2. ピアサポートの獲得
- III 本事例で取れるその他の対策や予防 ——— 206
    1. 学習性無力感の改善に取り組む
    2. 要求水準を下げるには？
    3. 要求水準を下げられない背景とその対処——実行機能と問題解決

CASE 10 経営者弁護士
ボス弁の孤独 —— 経営方針の衝突と相談相手の不在 ——— 228

- I 経営者弁護士Fが抱える問題 ——— 210
    1. 他人に向けられる完璧主義
    2. 経営者の孤独感
- II 経営者弁護士Fが取った対策 ——— 213
- III 本事例で取れるその他の対策や予防 ——— 214
    1. 完璧主義の緩和
    2. 孤独感の軽減
    3. レジリエンスの向上
    4. 不調に気づく方法

CASE 11 経営者弁護士（弁護士全般）
事務所運営と好きな仕事の間で揺れる思い ――― 217

- Ⅰ 経営者弁護士Eが抱える問題 ――― 218
  - 1．経営者と弁護士との間で生じる役割葛藤
  - 2．経営者としての意思決定
- Ⅱ 経営者弁護士Eが取った対策 ――― 220
  - 1．役割葛藤への対処
- Ⅲ 本事例で取れるその他の対策や予防 ――― 221
  - 1．役割葛藤から生じるストレスへの対処
  - 2．モチベーションの向上
  - 3．決断疲れへの対処
- COLUMN ボス弁たちの葛藤と後継者育成の課題 ――― 226

CASE 12 弁護士全般
感情的・高圧的な依頼者対応における苦悩 ――― 228

- Ⅰ 弁護士Iが抱える問題 ――― 229
  - 1．感情的な依頼者とのコミュニケーション
  - 2．高圧的な態度をとる依頼者への対応
- Ⅱ 弁護士Iが取った対策 ――― 231
  - 1．依存する依頼者とのコミュニケーション
  - 2．高圧的な態度をとる依頼者との信頼関係の構築
- Ⅲ 本事例で取れるその他の対策や予防 ――― 233
  - 1．執拗な電話への対応や心構え
  - 2．高圧的な態度をとる依頼者への対処
  - 3．受任継続の検討

弁護士メンタルヘルスケアの心得 ◎ 目次

CASE 13　弁護士全般
弁護士会の会務が業務を圧迫する ── 237
- Ⅰ　弁護士Cが抱える問題 ── 238
  - 1．認知的不協和
  - 2．業務等の負担増と連携不全
- Ⅱ　弁護士Cが取った対策 ── 239
  - 1．委員就任における認知的不協和の解消──認知を変える
  - 2．会務における認知的不協和の解消──考えの「幅を広げる」
  - 3．連携不全の解決──問題解決法
- Ⅲ　本事例で取れるその他の対策や予防 ── 242
  - 1．業務の洗い出しと業務の分担

CASE 14　弁護士全般
報酬の悩み ── 請求の煩わしさや業務量とのバランス ── 244
- Ⅰ　弁護士Cが抱える問題 ── 245
  - 1．慢性的ストレスの蓄積とバーンアウトのリスク
  - 2．自己効力感の低下
  - 3．報酬と業務量のアンバランスによるフラストレーション
  - 4．対人関係のストレスと感情労働
- Ⅱ　弁護士Cが取った対策 ── 248
  - 1．報酬請求について先輩に相談したこと
  - 2．受任時に報酬の説明をより丁寧に行ったこと
  - 3．事件を抱えすぎないようにしたこと
  - 4．独立を検討したこと
- Ⅲ　本事例で取れるその他の対策や予防 ── 250
  - 1．休憩する
  - 2．成功体験を積み重ねて自己効力感を高める

3．社会的支援を活用する

CASE 15 弁護士全般
高負荷案件によるプレッシャー ─── 254

- Ⅰ 弁護士Aが抱える問題 ─── 255
  1．非機能的認知
  2．燃え尽き症候群（バーンアウト）
  3．社会的評価
  4．不調を無視して働く
- Ⅱ 弁護士Aが取った対策 ─── 259
  1．問題焦点型コーピング
  2．思考の切り替え方（認知再構成法）
- Ⅲ 本事例で取れるその他の対策や予防 ─── 260
  1．心理学的アプローチ
  2．業務の分担
  3．他の選択肢が取りづらい場合──ストレスコーピング

CASE 16 弁護士全般
注目事件の弁護人が受ける被害 ─── 265

- Ⅰ 弁護士Fが抱える問題 ─── 266
  1．生活の安心が守られないことのストレス
  2．注目を集めることの影響
  3．周囲との軋轢によるコミュニケーション不全
  4．将来への不安と心配
- Ⅱ 弁護士Fが取った対策 ─── 269
  1．批判に注目せず俯瞰する
  2．家族や所員との話合い
- Ⅲ 本事例で取れるその他の対策や予防 ─── 271

弁護士メンタルヘルスケアの心得 ◎ 目次

  1．現実の危険には具体的な対策を立てる
  2．環境からの影響が強いことを心得ておく
  3．具体的なストレスに対処する

CASE 17　弁護士全般（事務所経営者）
脅迫と怒声がもたらす恐怖 ——— 273

 Ⅰ　弁護士Ａが抱える問題 ——— 274
  1．Ａ自身が感じる恐怖
  2．安全確保の責任
 Ⅱ　弁護士Ａが取った対策 ——— 275
  1．警備サービスの導入と警察との連携
  2．事務員との定期的な話合い
 Ⅲ　本事例で取れるその他の対策や予防 ——— 276
  1．誰でも怖いものは怖いと理解し重篤化を予防する
  2．他の弁護士に相談する
  3．その他——リラクセーションの時間や趣味や家族との時間
 COLUMN　トラウマへの対応 ——— 280

CASE 18　女性弁護士
妊娠・出産を経て弁護士業務とキャリアに悩む ——— 284

 Ⅰ　女性弁護士Ａが抱える問題 ——— 285
  1．妊娠自体が心身にストレスを生じさせる
  2．産前産後の業務に関する女性弁護士Ａの悩み
 Ⅱ　女性弁護士Ａが取った対策 ——— 289
 Ⅲ　本事例で取れるその他の対策や予防 ——— 290
  1．事前に環境を整えておく
  2．環境調整以外の予防策

CASE 19 男性弁護士（弁護士全般）

男性弁護士として性犯罪被害者支援に関わる葛藤 ─── 294

- Ⅰ 男性弁護士Aが抱える問題 ─── 295
  - 1．男性弁護士に恐怖する女性依頼者
  - 2．自信の喪失や依頼者対応への不安
- Ⅱ 男性弁護士Aが取った対策 ─── 297
  - 1．周囲にサポートを求める姿勢
  - 2．「自分が関わってよいのだろうか」との悩みを自覚できていること
  - 3．性被害などについて専門的な知識を積極的に学習していること
- Ⅲ 本事例で取れるその他の対策や予防 ─── 299
  - 1．アンコンシャスバイアス
  - 2．トラウマインフォームドケア

CASE 20 企業内弁護士

他部署との対立で疲弊する法務部員 ─── 306

- Ⅰ 企業内弁護士Bが抱える問題 ─── 307
  - 1．営業部からの反発──社内の人間関係の悪化
  - 2．業務への不当な評価──やりがいの喪失
- Ⅱ 企業内弁護士Bが取った対策 ─── 309
  - 1．法務部内の人間関係を良好に保ったこと
  - 2．営業部からのクレームを受けて話を聞いたこと
- Ⅲ 本事例で取れるその他の対策や予防 ─── 311
  - 1．法務に関する社内教育
  - 2．法務部の活動報告と改善策の提案
  - 3．法務部員のメンタルヘルスケアとストレス管理
  - 4．転職におけるメンタルヘルス上のリスク

弁護士メンタルヘルスケアの心得 ◎ 目次

CASE 21 企業内弁護士（弁護士一般）
転職後の環境変化に適応する難しさ ───── 315

- I 企業内弁護士Bが抱える問題 ───── 316
  1. 職務の変化によるストレス
  2. コミュニケーションの減少から生じる孤立感
  3. ワークライフバランスの崩壊
  4. キャリアの自己疑念
- II 企業内弁護士Bが取った対策 ───── 319
  1. 働く場所を変えたこと
  2. コミュニケーションを増やしたこと
  3. リモートワークでの仕事と生活の切り替え
  4. 金融法務の勉強を開始したこと
- III 本事例で取れるその他の対策や予防 ───── 321
  1. 職場の変化への対応方法
  2. 職業的自己効力感の低下への対応
  3. 不調に気づく

執筆者一覧 ───── 324

理論編

第1章

弁護士業務とストレス

I ストレスとは何か？

　「仕事のストレスが大きい」「ストレスフリーな環境」など、ストレスは仕事においてよく話題に上がるテーマの1つです。どのような仕事でもストレスは存在するものですが、中でも弁護士は専門性のみならず、体力や精神力も要する、ストレスが非常に多い職業の1つです。特に若手のうちは、経験豊富な弁護士と比べて、ストレスを抱え込みやすく、ストレスにうまく対処することが難しいかもしれません。

　しかし、多くの人がストレスに強くなりたいと思う一方で、ストレスとは何なのかを掘り下げる機会は案外少ないように思います。この機にストレスについて理解を深め、レジリエンス（心理的回復力）[1]を高めていきましょう。

1. ストレスの定義や種類

　ストレスには2つの意味があります。1つはストレス要因を指し、ストレッサーと呼びます。もう1つはストレッサーによって生じる反応を指し、ストレス反応と呼びます。このように、ストレスには「要因」と「反応」という2つの側面があります。これを理解していると、ストレスに対処する方法を考えるのに役立ちます。なお、本書では便宜上、特段の限定がない限り、ストレスを、要因と反応の両方を含めた言葉とし

---

[1] 全米心理学会心理学辞典では、レジリエンスは特に、精神的、情緒的、行動的な柔軟性と、外部および内部からの要求への適応を通じて、困難な人生経験にうまく適応する過程と結果と定義されています（全米心理学会：APA Dictionary of Psychology. https://dictionary.apa.org/resilience(2018)）。また、レジリエンスが高い人は、困難な状況に対して、柔軟に適応して迅速に回復する能力やポジティブな視点で成長の機会と捉える能力などがあるとされています。(Masten, A. S. "Ordinary Magic: Resilience Processes in Development." *American Psychologist*, vol.56,no3（2001）pp227-238.)

て用います。

（1）ストレス要因（ストレッサー）

　ストレッサーには、外的要因と内的要因の2種類があります。

　外的要因は環境要因と社会要因の2つに分けられます。環境要因は、天候や気温、騒音、匂い、明るさ、振動など、感覚として感じられる要因を指します。例えば、適切な室温と明るさが保たれた、適度に静かな場所が、一般的には集中しやすい環境であるとされています。一方で、温かすぎる場所では集中力が散漫になりやすく、また、大きな音が聞こえる場所などは音に意識がとられてしまい集中しづらくなります。もう1つの要因である社会要因の例としては、人間関係や社会的役割（職業、年齢、性別、経験、所属先などを理由に、社会的に期待される役割）、慣習（その業界での習わしや社風、しがらみなど）、経済状況（国の経済の好景気や不景気、所属する会社の業績など）などが挙げられます。高圧的な上司やクレームの多い依頼者などが、最もイメージしやすい社会要因の例です。弁護士は、依頼者から成果を期待されることが多く、その期待に可能な限り応えざるを得ない状況から、強くストレスを感じることがあるでしょう。

　2つ目のストレッサーである内的要因は、身体要因と心理要因の2つに分けられます。身体要因とは、体質（お酒が飲めない、太りやすいなど）や身体的な病気（花粉症や高血圧、がんなど）などを指します。もう1つの心理要因とは、性格や思考、感情などのいわゆる心にまつわる要因です。例えば、責任感が強い、完璧主義、気を遣う、慎重、負けず嫌いなどの性格傾向は、時に仕事を有利に進める助けにもなりますが、自分を責める要因にもなります。他にも、失敗を何度も思い出して落ち込んだり、あれこれ考え過ぎて不安になったりするなど、思考から生まれる感情がストレッサーになることもあります。

　このように、ストレッサーにはさまざまな分け方があります。ここで

は理解しやすくするため、個人の外側と内側という観点で解説しました。ストレッサーを知ることにより、皆さんが何によってストレスを感じているのかということを理解しやすくなります。そして、ストレスの正体がわかれば、対処法を考えやすくなります。

ストレス要因（ストレッサー）

外的要因

環境要因
天候・気候・騒音・匂い・明るさ・振動等

社会要因
人間関係・社会的役割・慣習・経済的状況

内的要因

身体要因
体質や病気等

心理要因
性格、思考、感情等

（2）ストレス反応

　ストレス反応は、右図に挙げる例のとおり、心、身体および行動において現れます。もっとも、ストレス反応には個人差があるため、列挙した例以外にも数多くのストレス反応があります。しかし、あえて列挙して記載している理由は、ストレスがかかっている状態では、自分自身のことを冷静に見られなくなる場合があるためです。記載の例を確認し、ストレスがかかったときに自身に起こり得るストレス反応を事前に知っておくと、ストレスへの初期対応を迅速に行うことができます。

ストレス反応

① 心に現れるストレス反応

- ☐ 気持ちが落ち着かない
- ☐ やる気が出ない
- ☐ 過度に緊張する
- ☐ イライラする
- ☐ 落ち着かない
- ☐ 気分の変化が激しい
- ☐ 心配事が頭から離れない
- ☐ 集中力の低下
- ☐ 性的欲求の低下

② 身体に現れるストレス反応

- ☐ 頭痛
- ☐ 肩こり
- ☐ 腰痛
- ☐ 胃痛
- ☐ 便秘、下痢
- ☐ 肌荒れ、湿疹
- ☐ 視力低下
- ☐ 無性に眠い
- ☐ 免疫低下
- ☐ 食欲低下
- ☐ 眠れない
  (寝つきが悪い、中途覚醒、早朝の覚醒など)
- ☐ 耳痛、聴力低下

③ 行動に現れるストレス反応

- ☐ 八つ当たりをする
- ☐ 話が頭に入ってこない
- ☐ 攻撃的な言動をとる
- ☐ こだわりが強くなる
- ☐ 遅刻や欠勤が増える
- ☐ ミスが増える
- ☐ 期限を過ぎる
- ☐ 物忘れが増える
- ☐ タバコや酒の量が増える
- ☐ 暴飲暴食
- ☐ 仕事の能率が下がる
- ☐ 物事の判断ができない

(3) ストレスコーピング

前述のとおり、ストレスには「要因」と「反応」という意味があります。この分類は、「コーピング」(coping)、すなわちストレスへの対処法を考えるのに役立ちます。ここではコーピングについて、問題焦点型コーピングと情動焦点型コーピングの2つを紹介します。

(ア) 問題焦点型コーピング

問題焦点型コーピングは、ストレス要因に対処するために、具体的な問題を解決しようとする方法です。問題を解決するアプローチであるため、ストレス要因を根本的に取り除くことができ、ストレス軽減に有効な方法の一つです。問題焦点型コーピングを使うと、問題の根本的な解決が図れることから、多くの弁護士がストレスへの対処法として最初に取り組む方法ではないでしょうか。しかし、これが常に正しい対処方法であるとまでは残念ながら言えません。例えば、担当案件が多くて仕事が終わらない場合、一人で深夜まで働いたり、休日を使ったりして仕事に取り組むことがあります。これらは短期的には有効な対処方法ですが、健康への負担が大きく持続可能な働き方ではないため、長期的に続けることができる対策とはいえません。このように、問題焦点型コーピングには限界があることには留意してください。

(イ) 情動焦点型コーピング

情動焦点型コーピングは、ストレス反応を改善しようとする方法です。例えば、不慣れな仕事に対して不安や緊張を強く感じたとき、これ

らのストレス反応を和らげるために、呼吸法[2]や筋弛緩法[3]などのリラクセーション（心や身体の緊張を緩め、心身を安らいだ状態にする方法）を行うことが情動焦点型コーピングの例です。情動焦点型コーピングは、不慣れな仕事そのもの（ストレッサー）を解決することはできません。しかし、問題を解決することが難しい場面において、情動焦点型コーピングは大いに役立ちます。不安や緊張などを和らげてストレス軽減ができるだけでなく、精神的な余裕が生まれるため、思考の整理や解決意欲の向上などの促進が見込まれるからです。

(ウ) 問題焦点型と情動焦点型の組み合わせ

　私たちがストレスを解消しようとする場合、問題焦点型コーピングにこだわってしまうことがあります。具体的には、ストレスの原因を追究し、その特定の原因を取り除くことにこだわってしまうことがあります。しかし、ストレスの原因は1つに見えても、実はさまざまなものが複雑に絡み合っている場合がほとんどです。このように、1つの原因だけに対処しても問題が解決しない場合があります。例えば、ある人が仕事でミスをしやすいのは、その人の特性が原因であるように見えても、上司が「ミスを絶対に起こすな」と注意したことや、誰もサポートしない職場環境、夫婦関係の悪化などのさまざまな原因があるのかもしれません。このように、ストレスとその原因との間の因果関係を説明することは至難の業です。しかし、問題焦点型コーピングは時に原因を追究しすぎるあまり、ストレスの解消ができず、かえってストレスを強く感じ

2　呼吸法のやり方：できれば、普段仕事をしている場から離れ、1人になれるような落ち着ける場所に移動します。まずは息を吐き、お腹をへこませていきます。息を吐き切ったら、お腹の力を抜きます。すると、自然と空気が入ってくるので、それに任せてゆっくりと息を吸うようにしますが、たくさん息を吸わないように気を付けてください。ある程度息を吸ったら、お腹がへこませていくように細く長く息を吐いていきます。空気を吐いて吸うのを1回とし、ご自身に合わせて5〜10回ほど繰り返します。
3　筋弛緩法のやり方：体の各部分に10秒間力を入れて、20秒間力を抜くという方法です。呼吸をとめずに次の動作をします。握りこぶしをつくり、肩に引き寄せて二の腕に力を入れます。そのまま両腕を外側に開き、肩甲骨同士を引き寄せるようにして、力を入れます。そのまま、今度は頭を後ろに倒して首の後ろに力を入れます。そこで10秒数え、一気に力を抜き、20秒間脱力します。

ることがあります。

　逆に、情動焦点型コーピングだけを採用すると、解決すべき問題を回避してしまう場合があります。極端な例でいえば、仕事に行かず、好きな動画を１日中視聴したり、お酒を飲みすぎたり、ギャンブルにのめり込んだりして、問題に取り組むことを完全に避けて、一時的な心身の安らぎを優先し過ぎてしまう場合が挙げられます。しかし、仕事を先送りにしているわけですから、問題は解決せずに残り続けるため、ストレッサーは解消しません。したがって、問題焦点型コーピングと情動焦点型コーピングをバランスよく利用することが重要です。

　問題焦点型コーピングと情動焦点型コーピングを組み合わせた方法の１つとして、共同受任が挙げられます。共同受任は、他者の協力を得ることで不足しているリソースを補い、ストレッサーである業務を根本的に解決する取組みであるだけでなく、他者からの支援を得ることで、不安や焦りが軽減され、感情的な調整を図ることができる取組みでもあるためです。必要なときに毎回共同受任ができるとは限りませんが、選択肢の１つとして考えておくと良いかもしれません。

　（エ）コーピングリストの作成
　ストレスがかかると問題の解決策が見つけづらくなることがあります。これは、認知機能や集中力の低下、不安や苛立ちなどにより視野が狭くなるためです。このような状況では、問題の解決に必要な情報やリソースを十分に活用することが難しくなります。したがって、あらかじめ自分が使える対処法のリストを作成しておくことをおすすめします。リスト作成のポイントは２つあります。１つ目として、コーピングは特別なものである必要はないことです。例えば、問題焦点型コーピングなら、「仕事をやりたくないときでもまずは10分だけ作業してみる」「○○のことは□□に相談する」「To do リストを作る」「夜○時以降は電話に出ないようにする」などです。情動焦点型コーピングなら、「落ち着

けるカフェで過ごす」「好きな音楽を楽しむ」「一駅歩いてみる」「昔の写真を見る」などが挙げられます。次に、コーピングが問題焦点型コーピングか情動焦点型コーピングのいずれか一方に偏り過ぎないようにすることも大切です。上記（ウ）で述べたとおり、問題焦点型と情動焦点型のコーピングをバランスよく活用することが重要です。コーピングリストには、両方のコーピングを同じ数になるようにリストアップしてみましょう。このように、自分が使える対処法を、事前に具体的な行動の形式でリストアップしておくことで、ストレスを感じた時に冷静に対処法を選ぶことができ、うまく乗り越える手助けとなります。

Ⅱ ストレスに強いとは？

1.「ストレスに強い」ことのよくある誤解

　書店では「最強のメンタル」「折れない心」などの書籍のタイトルを目にします。これは弁護士に限らず、現代人が仕事の場面で強いストレスを感じたり、うまくいかない状況に直面したりしていることの裏返しでしょう。ところで、ストレスに強い状態とは、一体どのような状態なのでしょうか。ストレスに対するいくつかの誤解を紹介しながら、ストレスに強くなるヒントを考えていきましょう。

（1）ストレス反応は防げる？

　ストレスを感じると心臓がドキドキしたり、口の中が乾いたり、頭の中が真っ白になったりします。このような反応を防ぎたいと思う人もいるかもしれませんが、ストレス反応は生理的に当然に出るものであり、止めることは難しいです。そもそも、私たちはなぜストレスを感じたら身体が反応するのでしょうか。その理由は、祖先にあります。私たちの祖先は大昔、外敵に命の危険を脅かされる環境で生活していました。自分や仲間の命を狙うような外敵と出会うと、すぐさま闘うか逃げるかを

選択する必要がありました。このとき、私たちの身体では、心臓の鼓動を強く感じ、心拍数が上がり、呼吸数も増えて、筋肉は収縮します。闘うか逃げるかの準備をしているのです。これは「闘争・逃走反応（fight-flight-response）」と呼ばれ、自律神経の交感神経に関連する反応です[4]。この反応に同じく外敵と出会ったときに生じるもう1つの反応である「硬直」を加え、「闘争・逃走・硬直反応（fight-flight-freese-response）」と呼ばれています。硬直は、闘うことも逃げることもできないときに生じる反応であり、硬直すると、氷のように固まり、動けなくなります。このとき、頭が真っ白になる、ボーっとする、反応ができないなどの体験をします。これらは自分の安全を侵す脅威から身を守るための正常な反応です。例えば、上司に怒鳴られたときに、動悸がしたり頭が真っ白になったりするのは、自分の安全が脅かされるためです。

以上のとおり、ストレス反応は生物として自然に生じるものであるため、これを完全に防ぐことは困難です。むしろ、ストレス反応が生じることは、全く異常なことではなく、当然の反応であるといえます。そのため、ストレス反応を防げないとしても、それを恥じ入る必要は全くありません。

（2）ストレスは悪影響しかない？

ストレスは心身の不調の原因になりますが、必ずしも悪いことばかりではありません。例えば、米国のケリー・マクゴニガル博士は「ストレスは役に立つ」と主張しています[5]。これはアリア・クラム博士による「『ストレスにはよい効果がある』と思っている人たちは、『ストレスは害になる』と思っている人たちに比べて、うつ状態になりにくく、人生

---

4 Cannon, W. B. Bodily changes in pain, hunger, fear and rage: An account of recent researches into the function of emotional excitement D appleton & Company（1915）pp.186・187
5 ケリー・マクゴニガル著、『スタンフォードのストレスを力に変える教科書』大和書房（2015年）56頁

に対する満足度が高い」[6]との研究結果を背景にしています。

　しかし、これは多くのストレスにさらされても問題がないという意味ではありません。私たちは、何かをストレスだと判断すると、それが単なる負担や困難にしか見えなくなる傾向があります。例えば、失敗できない仕事については、成功へのプレッシャーから、強い精神的・身体的な負荷、つまり大きなストレスを感じてしまいがちです。一方で、そのようなプレッシャーのある難しい仕事をこなすこと（大きなストレスを乗り越えること）により、自身を成長させることも可能であるように、ストレスには良い面も存在します。このように、ストレスに感じられるものは全て害だと否定し、回避するよりも、ストレスに肯定的な意味を見出し、積極的に対応する方が自分の成長につながるだけでなく、ストレス対処に役立つといえます。

　もっとも、これは多くのストレスにさらされても問題がないという意味ではありません。ストレスに良い効果があるとしても、それはストレスが適切な質や量であることが前提になりますので、ご留意ください。

（3）ストレスに強いとは？

　ストレスをより多く経験していれば、ストレスに強くなるのでしょうか。実はそうではありません。例えば、警察官は悲惨な事件や事故に関与することが一般人よりも多く、さまざまなストレスにさらされているので、一見ストレスへの耐性が強そうにみえます。しかし、警察庁の調査では、殺人・強姦等の重大な身体犯事件又は交通死亡事故事件等において、支援活動に従事した経験を有し、かつ、調査回答時において刑事部門、交通捜査部門、犯罪被害者支援部門等の支援活動に従事する所属に配置されている警察職員862人のうち、心的外傷後ストレス障害

6　Alia J. Crum=Peter Salovey=Shawn Achor. "Rethinking Stress: The Role of Mindsets in Determining the Stress Response" *Journal of Personality and Social Psychology* vol.104,no.4（2013）pp.716

(PTSD)に該当する職員(警察官)は、51人(全体で6％)[7]と報告されています。これは日本人のPTSDの生涯有病率(一生のうちに発症する確率)1.3％[8]の約4.6倍です。すなわち、たとえ十分な訓練や経験を積んでいたとしても、強いストレスにさらされることによってメンタルヘルスに不調を来しやすくなるといえます。したがって、ストレスへの耐性は、気の持ちようや精神論でどうにかなることではないことがわかります。

以上からストレスを多く経験してもストレスに強くなれないことがわかりましたが、それでは、ストレスに強いとは一体どのような状態を指すのでしょうか。それは「自分にとってのストレスとはなにかをよく理解し、自分の状態に気づき、ストレスに上手に耐性する方法を身につけている状態」です。具体的には、次のことが挙げられます。

① **自分のストレスへの認識の仕方を知る**
　自分にとって何がストレスと感じやすいのかを知っておきましょう。
② **ストレスを受けたときの自分の傾向を知る**
　ストレスを受けたときに自分に起こりやすい反応(イライラする、ミスが増えるなど)の傾向を理解しておきましょう。
③ **ストレス対処方法(コーピング)を使えるようにする**
　コーピングリストを作成し、ストレスを感じたときに見て利用できるようにしておきましょう。

本書では、この項目に対応してストレスに強くなる具体的な方法を学

---

[7] 警察庁長官官房給与厚生課犯罪被害者支援室「犯罪被害者支援活動に従事する警察職員の代理受傷に関する調査結果報告書【概要版】」(2015年) 2頁、16頁
[8] Kawakami, N., Tsuchiya, M., Umeda, M., et al. "Trauma and posttraumatic stress disorder in Japan" *Results from the World Mental Health Japan Survey. J Psychiatr Res*, 53 (2014) pp.157–165.

べるように構成されています。弁護士業務のみならず私生活にも生かし、人生のウェルビーイングを高められるよう、まずは興味のあるところから目を通してみることをおすすめします。

（4）PTSDのリスク

　警察庁の調査報告を引用したもう1つの理由は、弁護士も犯罪被害者の状況を間近に見ることや、時には犯罪被害者の感情の表出に直面することで極めて強いストレスを受けるという代理受傷により、外傷後ストレス障害（PTSD）を発症するリスクがあるためです。もし依頼者の被害または加害について見聞きした際に、仕事や生活に強い違和感を覚えたり、日常生活に何らかの支障が生じたりしている場合には、一度専門家に相談するという選択肢を持っておきましょう。

外傷後ストレス障害（PTSD）とは

　外傷後ストレス障害（Post-Traumatic Stress Disorder：PTSD）は、生命や身体に脅威を及ぼし、強い恐怖感や無力感を伴い、精神的衝撃を与えるトラウマ体験（災害、暴力、性暴力、重度事故、戦闘、虐待など）を原因として生じる、特徴的なストレス症状群である。凄惨な光景を目撃したり、家族や身近な者の被害に直面することも原因となりうる。

　PTSD症状の中核は以下の3症状クラスターからなる。

①再体験症状
　外傷的出来事に関する不快で苦痛な記憶が突然蘇ってきたり（フラッシュバック）、悪夢として反復される。また思い出したときに気持ちが動揺したり、身体生理的反応（動悸や発汗）を伴う。

②回避・精神麻痺症状
　出来事に関して考えたり話したりすることを極力避けようとしたり、思い出させる事物や状況を回避する。また興味や関心が乏しくなり、周囲との疎隔感や孤立感を感じ、自然な感情が麻痺したように感じられる。

③過覚醒症状
　睡眠障害、いらいら感、集中困難、過剰な警戒心、ちょっとした物音などの刺激にもひどくビクッとするような過敏反応である。

出典：飛鳥井望「各論 心的外傷後ストレス障害（PTSD）」小児科48巻5号（2007年）758頁

2．ストレスへの強さの理解を深める

（1）ストレスへの強さに個人差がある理由

　ストレスへの強さに個人差があることは広く認識されていますが、そ

の理由やメカニズムについては十分に理解されていないかもしれません。この理由やメカニズムを説明する理論が、リチャード・ラザルスの「トランスアクショナル・モデル」です[9]。このモデルによれば、ストレスは出来事（ストレッサー）が直接的に引き起こすものではなく、出来事に対する認知的評価と対応方法によってストレス反応が異なるとされています[10]。つまり、同じ状況でもストレスの感じ方や反応には個人差があることがわかります[11]。

例えば、非常にストレスを感じる仕事を「成長の機会だ」と捉えて前向きに取り組んだ人には、成功体験を通じた自己効力感やモチベーションの向上等のポジティブな影響が生じやすいです。一方で、同じ仕事を「やりたくない」と感じ、仕事を先送りにした人には、先送りにした罪悪感や仕事が頭から離れなくなることで、ストレスを感じやすくなるというネガティブな影響が生じやすいです。

（2）ストレスへの向き合い方

ストレスを感じたときに、意図的にストレスを無視したり、無意識に抑圧[12]したりすることは、ストレスに強いといえるでしょうか。残念ながら、無視・抑圧することは自分のストレスに気付いていないのと変わらないため、ストレスに強いとはいえないでしょう。むしろ、このストレスは後にうつ病や身体化症状[13]などの心身の不調として現れるリスク

9　Lazarus, R. S., & Folkman, S. (1984). *Stress, appraisal, and coping.* Springer Publishing Company. p.19
10　中島義明＝繁枡算男＝箱田裕司編『新・心理学の基礎知識』有斐閣（2005年）432頁
11　津田彰＝片柳弘司「ストレスーコーピング過程と心理生物学的ストレス反応との関連性」行動医学研究3巻1号（1966年）1－7頁
12　抑圧とは、不快な感情や思考を無意識のうちに意識から排除する心理的過程です。例えば、過去のトラウマや怒り、失敗に対する不安などが抑圧されることがあります。抑圧された感情は表面に現れず、身体的な不調（例：頭痛、疲労感）や精神的な問題（例：うつ病、身体化症状）として後に現れることがあります。
13　身体化症状とは、心理的なストレスや感情的な問題が身体的な症状として現れることです。心的な苦痛や不安が、頭痛や胃痛、胃潰瘍、腰痛などの身体的症状として表れることがあります。これらの症状には、明確な身体的原因が見つからないことが多いですが、心理的要因が関与していると考えられています。

があります。

　また、「いつも大丈夫」と感じているストレスであっても、その時の状況や心身への負担が積み重なることで、ストレスを強く感じることがあります。例えば、普段は問題ないと感じている仕事について、些細なことにイライラしやすくなったり、気が進まなくなることがあります。これは、ストレスが蓄積されたことを示す心身のサインと捉えることができます。

　このように考えると、ストレスへの強さを高めるためには、ストレスへの感受性が重要であるといえます。つまり、ストレスに敏感であることは決して「弱さ」ではなく、むしろ、自分の不調の兆候を察知し、早めに対処することで健康を守るために非常に大切です。弁護士として長く健康に働くためには、自分のストレスに対する認知とコーピング方法を見直しておくことが鍵であるといえるでしょう。

（3）消耗の漏斗[14]

　もう1つストレスに強くなるための知識として、「消耗の漏斗」（Exhaustion Funnel）を紹介します。これは、セルフケアを諦めることで、ポジティブな感情が失われ、ネガティブな感情が増し、エネルギーやモチベーションが低下する過程を説明する概念です。例えば、仕事が終わらないと、睡眠時間を削って夜遅くまで仕事をすることがあります。そして、仕事で溜まったストレスによって眠れず、寝床でスマートフォンを漫然と使用するようになります。その結果、睡眠不足になり体力が回復しないため、趣味などをやめてしまいます。このように、セルフケアをしなくなると、睡眠の問題が生じ、エネルギーが欠乏して、さらにセルフケアが難しくなります。そして、さまざまな苦痛や罪悪感を抱え、喜びを感じにくくなり、うつ気分に陥り、最終的に消耗に至りま

14　ジンデル・シーガル＝マーク・ウィリアムズ＝ジョン・ティーズデール著、越川房子訳『マインドフルネス認知療法〈原著第2版〉』北大路書房（2023年）298頁

す。このようにして、消耗の漏斗はセルフケアが漏斗のように落ち込んでいく様子とセルフケアの欠乏により生じる問題の積み重ねを示しています。

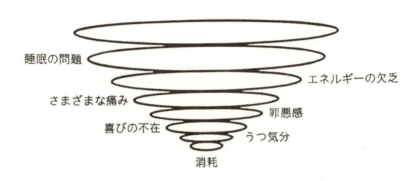

出典：ジンデル・シーガル＝マーク・ウィリアムズ＝ジョン・ティーズデール著、越川房子訳『マインドフルネス認知療法〈原著第2版〉』北大路書房（2023年）298頁

　そして、「最も良心的に仕事をし、自信の大きさが仕事での成果に強く依存している人（つまり、怠惰ではなく、最優秀社員などとみなされることが多い人）」[15]は消耗の漏斗で示されるような消耗をする傾向が強いとされています。すなわち、優秀であり、仕事でより良い結果を出そうと邁進する人ほど、セルフケアをせずに消耗して、さらにセルフケアができなくなるという悪循環に陥ってしまうのです。弁護士の皆さんの中にはこの特徴に当てはまる人が見受けられます。そのような人は、責任感が強く、ついセルフケアを後回しにしてしまうことも多いのではないかと思います。しかし、消耗の漏斗のとおり、忙しくてセルフケアを止めてしまうとさらに状況は悪化してしまいます。忙しい中でも、なる

15　ジンデル・シーガルほか（2023）・前掲注14）298頁

べく自身にあったコーピングやセルフケアをすることで、ストレスを和らげ、心身の健康を維持・改善するように努めることが弁護士業務を長く続けるためには重要です。

　私たちは普段から自分のことをよくわかっているつもりです。しかし、実際はどうでしょうか。仕事の目標ややりがい、成長を求め、あるいは現状から抜け出したい思いが強くなればなるほど、自分の外側のことに夢中になります。そして、自分自身の心や身体のサインを見落としてしまいがちです。弁護士としての職務を全うするためには、自らの心身を健康に保つ責任があると言っても過言ではありません。この消耗の漏斗を頭の隅に置き、日頃からセルフチェック、セルフケアを心がけてみてください。

参考文献
Richard S. Lazarus.=Susan Folkman "Stress, Appraisal and Coping" New York: *Springer Pub.Co.* (1984)

（ⅠおよびⅡ　鈴木 健一）

Ⅲ　ストレスによる弁護士業務への悪影響

　弁護士の業務は、高度な専門性を有して行われるものです。その専門性を信頼するからこそ、依頼者は弁護士に重要な問題の解決を依頼し、依頼者から寄せられる信頼は弁護士にとってやりがいの1つになります。しかし、依頼者からの信頼は同時に大きなプレッシャーにもなるのではないでしょうか。信頼に応えるために多くの時間と労力を費やすハードワークをすることも少なくないでしょう。そのため弁護士の仕事は常にストレスと隣り合わせといえるでしょう。実際に、「弁護士業務の経済的基盤に関する実態調査報告書2020」によれば、ストレス・不安・悩みの原因について、「業務負担の多さや業務への適性」にストレス等を感じると回答した割合が53.2%であり、業務がストレス等を生じ

させる可能性があることがわかります[16]。また、弁護士は、一般人の2倍以上、希死念慮（死にたいと願うこと）を抱くとの調査結果もあるほどストレスを抱え込みやすい職業であることがわかっています[17]。

このことから、ストレスが業務にどのような悪影響をもたらすか、そしてその悪影響を予防し、早期に対処するにはどうしたらよいかについて知っておく必要があるといえます。ストレスマネジメントは、より良い業務を行うために弁護士が避けて通れないテーマといえそうです。ここではストレスが弁護士業務に及ぼす悪影響や、ストレスへの対処法について、典型的なケースを解説します。

1. ストレスが弁護士業務に与える悪影響の具体例

（1）弁護過誤のリスクが高まる

弁護士の仕事は、業務量が膨大なだけではなく、高度な論理的思考力やマルチタスクをこなす処理能力までもが求められています。このような性質の業務をこなすには非常に多くの認知資源を要します。認知資源とは、何らかの課題を遂行する際に用いられる、心の動き（注意、努力、記憶、思考など）全般のことをいいます[18]。脳が活動をするときに使うエネルギーと考えるとわかりやすいでしょうか。この認知資源が枯渇すると、脳が複雑な事象を処理できなくなってしまい、物事に対して適切に対処するのが困難になります。弁護過誤の多くは認知資源の不足が引き起こしているのかもしれません。

認知資源は弁護士の業務を円滑に進めていくには欠かせないものですが、普段から意識してその維持に注力しなければすぐに残量が少なくなってしまいます。疲労や睡眠不足はもちろん、業務を通じて日々受ける

16　日本弁護士連合会「弁護士業務の経済的基盤に関する実態調査報告書2020」自由と正義72巻8号（2021年）153頁
17　Patrick R. Krill ＝ Hannah M. Thomas ＝ Meaghyn R. Krame ＝ Nikki Degeneff e ＝ Justin J. Anker"Stressed, Lonely, and Overcommitted: Predictors of Lawyer Suicide Risk." *Healthcare* Vol.11（2023年）pp.536
18　子安増生＝丹野義彦＝箱田裕司監修『現代心理学辞典』有斐閣（2021年）597-598頁

ストレスによっても簡単に認知資源は失われてしまうからです。ましてや、DVや離婚、交通事故や刑事事件など、当事者間の対立が強く、激しい感情にさらされる案件に携わる場合は、弁護士の感情的負荷は相当なものです。このようなストレスをそのままにしておけば当然それに伴い認知資源はどんどん目減りしていきますし、業務に回せる認知資源が少なくなれば、その分ミスを引き起こすリスクは高くなります。

例えば、いつもなら確認していたはずの資料を確認できなかった、受任した業務になかなか着手できず、つい先延ばしにしてしまった、先延ばしたままうっかり時効期間や上訴期間を徒過してしまった、ということが考えられます。弁護士の１つのミスで依頼者に被害を与えてしまう危険性もあり、まさに「命取り」になりかねません。ただでさえ多くの認知資源が求められる弁護士の業務にあっては、少しの認知資源のロスがもたらす悪影響は計り知れないのです。弁護士ほど上手なストレス対処が求められる職業はないといっても過言ではないでしょう。

> **参考事例①**
>
> 　弁護士のＸ氏は、メールの返事や案件の着手などの先延ばしを繰り返した結果、依頼者からクレームを受けることが続いていました。Ｘ氏とのカウンセリングを続ける中で見えてきたのは、Ｘ氏がまだ起きていないことをあれこれと考えてしまうために、業務を処理するための認知資源を不足させてしまっていたことでした。これが先延ばしの生じる要因になっていたのです。そこで、カウンセラーは、いくつかの段階に分けて可能な限り有効に認知資源を活用するための計画を、Ｘ氏と立て、実施することにしました。
>
> 　第１段階として、業務を負荷に応じて、「高負荷・中負荷・低負荷」に区分けしました。次に、第２段階として、高負荷の業務はできる限り金曜日に取り掛かることにしました。なお、Ｘ氏にとって高負荷の業務とは、高圧的な依頼者に電話を掛けるといった類のものでし

た。こういった業務を金曜日に終わらせれば、土日にやりたくない業務のことをあれこれ考えて認知資源を浪費するのを防げます。そして、第3段階として、中負荷の業務は朝早めに取り掛かることも決めました。朝は、1日の中で最も認知資源が豊富にある時間帯だからです。朝からいきなり高負荷の業務をやるのは気が重たくなりますが、「中くらいの負荷なら……。」と思えば、なんとかこなせました。なお、低負荷の業務は主にルーティン作業でしたので、いつも通りに取り組みました。このような工夫をすることで、先延ばしが目に見えて減っていったのです。また、業務を負荷に応じて区分けし、効率よく処理したことで、これまで頭の中で想像してしまった悪い事態が実際には起きなかったことを身をもって知ることができました。以上の取組みにより、X氏は、あれこれ考え過ぎてしまう癖を改善し、認知資源の余計なロスを防ぎ、業務の先延ばしを減らすことができました。

(2) 信頼関係が崩れる

弁護士には、法的知識に基づいた「論理的思考」だけでなく、依頼者等のステークホルダーとの信頼関係を育むための「感情的思考」までも求められます。すなわち、高いレベルのコミュニケーション能力、周囲への配慮、相手の理解や共感が弁護士には期待されているといえます。

しかしながら、ストレスを抱えていると、イライラして相手が話し終えていないのに遮って話し始めてしまったり、相手の反応を確認しないまま一方的に話をしてしまったりということが起きやすくなります。余計な一言を言ったり、感情的な反応をしたりするかもしれません。ストレスがあると、相手の話を余裕を持って聞くことが難しくなり、「傾聴」（相手の立場になって真摯にかつ共感を示しながら話を聴くこと）ができなくなるのです。

どうしてこのようなことが起きるのでしょうか。それはストレスによって不安や抑うつ的な感情が高まると、相手の言動を悪意あるものと捉

えやすくなるためです。相手の言動を悪意あるものと捉え「感情的思考」に濁りが生じると、こちらの態度も知らず知らずのうちに否定的なものになり、「相手の目を見る」「身体を相手の方に向ける」「適切なタイミングで相づちを打つ」「適切なトーンで話す」などといった、対人場面で適切とされる姿勢・態度が疎かになります。コミュニケーションは「何を言ったか」という言語的なものだけでなく、表情や口調、仕草といった「どう言ったか」に関する非言語的な要素も含まれています。どれほど話す内容が弁護士然としていても、不快感をもたらす非言語コミュニケーションをとっていては弁護士として依頼者の信頼を得ることは難しいかもしれません。自分にとって何がストレスの原因となっているかを把握し、そのストレスを解消することが重要です。いわゆるストレスマネジメントを行うことで、建設的な思考や行動を維持・獲得することが、相手との信頼関係を構築するうえでは欠かせません。

参考事例②

　Y氏も、依頼者との関係構築に悩んでいた1人でした。Y氏はとても優しく正義感があり、優秀な弁護士でした。しかし、そういった性格からか依頼者からの急な相談にも「かわいそう」と思うあまり、いつまでも聞き続けてしまっていたのです。他の業務も抱えている中、依頼者の話を聞き続けることで業務が逼迫してしまい、Y氏の疲労はピークに達していました。そのため、依頼者に対してつい冷たい態度をとってしまうことに、Y氏は心を痛めていました。

　そこで、カウンセラーは、Y氏に対して、カウンセリングで用いる「アジェンダ設定」と「枠」の考え方を応用して依頼者対応をすることを提案しました。「アジェンダ設定」とは、その日に話し合うお題目を事前に決めておくことを指します。そして「枠」は、相談に乗る時間のことです。これらを踏まえ、Y氏は、依頼者の相談に乗る冒頭で、「今日は10分しか時間がとれません。」「その10分を有効に使

うために、○○と××の話に集中したいです。」と伝えることにしました。

　最初は「そんなことをしたら依頼者が不満に思うのではないか？」と心配していたＹ氏でしたが、カウンセラーが「最初は実験だと思って試しに一度やってみるのはいかがでしょう？」と提案すると、「そういうことなら……」と取り組んでくれました。その結果、意外なことがわかりました。Ｙ氏が相談時間は10分だと説明すると、依頼者は「そうですよね。いつもお忙しい中聞いてくださるのでつい甘えてしまっていました。すみません。」と、Ｙ氏を気にかけてくれたのです。それだけではなく、Ｙ氏・依頼者双方が「10分でこの話をする」という前提を共有できたことで、問題に集中して対処することができました。Ｙ氏の負担がかなり減っただけではなく、依頼者のＹ氏への信頼感もさらに高まったようです。

（3）仕事のオン・オフの切り替えがうまくいかない

　ストレスを抱えれば抱えるほど、仕事のオンとオフの切り替えは難しくなります。多くの弁護士は多忙であり、帰宅してからも案件や依頼者のことを考えてしまい、仕事モードからなかなか抜け出せない方もいるでしょう。実際、半数以上の弁護士が仕事を家に持ち帰っているとのデータがあります[19]。家でも仕事モードでいることは、仕事のストレスが家に帰っても続くことを意味します。仕事のオン・オフの切り替えがうまくいかないと、本来安らぎを得られるはずの家庭がストレスの温床になるともいえます。そして、ストレスによって不安や抑うつ的な感情が高まると、相手の言動を悪意あるものと捉えやすくなることは前述の（2）に述べた通りです。例えば、ストレスがあることで、家族の何気

---

[19]　日本弁護士連合会「今の働き方に不安はありませんか？弁護士のワークライフバランス」〜子育て・リタイアメント／メンタルヘルス〜　第17回弁護士業務改革シンポジウム　第9分科会（2011年）13頁

ない一言が煩わしく、腹立たしいものに感じられてしまうことがあります。

　心理学では、対人関係のうち、家族や恋人、親友といった大切な人との関係（以下「愛情に基づく関係」といいます）が良好であると、ストレス軽減に大きな効果をもたらすことが知られています。愛情に基づく関係が強固で肯定的であるほど、ストレスへの耐性が強くなるとされているためです。反対に、愛情に基づく関係が悪化した場合、ストレスに対して脆弱になることがあります。例えば、仕事にばかり気を取られて家族を顧みない場合、家族から愛想を尽かされてしまうかもしれません。そうなれば、家での居心地が悪くなり、心が休まらず、ストレスが軽減されないばかりか、さらにどんどん大きくなってしまうこともあり得ます。このように、愛情で結ばれていたはずの相手との間で生じるストレスが、うつ病などのメンタルヘルス上の問題を引き起こしたり、悪化させたりすることは、心理学で広く知られています。

仕事を家庭に持ち込んだときのストレスの悪循環

　このような悪循環に陥らないためには、大きく2つの対策が必要です。1つ目は、仕事のオンとオフの切り替えができるように、できる限り業務時間内に仕事を終わらせる工夫を行うことです。例えば、スマー

トフォンの通知・着信の管理や、電話対応を事務員・秘書に一任することなどによって、作業の中断を防止することが挙げられます。SNSやメッセージの通知、電話の着信などの外部からの妨害は、集中力を著しく低下させるだけでなく、集中力を取り戻すには多くの心理的コストを要して再開までに時間がかかるため、作業が遅くなりやすいです。これが頻繁に繰り返されると、いつまで経っても仕事が終わらないでしょう。もっとも、長時間集中しすぎると健康を害するおそれがあるので、ポモドーロテクニック（25分間の集中作業と5分間の休憩を繰り返す時間管理術）などの負担軽減策を活用することがおすすめです。その他に業務量の調整などのさまざまな工夫が考えられます。

しかし、上記の工夫を徹底しても、仕事の一部をオフに持ち込まざるを得ないときがあると思います。そこで、2つ目の対策として、普段から愛情に基づく関係の維持・強化に注力することが重要です。愛情に基づく関係が盤石であれば、ストレスへの耐性が強くなるので多少の仕事上のストレスは跳ね除けられるかもしれません。それほど、愛情に基づく関係は心に強い影響力をもたらします。もちろん、できる範囲で構いません。例えば、休日の30分だけでも家族のために時間を作ることも良い方法です。以下は、そのわずかな時間を愛情に基づく関係を維持・強化するために使ったことで、ストレス軽減に成功した事例です。

参考事例③

　弁護士Z氏は、まさに「ストレスの悪循環」に陥っていた方でした。Z氏はうつ病に罹患した様子はありませんでしたが、いつ発症してもおかしくないほど疲弊しきっていました。Z氏なりに、運動したり、温泉やサウナに行ったりしてストレスを発散するよう心掛けていたのですが、それだけではうまくいかなかったようです。

　Z氏のストレスがなかなか解消されない主な要因は、パートナーと

のすれ違いにありました。Z氏のパートナーは遠方の出身であったため、身近にいる親しい人はZ氏だけだったようです。そのため、パートナーはZ氏との時間を何よりも大事に考えていました。もちろんZ氏もその考えに異論はありません。しかし、いざ話し合おうとすると仕事のことがどうしても気になってしまうのでした。いけないと思いながらも、つい「仕事が大変で……」とパートナーの話を切り上げることが多くありました。パートナーもZ氏が仕事で大変な思いをしているのは重々承知しているものの、馴染まない場所での生活によるストレスもあって、「私より仕事を優先するんだ」と言ってしまうことがよくありました。そして、Z氏の方も仕事のストレスからその言葉を、あたかも「あなたは私のことを全く大事に思っていない」と悪意を持って言われている気がしたために「そんなこと言っていないじゃないか！」と言い返すことで怒りをぶつけてしまうこともありました。こうして二人のやり取りはますます感情的になっていき、口喧嘩に発展してしまう、そんなパターンを繰り返していました。この状態ではとても仕事に身が入りませんので、思うように業務が進まず、仕事を家に持ち帰ることが続きました。そうすると、ますますパートナーとの関係は悪化してしまい、まさに悪循環でした。

　そこで、Z氏とはカウンセリングを通じて「休日に夫婦で話し合う時間をあらかじめ30分用意し、その時間は夫婦だけの時間にする」というルールを決めました。Z氏にとって仕事の疲れを癒したい休日に30分の時間を作るのは大変な覚悟でした。しかし、口喧嘩して30分以上の時間を疲弊して過ごすよりずっと良いのではないかと気づき、このルールを試してみることにしました。結果、このルールをパートナーはとても喜んでくれたそうです。Z氏も口論することがなくなったので、家庭でストレスを感じることがなくなりました。同時に、仕事よりもパートナーとの時間が比べ物にならないくらい大事だという自身の価値観にも改めて気づけました。

なお、パートナーとの関係が改善したことを実感し、オン・オフを切り替えるために、Ｚ氏は契約していた仕事用のスマホを解約することにしました。「結局、以前は家でも仕事のスマホを見てしまっていました。でも今は個人のスマホに仕事の通知が来てもあまり気にならなくなりましたので」と語るＺ氏の表情はとてもさわやかでした。家で仕事のことを考えない分、ストレスは減り、仕事のパフォーマンスも向上したとのことでした。

参考文献
中島義明ほか編『心理学辞典』有斐閣（1999 年）429 頁
子安増生＝丹野義彦＝箱田裕司監修『現代心理学辞典』有斐閣（2021 年）597 頁

（小山 拓哉）

第2章

弁護士が抱えやすい不調

I 弁護士を取り巻くストレス

1．弁護士を取り巻く環境

（1）ストレスを抱えやすい環境

　弁護士はその業務において、さまざまなクライアントの法的問題に関わります。クライアントの利益を最大化するという職業上の責任が生じることからも、心理的に負荷の高い業務なども少なくありません。また、業務量も非常に多くなりやすい傾向があり、中には複雑な案件や、対応する弁護士自身の感情が強く揺さぶられるような案件に遭遇することもあるでしょう。実際に、労働基準法に関して出された平成15年厚生労働省告示第356号において、弁護士の専門的な知識や技術または経験は、「専門的知識等であって高度のもの」であると定められており、その負荷自体も非常に高いものであるといえます。

　また、弁護士は、職歴が浅くても「一人前の弁護士」であることを周囲から期待されることがあります。そして、自身としても「このくらいのことはできて当然」「こんなことでストレスを抱えていては一人前の弁護士にはなれない」と考えてしまう人もいるかもしれません。もちろん、そのように自分を追い込むことでモチベーションを高めたり、スキルアップにつながったりすることもあるでしょう。しかし、一人前の弁護士になりたいという考えに縛られてしまい、無理をしすぎる人や、自分自身の悩みがあってもなかなか人に相談できないまま調子を崩してしまう人も少なくないように見えます。中には、そうした弁護士に対して「弱い弁護士だ」「そのくらい乗り越えて当然だ」という目を向ける人もいるかもしれません。そうなると、余計に自分のしんどさを対処せずに抱え込んでしまう負のスパイラルに陥ってしまいかねません。

(2) ストレスとの付き合い

　先述のとおり、弁護士が抱える業務は非常にストレスフルなものが多いと考えられます。そのことに異論を唱える人は少ないかと思いますが、ここで「ストレスを感じることが弁護士失格」と考えるのではなく、「ストレスを感じるのは普通のことである」と考えてみてください。そのうえで、「ストレスと上手に付き合うことが弁護士業務をする中でも非常に重要である」と考えられるようになると、ストレスはあれども専門性を発揮できる一人前の弁護士として、その職を全うできるようになると考えられます。ストレスを感じない弁護士になるのではなく、ストレスと上手に付き合っていけるようになるためにも、弁護士によく見られるストレス反応を理解し、自分自身のストレス反応にいち早く気づき、早期発見・早期対応ができるようにしていきましょう。

2．弁護士が抱えるストレス

(1) 弁護士が抱えるストレスの傾向

　弁護士が抱えるストレスには、どのようなものが挙げられるでしょうか。弁護士が抱えるストレスを調査したものとして、日本弁護士連合会が2011年に実施した「ワークライフバランスに関するアンケート」[1]が挙げられます。同調査では、ストレス症状の具体的内容については「疲れている」との回答が239件と最も多く、回答者全体の6割が睡眠や休日等の休息によっても疲れが抜けていないと感じており、慢性疲労状態であることがうかがわれます。以下「イライラしている」154件、「不

1　第17回弁護士業務改革シンポジウム 〈第9分科会〉「今の働き方に不安はありませんか？　弁護士のワークライフバランス～子育て・リタイアメント／メンタルヘルス～」（第17回弁護士業務改革シンポジウム基調報告　2011年11月）
　（第9分科会において、2011年5月から6月にかけて日本弁護士連合会全会員を対象に質問票を各弁護士会を通じて30,485部配布し、実施されたアンケート調査結果報告。回答締切期限2011年7月20日までに620通の回答（2％）が寄せられた。男女別の回答者数内訳：男性324通、女性288通、不明8通）

安だ」159件、「憂鬱だ」116件、「やる気が出ない」129件、「弁護士を辞めたいと感じる」125件という回答が続き、「疲れている」以外の精神的症状間には回答数にそれほど大きな差はありません。しかし、「辞めたいと感じる」という回答が125件もある（ストレス症状があると答えた回答者の3割を超える）点は看過できない結果といえます。

　性別ごとに見た場合、男女ともに「疲れている」という回答が最多ですが、女性の場合には「疲れている」の次に多いのが「辞めたいと感じる」であり、「体がだるい」などの身体的症状も、女性の方が多くみられていました。

　また、メンタルヘルスに関わる項目の中で「よく眠れない」「憂鬱だ」などのストレス症状を、現在あるいは過去経験している（したことがある）かという問いに対して、回答した男性弁護士の65％、女性弁護士の71％が「経験した」と回答しています。「弁護士業務に関わるストレスから自殺を考えたことがあるか」という項目には、ストレスがあると回答した人のうち15％が現在あるいは過去に「自殺を考えたことがある」と回答しています。こうした調査結果からも、弁護士の多くが職務に伴うストレスを経験していることや、その中には深刻な状態に至っているものも少なくないことが想像されます。

　さらに、福西勇夫『弁護士のためのメンタルヘルスガイダンスブック』[2]によると、弁護士のストレス反応の要因としては、事件の処理や人間関係の解決、経営不安といったものが挙げられており、ストレスを抱えるパターンとして、法曹の仕事に伴うストレスや、個人の生活と仕事との両立に伴うストレス、経営や職場環境に伴うストレスなどが記載されています。

　また、2020年3月19日から6月3日に実施された調査に基づき作成

2　福西勇夫（監修）「弁護士のためのメンタルヘルスガイダンスブック」日本弁護士連合会（2015年）

された「弁護士業務の経済的基盤に関する実態調査報告書2020」[3]（対象：12,000人、回答者数：2,192人）において、ストレスや不安、悩み（以下「ストレス等」といいます）の原因として「感じる」と回答されていたものを概観すると、「業務負荷の多さや業務への適性」が最多で53.2％でした。次いで、「依頼者との関係」が51.1％、「弁護過誤、懲戒」31.5％、「弁護士会の会務」21.5％と続き、「私生活、家族関係」と職場の人間関係が20％未満でした。

　また、同報告書内でストレス等の原因とされる前記6つの項目について、ストレス等を「感じる」と回答した弁護士の内訳を経験年数別に見ると、全ての項目において、弁護士歴5年未満の人の割合が最も高いことがわかります。一方で、どの項目においても、経験年数が増えるにつれて、ストレス等を「感じる」と回答した弁護士の割合が概ね減少する傾向もみられました。この結果から、若手弁護士の方がストレス等を感じやすいことが見て取れます。

　さらに、経験年数5年未満の弁護士がストレス等を感じると回答した割合が最も高いのは、「業務負担の多さや業務への適正」（63.6％）であり、次いで「依頼者との関係」（61.0％）でした。この結果から、キャリアが若いほど、経験の浅さや業務への不慣れさから来る負荷があることや、業務を自分でコントロールしにくい状況にあること、そうした負荷への自身のストレスマネジメントが十分にできていないこと、業務や依頼を断れずにいる様子などが推察されます。また、「職場の人間関係」については、ストレス等を「感じる」と回答した割合は全体の20％以下と比較的少ないですが、上記の通り、経験年数が少ないほど、ストレス等を感じやすい傾向があります。実際、ボス弁との関係や、法律事務所内での相談のしにくさに悩む弁護士から相談を受けることは少なくありません。

---

[3] 日本弁護士連合会「弁護士業務の経済的基盤に関する実態調査報告書2020」（対象：12,000人、回答者数：2,192人）自由と正義 臨時増刊号72巻8号（2021年）

（2）若手弁護士の抱えるストレス

　若手弁護士の方がストレス等を感じやすいといった結果や、職場の人間関係をストレス等に思うことがあるといった調査結果・相談内容の傾向を踏まえると、業務自体のストレスもさることながら、上司や同僚になかなか相談ができないなど、サポートが得られないことで、気持ちが追い詰められてしまう状況は少なくないように想像されます。また、そうした状況で、体調不良が生じたり、集中力が低下しミスが増えたりしていくと、上司（ボス弁など）からの厳しい叱責を受けることもあるかもしれません。その中で、自信をなくしてしまったり、気持ちが焦ったりして、どんどん追い込まれるような悪循環に陥ることもあるかもしれません。特に、弁護士業務は民間企業の業務とは異なり、上司に教えてもらうというよりも、自分自身で何とかすることを求められる傾向があります。ただでさえ自分自身で業務をこなす必要がある中で、相談ができないような職場環境も相重なって、若手の離職につながっているような法律事務所も少なくないようです。

（3）調査結果を踏まえたストレス対策

　以上のとおり、弁護士業務には、職務の責任の重さ、業務量の多さ、ミスをしないように気を張りながらの作業、長時間労働、依頼者など関係者とのやり取りや、同僚との人間関係など、職務に関連したストレス要因が多く挙げられます。そうした職務に関連したストレスを軽減するためには、各人によるマネジメントやセルフケアといった取組みが重要です。仕事のストレス要因によるストレス反応が続くと、健康障害につながる場合もあります。仕事上の要因（仕事量や質、人間関係、裁量度など）がストレス反応（心理面、身体面などの変化）を引き起こし、その後に病気等の問題を生じさせるという関係性を示した米国国立労働安全衛生研究所（NIOSH）の職業性ストレスモデルによれば、ストレス反応は仕事のストレス要因だけではなく、プライベートなど仕事外の要

因や、性別や年齢、性格や考え方、問題対処法などの個人要因、周囲からのサポートなどのストレスを和らげる働きをする緩衝要因によって影響を受けるといわれています[4]。特に、緩衝要因と呼ばれる「周りのサポート」の有無はストレス反応の軽減に影響するといわれており、積極的にサポートを得ることが重要といえます。

　また、前掲第1章Ⅰにあるようなストレス反応が生じても、仕事に穴を空けられないと思うと、つい無理をしてしまいがちです。そうした無理は一時的なものであればまだしも、それが当たり前になり、長期化したり恒常化していくと、うつ病などの精神疾患につながることもあります。一般的な疾患同様に、精神疾患なども早く対応することで重症化や慢性化を防止することができ、より早い回復につながります。なるべく早い段階での医療機関の受診をおすすめします。

Ⅱ　弁護士業務への影響

　『弁護士のためのメンタルヘルスガイダンスブック』で紹介された弁護士が業務上抱えやすいストレス反応[5]を以下に記載しています。冒頭で述べたとおり、弁護士は日常業務において多大なストレスを経験するといわれます。以下に挙げられた状態が続く場合は、自身のストレスケアに取り組むことをおすすめします。

4　The National Intional Institute for Occupational Safety and Health「STRESS…At Work」*DHHS*（*NIOSH*）*Publication* No.99-101（http://www.cdc.gpv/niosh/docs/99-101/default.html）
5　福西勇夫監修（2015）・前掲注2

【弁護士に生じるストレス反応】
□ 依頼者からの連絡が怖い。
□ 依頼者に連絡できない。
□ 手帳に予定を書き込めない。
□ 予定のダブルブッキングやトリプルブッキングが出る。
□ 事務所に出たくない、事務所を出たら戻りたくない。
□ ボス弁に報告できない。
□ 期日に行けない。
□ 弁護士会の会合に出られない。
□ 弁護士会務の負担が重いと感じる。
□ 事務員やイソ弁を怒鳴る。

Ⅲ 事務員がストレスを感じやすい場面とは？

　法律事務所の事務員がストレスを感じていると、ひいては弁護士自身にとっても不利益が生じることがあります。弁護士のストレス要因には、職場の人間関係も挙げられることが前述の調査からもわかります。職場の人間関係の中には、事務所でともに働く事務員との人間関係も含まれます。事務員との関係が悪化すれば、職場の雰囲気が悪くなり、人が定着しないといった状況が発生し、最終的に自身の働きにくさや、負荷を高めることにもつながりかねません。

　自身のストレスマネジメントも重要ですが、自分が働く職場の心理的安全性（5章Ⅱ2．参照）などについても気を配るようにし、ともに働きやすい職場づくりを一人ひとりが意識していくことが重要です。以下のリストは法曹関係者のメンタルヘルスをサポートする団体であるAmiが法律事務所の事務員に対して行ったインタビュー調査結果をまとめたもので、事務員が抱えるストレスを記載しています。ともに働く事務員

のストレスにも意識を向けてみると、職場内の人間関係の改善につながって、自身の働きやすさの向上にもつながることが考えられます。

【事務員が、弁護士との関わりにおいて感じるストレス】

- ☐ 弁護士が現場の意見や仕事の進め方に配慮せずに、一方的に指示される
- ☐ 弁護士から無理難題が頻繁に降りてくる
- ☐ 弁護士の顔色やタイミングを伺わなければならない
- ☐ チャットツールやメールなどの連絡に反応がない
- ☐ 弁護士の態度が高圧的であり、語気が強い
- ☐ 挨拶をしない、目を合わせないなど、礼儀を欠いた対応をされる
- ☐ 事務員の意見を聞く機会を設けてはいるが、反映はされない

【事務員が業務において感じるストレス】

- ☐ 無理難題から守ってくれる人が事務所にいない
- ☐ 本来の業務範囲と異なる業務を頼まれて仕事は増える一方だが、給料が増えない
- ☐ 事務員が辞めた場合の採用・育成が負担である
- ☐ 法律事務職員として入所したのに、別の業務が中心となっている
- ☐ 定時までにこなすことのできない業務量を指示しておきながら、残業するなと言う
- ☐ 病気による有給をとらせてもらえない

参考文献
・久保真人「日本の弁護士のストレス要因についての検討：司法制度改革の影響をふまえて」同志社政策科学研究24巻2号（2023年）31-41頁

（中村洸太）

COLUMN カウンセラーから見た弁護士という仕事の大変さ

　私は、普段、カウンセラーとして、犯罪被害者の心理的な支援や精神科クリニックにて心理テストやカウンセリングを行っています。これらを通じて、弁護士の仕事に触れる中で、弁護士とは、こんがらがった問題を法律という一定のルールを利用して、整理していく仕事なのだなと思います。そして、弁護士のもとに持ち込まれる問題は、究極に絡まりまくった人間関係の問題なのだなと感じます。例えば、離婚に関する仕事は人間関係が問題になることが一見してわかりますし、企業の仕事といってもやはりそこにいるのは利害関係の絡んだ人です。人が絡むということは、そこに感情が生じます。その感情と法律の間を取り持つことも、弁護士の仕事なのだろうなと思います。「これをするためには、これをこうして、こうするとよい」といったようなフローだけでは終われず、感情をもつ人々の間を取り持つ、ある種泥臭い部分のある仕事だと感じます。

　法律の勉強をしているときは、あまりその点は感じられないこともあったのではないかと想像します。司法試験に向けた勉強では、机上の勉強であることもあり、試験問題を解くために事案の理解や法的構成について頭を悩ませることはあっても、その背景にいる登場人物の感情や複雑な人間関係まで想像することはあまりなかったのではないかと思われます。

　しかし、弁護士のお仕事を始めたら、白黒はっきりとつけられない人間関係や人の心をどうにか整理するために奔走しなければならないことが多いことでしょう。その依頼者が、自分とはどうしても合わない、でも、なにがしかの縁故があって断れない、といったこともあるでしょう。しかも、新人の頃はボス弁や兄姉弁からさまざまな指導を受けることもあり、慣れてからは弟妹弁たちが思いどお

りに動いてくれないなど、職場での人間関係もあります。

　そういった、なかなかスパッと解決できない人間関係を抱えながら、期限に間に合うようにリサーチや案件処理などを行い、新しい案件に向けた知識も得なければならない。法改正があれば、それも追っていき……その合間を縫って、営業活動も行う必要もあります。ただでさえ、多忙であること自体がストレスとなりやすいのです。そこに加えて、守秘義務の遵守や依頼者の利益が大きくなるように努力もせねばならず、責任も大きいものがあります。

　ストレスの感じ方は人それぞれです。ただ、弁護士という渡世は、いろいろな場面でストレスが生じやすいといえますので、ぜひご自身に合うストレスとの共存方法を見つけてください。

（臨床心理士・公認心理師　野﨑麻里）

第3章
自覚症状チェックリスト

　ストレスに対処するためには、早めにストレスに気づくことが重要です。ストレスは自覚しにくく、忙しい生活の中で見過ごされがちです。その結果、気づいた時には深刻な状態になっていることも少なくありません。

　ストレスに気づく方法の1つとして、各種チェックリストを利用する方法があります。質問に答えることでストレス状態を数値化するなど、客観的な指標を用いて自身の状態をチェックすることができます。健康診断で定期的に身体の状態をチェックするのと同じように、ストレスのチェックを定期的に行い、自分のストレス状態を知っておきましょう。

　以下では、ストレスのチェックリストに加えて、ストレスと同様に自覚しづらい疲労度と抑うつ傾向を確認するチェックリストも紹介します。なお、以下で紹介するチェックリストだけでなく、全てのセルフチェックのツールに共通した注意として、チェックの結果はあくまで状態や症状、病気の可能性を示すものに過ぎないことに留意してください。特に症状や病気については、チェック結果だけを見て自身で判断することは避けて、医師への受診をご検討ください。

I 各種チェックリストの概要

1. ストレスに関するチェックリスト

(1) 厚生労働省が推奨する３つのチェックリストの概要

　厚生労働省が推奨しているストレスチェックリストの１つに、「職業性ストレス簡易調査票」[1]があります。これは、簡単に使用できる自己記入式のストレス調査票であり、仕事のストレス要因、ストレス反応、修飾要因（ストレスの影響を緩和する要因）の３つを調査するものです。本調査票により評価できる事項としては、仕事のストレス要因に関しては、仕事の量的負担、質的負担、身体的負担、コントロール、対人関係によるストレスなどが、ストレス反応に関しては、抑うつ、イライラ感、疲労感、活気、身体愁訴（身体的ストレス反応）などが挙げられます。本調査票はあらゆる業種の職場で使用でき、質問項目は57個であり約10分で回答が可能です[2]。なお、職業性ストレス簡易調査票には、全57項目の質問から成り立つ通常版に加えて、質問項目を23項目に絞った簡略版があります。簡略版には、質問数が少なく、回答しやすいというメリットもありますが、職場環境などの項目が含まれておらず不十分な面もあります。また、通常版の職業性ストレス簡易調査票に23項目を加えて、労働者の仕事へのポジティブな関わり（ワーク・エンゲイジメント）や職場の一体感（職場のソーシャルキャピタル）、職場のハラスメントなどを測定できるようにした「新職業性ストレス簡易調査票（80項目）[3]」もあります。それぞれの特徴を考慮し、目的に合った調査票を用いることが望ましいです。

1　厚生労働省「実施者向けストレスチェック関連情報」「厚生労働省版ストレスチェック実施プログラム」ダウンロードサイト（https://stresscheck.mhlw.go.jp/material.html）
2　厚生労働省「用語解説　職業ストレス簡易調査票」働く人のメンタルヘルス・ポータルサイトこころの耳（https://kokoro.mhlw.go.jp/glossaries/word-1582/）
3　厚生労働省「ストレスチェック制度について」働く人のメンタルヘルス・ポータルサイト　こころの耳（https://kokoro.mhlw.go.jp/etc/kaiseianeihou/）にて紹介されている。

（2）実施方法（「5分でできる職場のストレスセルフチェック」）

　この3つのストレスチェックのうち、職業性ストレス簡易調査票（57項目版及び23項目版）は厚生労働省のウェブサイトから実施可能ですが、ここでは厚生労働省が57項目の通常版をもとに作成した「5分でできる職場のストレスセルフチェック」を紹介します。本ストレスチェックでは、4つのステップに分類された簡単な質問にオンライン上で答えることで、働く人自身の職場におけるストレスレベル（ストレスの状態）を知ることができます。4つのステップとは、ステップ1が仕事（17問）、ステップ2が最近1か月の状態（29問）、ステップ3が周りの方々（9問）、ステップ4が満足度（2問）についてで、いずれの設問も4つの選択肢の中から1つを選ぶ回答形式であるため、簡単に実施することが可能です。なお、職業性ストレス簡易調査票の評価方法は非常に複雑であり、個人で評価することが難しいため、オンラインでの実施がおすすめです。

（3）弁護士に適したストレスチェックの読み替え

　職業性ストレス簡易調査票（5分でできる職場のストレスセルフチェック）は被用者が主な対象者であるため、会社での勤務を前提にした質問になっています。しかし、弁護士は、ボス弁・イソ弁を問わず、個人事業主または経営者として働いている場合が多いと思います。そのため、職業性ストレス簡易調査票（5分でできる職場のストレスセルフチェック）の質問の表現や内容は、弁護士に適していない部分があります。したがって、職業性ストレス簡易調査票ではなく、厚生労働省が個人事業主等向けに新たに作成した「個人事業者等の方向け（暫定版）資料　職業性ストレス簡易調査　①職業性ストレス簡易調査票（57項目）」[4]を用いる方が適切な結果が得られるでしょう。この調査票は、職

---

[4] 2023年4月暫定版が公表されており、2024年12月13日現在においても暫定版です（厚生労働省「ストレスチェック等の職場におけるメンタルヘルス対策・過重労働対策等」（https://www.

業性ストレス簡易調査票の質問項目を個人事業主等向けに変更して作成されたもので次のページに掲載しています。残念ながら、この調査票には、オンラインで実施できないという欠点があります[5]。そのため、実施する際には、右下にある二次元バーコード（https://kokoro.mhlw.go.jp/check/）から、「5分でできる職場のストレスセルフチェック」[6]を開いたうえで、各質問を以下の読み替え表に応じて読み替えたうえで回答する方法が簡単に実施できるのでおすすめです。

　（以下、厚生労働省「個人事業者等の方向け（暫定版）　資料 職業性ストレス簡易調査票　①職業性ストレス簡易調査票」（57項目）（https://www.mhlw.go.jp/content/001082470.pdf）より引用のうえ、42～43頁に掲載する。）

---

mhlw.go.jp/bunya/roudoukijun/anzeneisei12/index.html）よりダウンロード可能。
5　2024年12月13日現在の状況であり、将来的にオンラインで実施できる可能性があります。
6　厚生労働省「5分でできる職場のストレスセルフチェック」こころの耳（https://kokoro.mhlw.go.jp/check/）

理論編

個人事業者等の方向け（暫定版）

資料　職業性ストレス簡易調査票

①職業性ストレス簡易調査票（57項目）

A. あなたの仕事についてうかがいます。最もあてはまるものに〇を付けてください。

		そうだ	まあそうだ	ややちがう	ちがう
1.	非常にたくさんの仕事をしなければならない	1	2	3	4
2.	時間内に仕事が処理しきれない	1	2	3	4

「時間内」を「納期・工期・期日等（それまでに発生する各種業務の締切含む）」に置き換えてご回答ください。

3.	一生懸命働かなければならない	1	2	3	4
4.	かなり注意を集中する必要がある	1	2	3	4
5.	高度の知識や技術が必要なむずかしい仕事だ	1	2	3	4
6.	勤務時間中はいつも仕事のことを考えていなければならない	1	2	3	4

「勤務時間」を「業務時間」に置き換えてご回答ください。

7.	からだを大変よく使う仕事だ	1	2	3	4
8.	自分のペースで仕事ができる	1	2	3	4
9.	自分で仕事の順番・やり方を決めることができる	1	2	3	4
10.	職場の仕事の方針に自分の意見を反映できる	1	2	3	4

「職場の仕事の方針」を「仕事の発注者・仲介業者の意向」に置き換えてご回答ください。

11.	自分の技能や知識を仕事で使うことが少ない	1	2	3	4
12.	私の部署内で意見のくい違いがある	1	2	3	4

「私の部署内」を「仕事の発注者・仲介業者・付き合いのある同業者等との間」に置き換えてご回答ください。

13.	私の部署と他の部署とはうまが合わない	1	2	3	4

「私の部署と他の部署」を「自分が受注する仕事について、仕事の発注者・仲介業者・付き合いのある同業者等と、他の関係者」に置き換えてご回答ください。

14.	私の職場の雰囲気は友好的である	1	2	3	4

「私の職場」を「私の仕事の関係者間」に置き換えてご回答ください。

15.	私の職場の作業環境（騒音、照明、温度、換気など）はよくない	1	2	3	4

「職場の作業環境」を「仕事の作業環境」に置き換えてご回答ください。

16.	仕事の内容は自分にあっている	1	2	3	4
17.	働きがいのある仕事だ	1	2	3	4

B．最近1か月間のあなたの状態についてうかがいます。最もあてはまるものに〇を付けてください。

（中略）

C．あなたの周りの方々についてうかがいます。最もあてはまるものに〇を付けてください。

> 本項の設問は、以下のとおり置き換えて回答してください。
> ＊問1、4、7：「上司」
> → 「仕事の発注者（個人含む）や仲介業者」
> ＊問2、5、8 ：「職場の同僚」
> → 「一緒に仕事をしている、又は付き合いのある同業者等の仕事関係者」

	非常に	かなり	多少	全くない

次の人たちはどのくらい気軽に話ができますか？

1. 上司	1	2	3	4
2. 職場の同僚	1	2	3	4
3. 配偶者、家族、友人等	1	2	3	4

あなたが困った時、次の人たちはどのくらい頼りになりますか？

4. 上司	1	2	3	4
5. 職場の同僚	1	2	3	4
6. 配偶者、家族、友人等	1	2	3	4

あなたの個人的な問題を相談したら、次の人たちはどのくらいきいてくれますか？

7. 上司	1	2	3	4
8. 職場の同僚	1	2	3	4
9. 配偶者、家族、友人等	1	2	3	4

D．満足度について

	満足	まあ満足	やや不満足	不満足
1. 仕事に満足だ	1	2	3	4
2. 家庭生活に満足だ	1	2	3	4

出典：厚生労働省「個人事業者等の方向け（暫定版）　資料 職業性ストレス簡易調査票　①職業性ストレス簡易調査票」（57項目）（https://www.mhlw.go.jp/content/001082470.pdf）

(4) 実施頻度

　ストレスチェックの実施頻度は、実施義務を負う場合には「1年以内ごとに1回」（労働安全衛生規則52条の9）とされています。そこで、実施義務の有無にかかわらず、1年に1回は実施することを目安にしてはいかがでしょうか。また、繁忙期には、ストレスチェックの後回しや実施漏れが起きやすいため、繁忙期ではない期間にストレスチェックの実施時期をあらかじめ設定しておくことが望ましいです。その他にも、ストレスがたまった時にストレスチェックを随時実施することも、健康状態の悪化を防ぐために有効です。

(5) 結果の活用

　「5分でできる職場のストレスセルフチェック」の実施後、分析結果が直ちに表示されます。結果の冒頭に記載されている総評やレーダーチャートに加えて、「あなたの現在のストレス反応」「ストレスの原因となりうる因子」及び「コメント」の項目を確認してみましょう。この結果から、自身のストレスの状態や原因を客観的な視点で知ることができます。また、結果の下部に記載されている「ストレスケアのアドバイス」から閲覧できる各種の研修資料から、一般的なストレスケア方法を学ぶことができます。具体的なストレスケア方法を知りたい場合は、第4章及び事例編も参考にしてください。

　ストレスチェックを実施して自身のストレスに気がついたら、早めに対処することが大切です。ストレスチェックはメンタルヘルス不調の防止が主な目的ですので、ストレスチェックを実施するだけでは足りず、ストレスの程度を把握したうえで不調防止策を講じることが必要です。そして、ストレスチェックの結果が悪い場合には医師や公認心理師などの専門家への相談が望ましいです。また、精神症状や身体の症状などが2週間以上続くようなら、精神科・心療内科の受診なども必要になるかもしれません。このようなメンタルヘルスに関する相談窓口として、日

弁連メンタルヘルスカウンセリングや各弁護士会のメンタルヘルス相談制度、民間のカウンセリング機関がありますので、必要に応じて相談するのも有効な不調防止策になります。

２．疲労の蓄積
（１）労働者の疲労蓄積度自己診断チェックリスト

ストレスと同様に自覚しづらい疲労度を簡単に測定できるツールとして中央労働災害防止協会（以下「中災防」といいます）が作成した「労働者の疲労蓄積度自己診断チェックリスト」[7] が広く活用されています。本チェックリストは、自覚症状と勤務の状況を評価することによって労働者の疲労蓄積度を判定するものであり、個人事業者等も活用できます[8]。

本チェックリストは、過剰労働を原因とする健康障害防止を目的として、医学研究の結果などに基づいて、回答者自身の疲労度の測定を行うツールとして活用されています[9]。そのため、上記１．（１）で説明したストレスチェックと同様に、過剰労働で疲労が蓄積しやすい弁護士に適したチェックリストといえます。過重労働は疲労の蓄積をもたらし、脳や心臓疾患及び精神障害との疫学的な関連性が認められていることに加えて[10]、疲労の蓄積が業務におけるパフォーマンスを悪化させて、ストレスを増幅させる原因にもなります。そのため、ストレス予防のためにも、疲労度を事前に把握して早期に対処することが重要になります。

最近の業務等で疲労を感じている方は、厚生労働省が労働者の疲労蓄積度自己診断チェックリスト2023年改正版に基づき制作した「働く人

7　中央労働災害防止協会「労働者の疲労蓄積度自己診断チェックリスト（2023年改正版）」https://www.jaish.gr.jp/td_chk/pdf/chk_list1.pdf（2023年）
8　厚生労働省「『労働者の疲労蓄積度自己診断チェックリスト』等の周知について」基安労発0404第１号（2023年）
9　中央労働災害防止協会（2023）・前掲注7
10　中央労働災害防止協会「労働者の疲労蓄積度自己診断チェックリスト（2023年改正版）［本人用・家族用］活用ガイド」https://www.jisha.or.jp/research/pdf/202304_02.pdf（2023年）２頁

の疲労蓄積度セルフチェック 2023（働く人用）」を右下の二次元バーコード（https://kokoro.mhlw.go.jp/fatigue-check/worker.html）から読み込んで、ぜひ自身の疲労蓄積度をチェックしてみてください。

（2）結果の活用方法

　「働く人の疲労蓄積度セルフチェック 2023（働く人用）」によるセルフチェックの実施後、すぐに結果を確認することができます。自覚症状と勤務の状況の評価をもとに疲労蓄積度の総合判定がなされ、疲労蓄積度の点数が 2 ～ 7 点の方は疲労が蓄積している可能性があると判断されます。弁護士は過重労働の傾向があり、多くの方がこの点数に該当すると推測され、疲労が蓄積している自覚がある人も多いのではないでしょうか。疲労が蓄積した状態を放置すると、抑うつ感や苛立ちといった精神的な症状に加え、不眠や食欲不振といった身体的な症状も引き起こす可能性があります。疲労の蓄積に気がついたら、業務が多忙だからと放置せず、疲労蓄積予防のための対策に取り組むことが望ましいです。

　セルフチェックの結果のうち、特に「STEP 2　最近 1 か月間の『勤務の状況』」を読み、改善が必要な項目を確認しましょう。加えて、「労働者の疲労蓄積度自己診断チェックリスト」の「2．最近 1 か月間の勤務の状況」を参考に、次の点について見直してみましょう。

- □ 労働時間（時間外・休日労働時間を含む）は適当でしたか？
- □ 不規則な勤務（予定の変更、突然の仕事）が多すぎてはいないですか？
- □ 出張に伴う負担（頻度・拘束時間・時差など）が大きくありませんでしたか？
- □ 深夜勤務に伴う負担は大きくありませんでしたか？
- □ 休憩・仮眠の時間数及び施設は適切でしたか？
- □ 業務による身体的・精神的負担は大きくありませんでしたか？
- □ 職場・顧客等の人間関係による負担が大きすぎませんでしたか？
- □ 時間内に処理しきれない業務は多すぎませんでしたか？
- □ 自分のペースでできない業務が多すぎませんでしたか？
- □ 勤務時間外でも業務のことが気になって仕方ないと思う頻度は多かったですか？
- □ 勤務日の睡眠時間は十分に確保できていますか？
- □ 終業から次の始業までの休息時間は足りていますか？

　まずは「改善が必要な項目」と表示されたものから改善に取り組むことが効果的な取組みになるといえます。例えば、「1か月の労働時間」が改善が必要な項目と表示された場合、他の弁護士や事務員との分業を図るなどして労働時間の短縮が可能かを検討することが考えられます。また、自身で業務を見直した結果、休憩が少ないことがわかれば、休憩を普段よりも多くとるように意識して、業務がひと段落ついた時に5分ほどの短い休憩時間をとることや昼休みに15分ほど仮眠をとることで、疲労を回復するように努めましょう。これらに加えて、結果の下部に表示される「疲労蓄積ケアのためのアドバイス」や第4章などを参考に、ほんの小さなことからでも業務による疲労の蓄積を減らす工夫をしてみましょう。また、職場や専門家、家族などの協力を得て改善することが効果的な場合があるため、必要に応じて協力を求めてみてはいかが

でしょうか。

3. 抑うつ症状

（1）簡易抑うつ症状尺度（QIDS-J）

　ストレスや疲労よりも自覚するのが難しいうつ病の重症度についてセルフチェックするテストとして、「簡易抑うつ症状尺度」（Quick Inventory of Depressive Symptomatology：QIDS -J）が広く使用されています[11]。簡易抑うつ症状尺度は、睡眠、食欲・体重及び精神運動状態に関する16個の質問で構成されており、各項目が大うつ病性障害の症状に対応しているので、これらの質問に回答することで、うつ病の可能性があるかどうかがわかります。

　弁護士は業務過多等でストレスや疲労の蓄積が多くなりやすく、気分の落ち込みや強い疲労感、不眠などの抑うつ症状が現れることも少なくないのではないでしょうか。このように、気分が落ち込む、意欲が低下する、イライラする、不安になる、食欲がなくなる、眠れないなどの状態が2週間以上続くようなら、うつ病の可能性が疑われるため、まずは医療機関を受診してみることをおすすめします。しかし、日々忙しい中で医療機関を受診することは時間的に難しいことに加えて、自分がうつ病である可能性を認めることへの精神的なハードルや「疲れているけれど、まだ頑張れる」との思いから、医療機関に行くことを悩まれる人もいるかもしれません。そこで、まずは医療機関を受診すべきかどうか、この尺度を用いて簡単にセルフチェックしてみるのもよいかもしれません。

　簡易抑うつ症状尺度のセルフチェックは、さまざまなサイトで実施することができますが、ここでは、国立研究開発法人国立精神・神経医療

11　医療機関では、抑うつ症状の尺度としてPHQ-9（Patient Health Questionnaire-9）を用いることが多く、一般的には医師や公認心理師が結果を確認して適切な治療計画を立てるために利用されます。本稿では、実施の簡便さの観点から、オンラインで実施可能なQIDS-Jを紹介しています。

研究センター認知行動療法センター顧問、一般社団法人認知行動療法研修開発センター理事長である精神科医の大野裕氏のサイト[12]で実施できるものを紹介します。右下の二次元バーコードからアクセスして、数分で実施できますのでぜひ実施してみましょう。

（2）結果の活用方法

　前記二次元バーコードのサイトからチェックを行った後は、点数とうつ病重症度の判定結果が表示されます。6点以上の場合には軽度のうつ病の可能性があるとされるため、まずは医療機関に相談してください。そして、点数が高くなるにつれて、抑うつ症状の程度は重くなり、具体的には、医療機関への相談の必要性及び緊急性が高くなると考えられます。6点〜10点が軽度、11点〜15点が中等度、16点〜20点が重度、21点〜27点が極めて重度とされています。なお、本チェックリストは、うつ病の心配がある場合に、医療機関を受診すべきかどうかの判断に役立てるものであり、うつ病の診断自体を行うものではないことにご注意ください。

　たとえQIDS-Jの判定結果が0点〜5点であり、うつ病の重症度が正常とされても、うつ病の可能性が完全に否定されるわけではありません。うつ病の可能性については複合的な観点でセルフチェックをすることが望ましく、例えば、身近な家族や同僚などに現在の自分の様子について尋ねてみるのも1つの方法です。うつ病が懸念される場合には、繰り返しになりますが、医師に相談することが望ましいです。

　また、ストレスに対する対処を適切に行うことは、うつ病の予防に効果があるといわれています。気分がふさぎ込んで憂鬱になる、やる気が出ない状態が続いているなどの抑うつ的な傾向がある場合は、医療機関

12　大野裕の認知行動療法活用サイト〔ここトレ〕こころのスキルアップ・トレーニング（https://www.cbtjp.net/qidsj/）

を受診するほどの深刻度ではなくても、状態の改善に向けて対処することが重要です。最も大切な対処は「休むこと」です。他にも、たんぱく質を含む良質な食事をとる[13]、適度な睡眠時間を確保する、相談できる人を持つなど、ストレスを軽減する工夫をしてみてください。第4章を併せて参照することで、さまざまなストレス軽減策を知ることができます。

（3）うつ病の症状例

上記で紹介したQIDS-Jに加えて、うつ病の症状の一例を紹介します。このような症状が2週間以上続くようであれば、医療機関の受診を検討してみましょう。なお、うつ病の詳細な説明は、後述のⅡ1．をご参照ください。

【うつ病の主な症状例】[14]

☐ 気分が滅入る・悲しい・涙もろくなる
☐ 興味や関心がなくなる、以前楽しめていたことが楽しめなくなる
☐ 食欲がなくなる・体重が減る（食べ過ぎ・体重が増える）
☐ よく眠れない・眠りすぎる
☐ 何かに追い立てられているようで落ち着かない・逆に動けない

13　高田明和＝高尾哲也＝小川睦美＝石井幸江＝清水史子＝葉梨喬宏＝富岡大＝堀宏治＝増田潤一「タンパク質と脳の栄養：うつ病とタンパク摂取」畜産の情報 2017年9月号 52-61頁 農畜産業振興機構調査情報部編（2017年）
14　日本うつ病学会「日本うつ病学会治療ガイドラインⅡうつ病（DSM-5）／大うつ病性障害2016」（2024年3月1日改定（一部修正））
（https://www.secretariat.ne.jp/jsmd/iinkai/katsudou/data/20240301.pdf）
日本うつ病学会「日本うつ病学会治療ガイドラインⅡうつ病（DSM-5）／大うつ病性障害2016」（2024年3月1日改定（一部修正））及びAmerican Psychiatric Association 原著、日本精神神経学会（日本語版用語監修）、髙橋三郎＝大野裕（監訳）『DSM-5-TR 精神疾患の診断・統計マニュアル』医学書院（2023年）を参照の上で著者作成。なお、うつ病には多様な種類とそれに応じた症状が存在しますが、読者の理解を助けるため、各種類ごとの症状例は記載せず、いくつかの症状例を抜粋して記述しています。

- □ 疲れやすい・何をするのも億劫（やる気が失せる）
- □ 自己卑下する・周囲に申し訳ないという気持ちにさいなまれる（自責感）
- □ 思考力や集中力がなくなる・簡単なことも決断できずに迷ってしまう
- □ 自殺したい・生きていても仕方がないと考える
- □ 肩こり・頭痛・下痢・便秘などの体の不調

　ここまで、ストレス、疲労度及び抑うつ傾向に関するチェックリストの概要とその活用方法について紹介しました。精神的な症状は自覚しづらいことが多く、気づかないうちに症状が悪化していたということもあります。多くの病気と同様に、精神疾患においても「早期発見・早期治療」が重症化を防ぐために非常に重要です。また、病気とまではいかない状態であっても、ストレスや疲労の蓄積を感じている場合には、早めに対処することで病気にまで悪化することを防ぐことができます。自分の心の状態に常日頃から意識を向けておくことで、小さな症状に早めに気づくことができます。ぜひ本書のセルフチェックリストを活用して、自分の状態に関心を持ち、少しでも早く対応策を実施するように心がけてください。

参考文献
厚生労働省「フリーランスの方のメンタルヘルスケア」働く人のメンタルヘルス・ポータルサイト　こころの耳（https://kokoro.mhlw.go.jp/freelance/）
厚生労働省「心の健康」厚生労働省ホームページ（https://www.mhlw.go.jp/stf/seisakunitsuite/bunya/hukushi_kaigo/shougaishahukushi/kokoro/index.html）
厚生労働省労働基準局安全衛生部労働衛生課産業保健支援室「労働安全衛生法に基づくストレスチェック制度実施マニュアル」平成27年5月、令和3年2月改訂（https://www.mhlw.go.jp/content/000533925.pdf）
下光輝一「職業性ストレス簡易調査票を用いたストレスの現状把握のためのマニュアル―より効果的な職場環境等の改善対策のために―」（https://www.mhlw.go.jp/file/05-Shingikai-11201000-Roudoukijunkyoku-Soumuka/0000050920.pdf）（2009年2月9日及び5月25日に修正）厚生労働省（2005年）

（三浦　光太郎）

理論編

Ⅱ 代表的な精神疾患の特徴と治療法

Ⅰでは、職業性ストレス簡易調査票や疲労蓄積度自己診断チェックリスト、簡易抑うつ症状尺度を紹介して、自身でのメンタルヘルスのセルフチェックを推奨しました。しかし、メンタルヘルスに注意を払っていたとしても、残念ながらメンタルヘルス不調が悪化してしまい、精神疾患に罹患する可能性があります。ここでは、代表的な精神疾患である「気分障害」「適応障害」「発達障害」「不安障害」「アルコール使用症」「睡眠障害」について、その特徴と治療法について解説します。これらの疾患は、日常生活に大きな影響を及ぼすことがあり、早期の理解と適切な対処が求められます。各疾患の理解を深め、対処法を知ることが、より健康的な生活を送るための第一歩となるでしょう。

1．気分障害

気分障害の病期には、過活動（活動量の増加）と気分の高まりを特徴とする躁状態、活動量の低下と気分の落ち込みを特徴とするうつ状態があります。躁状態では、自信満々になり、アイデアが次々に浮かび行動的になりますが、注意力が散漫になり、気が大きくなって浪費したり、喧嘩など対人的なトラブルを起こしてしまうことがあります。一方で、うつ状態では、自信がなくなり無力感に苛まれ、普段楽しめていたことにも興味が湧かなくなり、疲れを強く感じるようになります。また、これらの気分の異変は思考内容にも大きく影響を及ぼします。例えば、睡眠時間が短時間である場合、躁状態では「眠らないでも平気」と感じることが多いですが、うつ状態では「眠らなければならないのに眠れない」と思い悩むようになります。

気分障害の病期は生涯で一度だけ認める方もいますが、何度も反復する方も少なくありません。うつ状態のみを認める場合は「うつ病」、経過の中で一度でも躁状態を認めた場合は「双極性障害」と診断されます。

気分障害に対する治療では、薬物療法や心理・社会的療法が行われます。薬物療法の場合、双極性障害とうつ病では、同じうつ状態にあっても使われる薬剤の内容が異なるため、医師の診断に従い、処方された薬剤を正しく服用することが大切になります。なお、薬剤の服用期間は医師と相談のうえで決定されますので、必ずしも生涯にわたり服用し続けるわけではありません。また、心理・社会的療法としては、病気に対する理解を深めたり、症状への対処法を学んだりする「心理教育」が提供されることが一般的であり、これらは臨床心理士などのカウンセラーが担当することが多いです。

2．適応障害

健康上の問題、経済的な問題、対人関係の悩みなどの明確に確認できるようなストレス要因に反応して、さまざまな心身の症状が現れ、日常生活や社会生活に支障を来す病気を適応反応症（適応障害）と呼びます。その症状は、①不安や焦燥感、抑うつ気分などの情緒的反応に加え、②社会的な役割に相応しくない問題行動、③頭痛や動悸、息苦しさ、めまい等の身体症状など多彩です。また、発症する理由も症状と同様に多様ですが、自ら抱えることができるストレスの許容量を一時的に超えてしまった場合に罹患する傾向があります。そして、ストレス要因に反応して罹患する病気であるため、ストレス要因が続く場合には、症状が長引いてしまうことがあります。このようにストレスが原因となる病気である以上、誰もが罹患し得る病気であるため、日頃からご自身のストレスの状態には注意する必要があります。

治療は、心理・社会的療法が中心となります。例えば、ストレスを引き起こすような環境の調整について相談しながら、症状に応じて補助的に薬物療法を行うこともあります。薬物療法の例としては、不眠が強い場合に、睡眠を助ける薬を処方することが挙げられます。また、症状が強く、環境的な負荷が大きすぎる場合には、仕事を休んで十分に休養することが優先されます。

3．発達障害

　発達期に発症する一連の疾患を発達障害と呼びます。遺伝的・環境的な要因の組み合わせによって引き起こされ、就学前など発達期早期には明らかになることが多いです。代表的な発達障害群の疾患としては、コミュニケーションが苦手でこだわりを強く持つ自閉スペクトラム症（ASD）や、多動で衝動性を抑えられない注意欠如多動症（ADHD）、知的機能及び適応機能の欠陥がある知的発達症があります。もっとも、特性が軽度で知的水準が高い場合や周囲から適切な支援を受けられている場合には、幼少期には発達障害だと診断されず、大人になってより強いストレス状況に晒されたときに初めて症状として顕在化することもあります。このような「大人の発達障害」も近年では注目されています。

　治療では、本人や家族等の身近な支援者への説明により発達障害の特性を理解していただいたうえで、本人の特性や環境に沿った個別の対処法について医師等の専門家と支援者が一緒に検討します。注意欠如多動症に対してはこれに加えて薬物療法が行われる場合があります。また、適応障害や不安障害などの併存症がある場合には、これらも併せて治療することが大切になります。

4．不安障害

　不安障害を発症すると、過剰に恐怖や不安を感じるようになり、それに影響されて特徴的な行動をとるようになります。パニック障害、社交不安障害、強迫性障害、身体表現性障害などさまざまな疾患がこれに含まれます。

　パニック障害によりパニック発作が引き起こされると、動悸や胸痛、めまいや窒息感といった身体症状を伴う強い恐怖が突然理由もなく生じます。ときには、「このまま死んでしまうのではないか」というほどの恐怖を覚えることもあります。このような発作が繰り返し発生し、発作がないときも「発作が起こるのではないか」という不安のために社会的

な行動範囲が狭くなってしまうこともあります。

　社交不安障害は、人から注目されるような状況に対する過剰な不安や恐怖を特徴とする疾患です。例えば人前で発表をする場面を過剰なほどに苦痛に感じ、できるだけ避けるようになります。

　強迫性障害を発症すると、頭にこびりついている考えやイメージが特定の状況で強い不安を伴って繰り返し浮かんできてしまい、なんとかこれを取り払おうとする行動をとるようになります。例えば外出をしようとすると戸締まりやガスの元栓を閉めたかが気になって、何度も確認を繰り返してしまい、なかなか出かけられないことがあります。また、自分の手や体が汚染されているように感じ、何度も手洗いや入浴を繰り返す例や、書類の正確性を過度に気にして確認を繰り返してしまい、仕事が一向に進まないような例もあります。

　身体表現性障害は、1つあるいは複数の苦痛を伴う身体症状が生じた後、そのことに過度にとらわれてしまい、健康状態に関する強い苦悩や不安が続くことで、その人本来の感情や行動が変容してしまう病気です。例えば、自分が重篤な病気にかかっているのではないかという心配にとらわれてしまい、身体的な検査を受けて問題がないと伝えられても安心できず、複数の医療機関を受診することがあります。

　治療方法は疾患によって異なりますが、基本的には、不安症状を軽減できるような薬物療法に加えて、認知行動療法と呼ばれるような心理療法をとることで、不安障害によって生じた極端な考え方や行動を修正していけるように支援をします。

5. アルコール使用症

　飲酒に関する精神科的な問題は、酔い方の問題（異常酩酊）と飲み方の問題（アルコール依存症）の2つに分かれます。異常酩酊の特徴的な例としては、飲酒をすると普段の行動からは考えられないような行動をとってしまい、酔いから覚めると本人が覚えていないなどが多いなどです。一方、アルコール依存症は、コントロール不能なほどの強い飲酒欲求のために、コントロール不能な飲酒行動に至ってしまう脳の病気です。1人で日常生活の合間に飲酒することや、飲んでは眠り、覚めてはまた飲むような飲酒パターンに至ってしまうことがあります。また、強い飲酒欲求を満たすために、なんとかしてアルコールをとり続けようとさまざまな工夫をするようになります。アルコール依存症の患者は、自分が依存症であると認めてしまうと飲酒ができなくなってしまうと考え、自分は絶対に依存症ではないと強く思い込むようにする方も多く、そのために医療機関を受診するまでに長い時間がかかってしまい、より重症化することも珍しくありません。

　治療では、これまでの飲酒歴や生活の様子について振り返り、治療目標について話し合われます。アルコール依存症は断酒することが最終目標となりますが、まずは減酒から取り組むことが有効な場合があり、これを助ける薬物療法が併用されることもあります。

6. 睡眠障害

　睡眠障害にはさまざまな症状があり、睡眠不足、睡眠過多、寝ようとして横になると足がむずむずして眠れない、眠っている間に手足がぴくつく等の例があります。睡眠には1日の活動による疲労の蓄積を回復させる役割があり、睡眠障害が続くことで糖尿病や脂質異常症、高血圧等の生活習慣病、精神疾患の発症や増悪のリスクを高めてしまうことが知られています。睡眠障害の背景には、飲酒や喫煙による睡眠の質の低下や、気分障害や不安障害などの不眠を引き起こすような他の精神疾患が

隠れている場合もあります。

　睡眠障害の治療は、障害の種類の鑑別から始まります。それぞれの疾患によって対応は異なりますが、基本となるのは睡眠衛生指導です。睡眠衛生指導では、良質な睡眠を得るために必要な環境づくりや運動、食事等の日常生活上の工夫について指導を受けます。慢性的な不眠症で、睡眠衛生指導のみでは効果が十分得られない場合には、認知行動療法の適応になります。認知行動療法は、自身の睡眠状態についての誤った思い込みを修正し、睡眠改善につながる生活習慣を身につけることを目的として、主に臨床心理士や公認心理師等が担当します。また、睡眠薬による治療も一般的に広く行われています。従来の睡眠薬には依存性や習慣性が懸念されるものが多かったのですが、近年ではこれらのリスクがより少ない薬剤が発売されており、薬物療法の選択肢が広がっています。

　約10年ぶりに改定された、厚生労働省による「健康づくりのための睡眠ガイド2023」[15]では「適正な睡眠時間を確保」するとともに、「睡眠休養感を高める」ことが重視されています。このために必要な、個人でできる対策についても具体的に記載されているためご参照ください。

参考文献
American Psychiatric Association原著、日本精神神経学会（日本語版用語監修）、高橋三郎＝大野裕（監訳）『DSM-5-TR 精神疾患の診断・統計マニュアル』医学書院（2023年）
岡島義「CBT-Iの理論と実践」心身医学58巻7号（2018年）616頁

（熱田　英範）

---

[15] 健康づくりのための睡眠指針の改訂に関する検討会「健康づくりのための睡眠ガイド2023」（令和6年9月18日一部修正）厚生労働省（2024年）3頁
（https://www.mhlw.go.jp/content/001305530.pdf）

第4章

セルフケア

I 弁護士に必要なセルフケア

　セルフケアは、自分自身を良い状態に保ち、良い状態で機能させるために行うものです。セルフケアの必要性・重要性を理解している人は多いですが、理解していても実際にセルフケアを十分に実践することは難しいです。そこで、弁護士に必要なセルフケアについて解説しますので、ぜひ自身のセルフケアの参考にしてみてください。

1. 必要最低限のセルフケア

　セルフケアの基本は、日常的にバランスの良い食事をとり、適度な運動を行い、清潔な衣服を着て、十分な睡眠をとることです。つまり、健康的な生活を送ることが大切です。もっとも、弁護士という多忙な稼業では、基本的なセルフケアを毎日行うことが難しい人もいると思います。しかし、体調不良になりそうなときには、何らかの対策を意識的または無意識的に実施していませんか。具体的には、天気が悪いと頭痛がする、季節の変わり目には風邪をひきやすくなる、寝不足だと肌が荒れる、女性ならば月経に痛みが伴うなど、「こういう時は体調不良になりやすい」という傾向を、皆さんは概ね把握していると思います。そのような体調不良に備え、薬を持ち歩いたり、不調が表れやすい時期には早く帰宅したりと、さまざまな工夫をしていることでしょう。このような工夫により、体調不良を防止して「自分を良い状態に保つ」土台を築くことができます。これが必要最低限のセルフケアです。場合によっては、必要最低限のセルフケアが十分にできない場面があるかもしれませんが、そのような時でもできる範囲でセルフケアを試みることが重要です。

また、セルフケアは基本的に一人で実施できますが、一人でやらなければならないものでは決してありません。時には、他人の手を借りて行うことも立派な方法であり、セルフケアの中には、人に愚痴を言うことなど、友人やパートナーの力を借りて気軽にできるものも存在します。もしセルフケアを一人で行うのが難しいと感じたときは、医師やカウンセラーのアドバイスを受けたり、信頼できる人の協力を得たりして、自身のケアをしてみましょう。

2．弁護士に必要なセルフケアとは？
（1）必要最低限のセルフケアで十分？
　必要最低限のセルフケアは重要ですが、身体の健康を保つためだけのものにすぎません。特に、多くの弁護士は業務量の多さや責任の重さなどから強いストレスを抱えやすい状況にあるため、基本的な健康管理だけではメンタルヘルスを維持・改善するには不十分である可能性が高いです。つまり、多くの弁護士は、必要最低限のセルフケアに加えて、ストレスの強度に応じたセルフケアを行う必要があります。具体的には、身体の健康に加えて、心の健康にも注目したセルフケアを行うことが求められます。

（2）自分に必要なセルフケアの探し方
　自分に合った心身のセルフケアを見つけるためには、まず自分のストレスを把握することが重要です。しかし、自分が抱えているストレスの大きさや、自分にとって何がどれくらいストレスになるかを正確に把握することは難しいです。実際に、カウンセリングを利用する人の多くは、カウンセリングを通じて、意外なことがストレスになっていると気づき、驚きます。そして、カウンセリングを受けてストレスで悩んでいる状況を改善する人は、自分自身のストレスとの向き合い方を見直し、セルフケアのやり方をアップデートする人が多いです。自分自身のスト

レスを把握するためには、第3章で紹介しているストレスチェックをぜひ活用してみてください。加えて、自分の心身の辛さを数値化することもストレスの把握方法として有効です。例えば、自分の現在の仕事や生活を自分の感覚に基づいて、それぞれ0から100の中で数値化します。具体的には、現在の仕事が全く辛くなければ0、非常に辛ければ100で評価します。また、現在の生活に全く満足していなければ0、とても満足していれば100で評価します。これにより、自分がストレスをどれくらい感じているかを大まかに把握します。例えば、仕事の辛さが80で、生活の満足度が20なら、かなりのストレスを感じているといえます。このようにして自身のストレスを把握したら、次のⅡで紹介するセルフケアの中から実践可能なものに取り組んで、セルフケアをアップデートしてみてはいかがでしょうか。

(野﨑 麻里)

Ⅱ 具体的なセルフケア方法の紹介

弁護士が日頃からストレスとうまく付き合うためには、抱えているストレスの大きさに合わせて、セルフケアを適切に生活に取り入れることが重要です。ここでは、セルフケアをアップデートするために参考になる、心身を健康に保つ習慣と、すぐにできるストレス・コーピング（ストレス対処法）を紹介しますので、自分に合ったセルフケアを見つける手掛かりにしてみてはいかがでしょうか。

1. 生活習慣を整える──日常生活の積み重ねから

ストレス対処の基本は、健康的な生活習慣を保つことです。すなわち、良質な睡眠をとり、適度な運動をして、栄養バランスのよい食事をとることに加えて、日の光を浴び、リフレッシュする時間をもつことです。しかし、多忙な業務をこなしながら、そのような生活を送ることは難しいものです。毎日同じ時間に就寝し、3度の食事に常に気を配り、

運動を欠かさず行おうとすると、これらの日課を守ること自体がストレスになりかねません。そのため、完璧主義を目指すのではなく、日常生活を振り返り、できそうなものから習慣化して、ストレスに強い心身を手に入れましょう。

（1）ブレスローの7つの健康習慣

生活習慣を整えるうえでは、「ブレスローの7つの健康習慣」を意識するとよいでしょう。これは、米国のブレスロー教授が提唱する健康習慣であり、以下に掲げる7つの生活習慣をより多く実践している人は、その後の寿命が長くなる傾向があることが教授による生活習慣と身体的健康度の調査により判明しました。これらの7つの健康習慣は、ライフスタイル評価の指標としての有用性が指摘されています[1]。実際、これらの7つの習慣を多く有している者は、生活習慣病の危険因子に関する臨床検査成績がよく、また、好ましい食生活を送っていることが報告されています[2]。

【ブレスローの7つの健康習慣】

① 喫煙をしない
② 定期的に運動をする
③ 飲酒は適量を守るか、しない
④ 1日7－8時間の睡眠
⑤ 適正体重を維持
⑥ 朝食を食べる
⑦ 間食をしない

1　原奈津子＝村田幸治＝名和田清子＝亀井勉「特定保健指導における Breslow 健康指数に基づく保健指導の効果についての検討」日本栄養士会雑誌 53 巻 11 号（2010 年）33-40 頁
2　早川瑞希＝井上和男「Breslow 健康指数と生活習慣病危険因子および食生活習慣との関連」厚生の指標 55 巻 1 号（2008 年）1-8 頁

皆さんはいくつ実践していたでしょうか。これらの一つひとつはそれほど難しくありませんが、全てを毎日の習慣とするのは難しいかもしれません。大事なことは、完璧主義に陥らず、できない日があっても諦めず、今週はできない項目があったとしても、来週からは１つでも多くできるようにすることです。気長にコツコツと続けて、心身ともに健康でいるように心がけましょう。

　以下では、ブレスローの７つの健康習慣にも登場する、「飲食」「睡眠」「運動」に焦点を置いて、生活習慣を整える方法についてご説明します。

（２）食事とストレスの関係

　ストレスを感じると、食生活が崩れ、体調に影響が生じることがあります。また、ストレスが急性のものか、慢性のものかによっても、食事に与える関係は変わってきます。

　例えば、大規模な案件を前にプレッシャーを一時的に強く感じ、何も喉を通らないという経験は誰にでも起き得ることです。ストレスを強く感じると、私たちの身体が反応し、交感神経が優位になります。心拍が高まり呼吸が早くなるなど、身体が戦闘態勢に入り、胃の消化活動が抑えられるため、食欲がなくなることがあります。案件が終わって一息つけるようになると、副交感神経が働いて心身はリラックスし、胃の働きは活発になり食欲も戻ってきます。

　一方、職場や家庭で厄介な困りごとを抱えている等、ストレスが慢性的に存在する場合は少し様子が異なります。私たちの身体は次に起こることを常に警戒し緊張状態を継続させるため、脳はコルチゾールというホルモンを慢性的に増やし、長い戦いに備えて脂肪を蓄積しようとします。日常的にストレスを感じている場合に、憂さ晴らしに飲みに出かけ、必要以上に食べすぎたり、飲みすぎたりしてしまう場合がこれに当たります。そして、現代社会では、日常生活での運動量は少ないため、

加齢による身体の代謝機能の低下も相まって、暴飲暴食によるカロリーの余剰が肥満につながってしまい、生活習慣病の危険が生じてくるのです。

　このように、食生活はストレスによって悪化してしまう場合がありますが、飲食は、時間もかからず、簡単にできるレクリエーションでもあります。おいしいお酒や食事、会食は、人との交流の機会でもあり、純粋な喜びを提供してくれるでしょう。気をつけたいのは、慢性的な飲暴食です。暴飲暴食には、肥満に陥ってしまうなどの生活習慣病のリスクがあるので、嫌なことがあった後は特に食べてしまう、飲みすぎてしまうという人は、これから紹介する飲食以外のストレス発散法も用意しておきたいものです。

（３）睡眠
（ア）睡眠の基本

　睡眠の「質」（睡眠休養感）と「量」（睡眠時間）を確保することは、仕事の能率を高めるだけでなく、心身の健康維持と生活の質の向上に役立ちます。

　睡眠時間は個人差があることがわかっており、4〜5時間の短い時間で問題なく生活が送れる人もいますが、一般的な成人の適正な睡眠時間は6〜8時間とされており、少なくとも1日6時間以上の睡眠が推奨されています。ロングスリーパーの場合は9〜10時間くらいまでが適正と考えられます。

　また、平日の睡眠不足（睡眠負債）を取り戻そうと、休日に睡眠時間を多くとる、いわゆる「寝だめ」（Weekend catch-up sleep）については、残念ながら効果がないことがわかっています。寝だめは、時差がある地域に旅行をしているようなもので、社会的時差ぼけとも呼ばれます。そもそも、休日の寝だめが必要な状態は、平日の睡眠が質量ともに足りていないことを表しており、寝だめよりも毎日の生活リズムの見直

しが必要です。

　睡眠の問題には病気が潜んでいることがあります。なかなか改善しない場合や生活に支障が出ている場合は、進んで医療機関を受診しましょう。

　また、以下の点に留意すると、より質の良い睡眠をとることができます。

【質の良い睡眠のためのヒント】

☐ 起床後、すぐに朝の強い光を浴びることで、体内時計がリセットされます。

☐ 朝に限らず、日中に太陽の光を浴びることで入眠しやすくなります。

☐ 1日の終わりは、ぬるめの湯船につかり、心身をリラックスさせます。

☐ 眠る前に、軽いストレッチをします。

☐ 寝つきが悪いときは、一旦起きて、気になることを簡単にメモしてから布団に入ります。

☐ 有酸素運動などの軽い運動を習慣化します。

☐ 眠る2時間前くらいから照明を暗めにします。

☐ ブルーライトを含む明るい光やスマートフォンの使用を控え、寝室にタブレットやスマートフォンを持ち込まないようにしましょう。

☐ 寝室はできるだけ暗くした方が良い睡眠につながります。その際は、転倒予防対策として間接照明や足元灯を使いましょう。

☐ アルコールは寝つきを一時的に良くしますが、後半には睡眠の質を悪化させることがわかっています。寝酒や深酒（大量のアルコール摂取）、毎日の飲酒は控えましょう。

☐ カフェインには覚醒作用があるため、睡眠のことを考えると、1日のカフェイン摂取量は400mgまでとして、夕方以降の摂取は控えた

方がよいでしょう。例えば、午前から昼まではコーヒーを楽しみ、夕方以降はカフェインが少ない、麦茶、そば茶、黒豆茶やハーブティなどに置き換えるのも一案です（※参考）。

　なお、カフェインの代謝能力は、個人差が大きいためカフェインの効果は人により異なります。また、カフェインを摂取するうちに、身体はカフェインに対する耐性を得て、カフェインの効果が効きづらくなります。自分の特性を理解して上手に付き合いたいものです。

※参考：100mlに含まれるカフェイン含有量

・ドリップコーヒー（コーヒー粉末10g）：60 mg
・インスタントコーヒー1杯（2g）：80mg
・せん茶：20mg
・ほうじ茶：20mg
・ウーロン茶：20mg
・紅茶：30mg/100g
・エナジードリンク：32〜300mg

参照：健康づくりのための睡眠指針の改訂に関する検討会（厚生労働省）「健康づくりのための睡眠ガイド2023」（令和6年2月）
　　　独立行政法人国民生活センター 報道資料「飲料のカフェイン含有量に関する調査」（令和3年11月4日）
　　　食品安全委員会「食品中のカフェイン」ファクトシート（平成30年2月23日）

（4）運動
　定期的な運動は重要ですが、日々の仕事で忙しいと、なかなか運動時間が確保しづらいかもしれません。そんなときは、以下のようなプチ運

動を習慣化すると、手軽に運動をすることが可能です。

- 時間のある日は1駅手前で降りて歩いて帰る。
- エレベーターを1つ手前の階で降りる。
- 手洗いに行くとき、違うフロアに歩いて行く。
- 隙間時間にできる簡単な筋トレやヨガを始める。
- タイマーをかけるなどして一定時間が経過したら、席を立つ、遠くを見る、肩を回す。

（5）自分で取り組めるストレス・コーピング

　ストレス・コーピングにはさまざまな方法があり、広く一般的に行われているリフレッシュ方法もあれば、比較的簡単に始められる、どこでも実施可能な腹式呼吸法や、習慣的に行うことでストレスの軽減や集中力向上が期待できるマインドフルネス瞑想などもあります。腹式呼吸法は実際に行っていても傍目からわかりにくく、まさにいつでも行うことができますので、イライラや疲れを感じた際、小まめに行うことができます。また、マインドフルネス瞑想は生活に組み込むことでリラクセーションだけでなく、自己理解や洞察力の向上にも効果があるといわれています。

（ア）腹式呼吸法

　腹式呼吸法は自律神経の中でも副交感神経を優位にし、リラックス効果があるといわれています。私たちは緊張しているときや活動的なときは、胸式呼吸になっており、くつろいでいるときには自然と腹式呼吸になっています。腹式呼吸法は、このような備わっている身体の仕組みを使い、心身をリラックスさせるものです。今は休憩しようというときや緊張しすぎているので少し力を抜きたいというときには、腹式呼吸をすることで、リラックスした穏やかな状態になることができます。以下で

説明する手順に従って、ぜひ試してみてください。

① リラックスした姿勢をとる：座るか仰向けに寝て、肩の力を抜き、背筋を伸ばします。
② 手をお腹に置く：おへその下に手を当てて、呼吸の動きを感じやすくします。
③ 鼻から息を吸う：鼻から静かに息を吸います。お腹がゆっくりと膨れて、当てている手が少しずつ前に押し出されるイメージです。
④ 鼻から息を吐く：ゆっくりと息を吐きます。このとき、お腹をへこませながら息を出し切るようにします。吐く時間を吸う時間よりも倍近く長くするのがポイントです。
⑤ 繰り返す：自分の心地よいリズムで吸ったり吐いたりを繰り返します。

　腹式呼吸法には、上記の手順の他にも、吐くときに口から細く長く息を吐く方法や、吸息の後、1秒ほど止めてから吐息する方法、数を数えて行う10秒呼吸法などもあります。自分に合う呼吸法、ペースを見つけてみましょう。なお、腹式呼吸法を数分しているとリラックスしてくるので、仕事や家事など他の動作に移る時は覚醒動作をします。覚醒動作は、手を握ったり開いたりする（グー・パー）、ひじの曲げ伸ばしや肩を回す、背伸びをするなどの動作です。腹式呼吸後、睡眠に入る場合は覚醒動作をしないでそのまま眠ります。

（イ）マインドフルネス瞑想
　マインドフルネス瞑想は、集中力や仕事のパフォーマンスを上げる効果のある優れた対処法の1つです。最初は効果を実感しづらいですが、根気強く練習することで効果を感じることができます。マインドフルネ

ス瞑想を習得することで、「今ここ」の自分に対する気づきが養われ、集中力や忍耐力の向上が見込まれるため、メンタルヘルスに有益といわれています[3]。

マインドフルネス瞑想の方法を簡単に紹介しますので、ぜひ試してみてください。初めのうちは、できない手順があるかもしれませんが、それでも問題ありません。まずは、できるところから始めてみてください。

① 静かな場所を選ぶ：騒音や邪魔が入らない静かな場所を選びます。
② 姿勢を整える：背もたれを使わずに座り、背筋を伸ばし、身体の力を抜きます。手は膝の上や体の横に自然に置きます。目は閉じても、開けていても構いません。
③ 呼吸に集中する：ゆっくりと息を吸い、ゆっくりと吐きます。このとき、空気が身体に入ってお腹が膨らむ感覚や空気が身体から抜けてお腹がへこむ感覚に意識を向けて、呼吸に集中します。
④ 身体の感覚も意識する：呼吸だけでなく、身体の感覚にも意識を向けます。例えば、足の裏が床に接して地面に支えられている感覚や手の温かさなどを感じ取ります。
⑤ 常に呼吸に意識を戻す：マインドフルネス瞑想中に、仕事や家庭、過去の記憶、将来の不安などのさまざまな思考や感情が浮かび、呼吸から意識が逸れることがあります。このときの思考や感情に気づいたうえで、無理に排除しようとせずに、再び呼吸に意識を戻します。呼吸から意識が逸れるたびに、同じように呼吸に意識を戻します。
⑥ 一定時間続ける：最初は5～10分程度から始め、慣れてきたら徐々に時間を延ばしていきます。毎日続けることで効果が高まります。

3　大谷彰『マインドフルネス入門講義』金剛出版（2014年）18-20頁

【参考：その他のリラクセーションの方法について】
- 厚生労働省「働く人のメンタルヘルス・ポータルサイト こころの耳」こころの耳 5 分研修シリーズ「2. 呼吸法（リラクセーション）」（https://kokoro.mhlw.go.jp/fivemin/）
- 国立精神・神経医療研究センター（NCNPchannel）「眠気を引き出すリラックス法」（https://www.youtube.com/watch?v=WZ80yoXQTFY）
- J・カバットジン著、春木豊訳『マインドフルネスストレス低減法』北大路書房（2007 年）（原著：Jon KABAT-TINN. *Full Catastrophe Living*・(1990)）

(ウ) リフレッシュ

ストレスはその日のうちに解消する、週末は仕事から離れて気分転換をするなど、人それぞれのリフレッシュ法があると思います。いつものリフレッシュ法に加えて、いくつかの種類のリフレッシュ法を用意しておくと、状況に合わせて使い分けができるのでおすすめです。

例えば、以下の観点で考えると、新しいリフレッシュ法が見つかるかもしれません。

- 人数：一人で行う⇔友人や家族と行う
- 場所：屋内や自宅で行う⇔屋外や出先で行う
- 天気：天気が良い日にできる⇔天気が悪くてもできる
- 疲労：身体が疲れていてもできる⇔身体をよく動かす
- 気力：エネルギーがない時もできる⇔エネルギーを必要とする
- 金銭：お金がかからない⇔お金をかかる
- 気軽：知的⇔馬鹿らしい
- 計画：計画を立てて行う⇔思い付きでできる

理論編

　ストレス・コーピングは複数の方法で取り組めるようにするのが重要ですので、以上を参考に新しい方法を模索することが効果的なストレス対処の実践の第一歩になります。もっとも、何事も「ほどほど」にすべきであることにはご留意ください。熱中しすぎてしまうと、かえって、ストレスや疲労が溜まり負担になる場合があります。旅行などの楽しいイベントも慣れないことですので、時にはストレスになります。ストレス解消のために行うものですから、経済的・体力的・心理的・時間的にゆとりをもって行いましょう。

（岡本 かおり）

> COLUMN

何もしないことの大切さ

　私がまだ心理士として駆け出しの頃に参加した勉強会でとても心に残っている話があります。その勉強会の講師である、ある分野で大変有名な精神科医が、精神科における治療での「空白」や「何もしないこと」の重要性について、自身の体験を交えて話したエピソードです。

　先生が子供の頃、暇を持て余していたときに、一緒にいたおじさんに「暇だー」と漏らしたことがあったそうです。すると、そのおじさんがこう言ったそうです。

　「あのな、人生には暇が必要なんだよ。何もしないってことが大事な時があるんだ」

　このエピソードを聞いて、当時の私はハッとしました。なんだか忙しいことが良いことだと思っていましたが、そうじゃないなと気づきました。忙しくしていると、いろんなことが窮屈になってしまうものです。そして、私はカウンセリングでもとにかく何かをしなければ、役に立つ何かを提供しなければと思っていましたが、その結果、患者さんに何かを達成することを気負わせてしまい、本来リラックスできる環境であるべきカウンセリングの空間が窮屈になってしまうことが多いなとも思いました。元来、私は「何かをしなければ」と思いがちの性格です。何もしないでいると「ダメな奴だな、私は」と思う傾向がありました。

　このエピソードは、理論として「空白」や「何もしないこと」の意義を理解していただけの私にとって、初めて本当の意味で「空白」や「何もしないこと」の意味や大切さを実感できた出来事でした。

　先ほど「何かをしなければと思いがちの性格」と言った舌の根の

乾かぬうちに白状するのもお恥ずかしいのですが、同時に私はよくぼんやりもします。実際に「よくぼーっとしている」と小学校の通知表に6年間も書かれ続けていました。そういった自分を律するために、「何かしないと」と思っていたのでしょう。ぼんやりしているとき、私は読んだ本の続きや趣味のことなどが頭に浮かんでいます。あとは、その時見ている景色についてでしょうか。学生時代の長期休みを思い出すと、祖父母の家の天井を思い出します。ごろごろしてぼんやりしていたんでしょうね。

　そして今、何かと忙しない毎日を過ごしていますが、たまにリビングで大の字で横たわりぼーっとしています。そのときに深呼吸をするのもいいですね。時間はまちまちです。3分くらいのときもあれば、時間が許すときはそのまま寝てしまったり…。（あー、照明の傘にほこりが積もってるな、あの人に連絡しなければ、ケチャップも買ってこなきゃなぁ…）考えはそのまま思いつくままです。そうすると、忙しさでいっぱいになっていた気持ちに少し余裕が生まれます。次に進むためのエネルギーが湧いたり、新しいアイディアが浮かんで、抱えていた問題に対する解決策が見つかったりすることもあります。

　何もしないでいるときに新しいアイデアが生まれることもあります。意識して、「何もせず」に休んでみませんか。

（臨床心理士・公認心理師　野﨑麻里）

第5章

業務上のコミュニケーション

I 円滑なコミュニケーションを行う方法

　弁護士は仕事上さまざまな相手とコミュニケーションをとる機会が多く、相手次第では「コミュニケーションをとるのが難しい」と感じるときがあるのではないでしょうか。しかし、依頼者の緊張感を取り除いたり、苦手とする上司や関係者と少しでも良好な関係を築いたりするために、円滑なコミュニケーションをとることは弁護士にとって欠かせません。ここでは、円滑なコミュニケーションのヒントをご紹介します。

1. 円滑なコミュニケーションをとるための理論
(1) 交流分析について

　円滑なコミュニケーションをとる手助けとなる、心理学の考え方である「交流分析」という理論を紹介します。交流分析とは、自分と他人との人間関係に着目することで、人間関係の改善、自律的な生き方の確立や自己実現を目指した理論であり、米国の精神科医であるエリック・バーンが提唱しました。交流分析は当初は心理療法として発展しましたが、現在では職場におけるメンタルヘルスの改善やコミュニケーションの活性化といった、幅広い場面で活用されています。
　交流分析には弁護士業務にも活用できる考え方が多くあり、ここでは「ストローク」（Stroke）と「自我状態」という交流分析の基礎的な考え方を紹介します。

(2) ストロークとは

ストロークとは、心理学では「自己または他者の存在に対する働きかけ」と定義づけられています。ストロークの種類はさまざまですが、主な分類として①肯定的、または否定的な手法、②言語的、または非言語的な手法、③条件付き、または無条件な手法といった分類が挙げられます。

① 肯定的、または否定的な手法

(a) ポジティブストローク（Positive Stroke・肯定的ストローク）

褒められる、労われる、笑顔で挨拶されるといった、相手に好意を伝えるストロークのことをいいます。例えば、修習生が初めて弁護修習先を訪問するときは、この先修習を無事に乗り越え、先輩弁護士とうまくやれるだろうかと不安を抱えているかもしれません。そんな中、先輩弁護士が優しく微笑みながら挨拶をしてくれたら、司法修習生は緊張感がほぐれ「将来はここで働きたい」と考えるかもしれません。このように人は肯定的ストロークを受けることで自己肯定感や意欲が高まり、物事に対し継続的に取り組む力を得ることができます。

(b) ネガティブストローク（Negative Stroke・否定的ストローク）

叱責される、睨まれる、無視されるといった、心が不快になるストロークのことをいいます。例えば、修習生が初めて法律事務所に来たとき、事務所内が慌ただしく挨拶も十分に受けられないと、自分が軽視されたように感じ、緊張感や不安感が増すかもしれません。人は否定的ストロークを受け続けることによって、自己肯定感が低下し心身に不調が生じることがあります。

② 言語的、または非言語的な手法

(a) バーバルストローク（Verbal Stroke・言語的ストローク）

言語的なアプローチをいいます。具体的には、名前を呼ぶ、挨拶を交

わす、言葉で褒めるなどの肯定的なコミュニケーションと、悪口を言う、陰口を叩くなどの否定的なコミュニケーションがあります。例えば、寒い朝に「今日は朝から寒いですね」と事務所内でお互いに声を掛け合うことで、思いを共有し、他者と良好な関係を構築できるようになります。対面でのやり取りでは、私たちは言語的ストロークと非言語的ストロークを常に組み合わせながらコミュニケーションをとっています。

(b) ノンバーバルストローク（Non-verbal Stroke・非言語的ストローク）

身体的なアプローチなどの非言語的なアプローチをいいます。具体的には、微笑む、頷く、仕事を任せるなど、相手を信頼していると感じさせる肯定的なコミュニケーションと、嘲笑う、睨むなどの否定的なコミュニケーションがあります。例えば、弁護士が事務所の事務員から「今日は寒いですね」と声をかけられても、朝から会議が押していて気持ちの余裕がないあまりに、つい無視してしまうことがあるかもしれません。これにより、事務員は「せっかく声をかけたのに、無視をされた」とネガティブに受け止める可能性もあります。

③ **条件付き、または無条件な手法**

(a) コンディショナルストローク（Conditional Stroke・条件付きストローク）

相手の行動や業績を条件として提供されるストロークのことをいいます。例えば、期限よりも早く書面を提出した際に優秀な弁護士だと言われる、優秀な成績を収めたのでみんなの前で褒めるといった場合があります。

(b) アンコンディショナルストローク（un conditional stroke・無条件ストローク）

対象となる人の存在自体や人格そのものを対象に提供されるストロー

理論編

クです。例えば、後輩の弁護士に対して「あなたがいてくれて本当に助かります」と言うことは無条件の肯定的ストロークであり、「相手のことをいつも無視する」態度は無条件の否定的ストロークです。

(3) ストロークの活用

　ストロークは組み合わさって用いられることもあります。その組み合わせ方によって、相手との会話を通じて信頼関係を構築するきっかけにもなりますし、反対に不信感につながる可能性もあります。例えば、依頼者が事務所を初めて訪問した際に、弁護士が依頼者の目を見て笑顔で対応することは非言語的ストロークとなります。また、まだ関係性を構築できていない初対面の依頼者にも明るく接することは、無条件ストロークとなります。そして、これらの対応は依頼者に安心感を与える可能性が高いことから、肯定的ストロークでもあると考えられ、一般的に依頼者との関係構築に有効なコミュニケーションになります。

　反対に、淡々と受付対応を行い、依頼者の事務所到着後すぐに法律相談を開始すると、依頼者としては無機質な対応を受けたと感じ、自分が無視されているのではないかと心配する可能性があります。これは非言語的かつ否定的ストロークであり、信頼関係を構築することを妨げてしまうと考えられるため、効果的なコミュニケーションとは評価しがたいでしょう。このように、ストロークを意識してコミュニケーションを行うことで、良好な人間関係を構築できる可能性があります。特に初めて依頼者と会う場面で肯定的ストロークを使うことは、信頼関係を構築するにあたり有効であると考えられます。

2. 自我状態
(1) 自我状態とは

　交流分析では、自我状態を思考・感情・行動のパターンと定義しており、自我状態は「親」と「大人」と「子ども」の3つに分類されます。

「親」は自分や他人を厳しく規律する、または優しく支援・受容する自我状態、「大人」は今、ここでの現実に対応し、計画を立てたり冷静に判断したりする自我状態、「子ども」は思うままに自由に振る舞ったり、他人に従順になったりする自我状態です。これらの自我状態を分析することは、法律相談などの場面において人の言動や心的葛藤を理解するうえで、役に立つでしょう。実際に、自我状態の分析は、カウンセラーが相談者を支援する際に、相談者をより深く理解するために用いられています。

(2) 自我状態の分析方法

自我状態を分析する方法は複数あり、例えば、以下の表のように相手の言葉や表情等の行動から分析する方法があります。

	「批判的な親」	「養育的な親」	「成人」	「自由な子ども」	「順応した子ども」
言葉	ダメ すべきである するのが当然 ねばならない いつも ばかげた	良い すてき 愛している かわいい 素晴らしい やさしい	正しい どのように 何 なぜ 実用的 数	わ〜い 楽しい 欲しい しないよ いやだよ 痛い やあ	できない 〜だったらな やってみる 〜だと良い お願い ありがとう
声の調子	批判的 人を見くだすような むかつく 断固とした	愛情のある 慰めるような 気遣う 甘い	平等 的確 一本調子	自由 騒がしい エネルギッシュ 幸せ	泣き言をいう 反抗的な なだめる 要求が多い
ジェスチャーや表現	指で指す しかめっ面 怒り	腕を広げる 受容 微笑み	思いやりのある 用心深い 公平な	開けっぴろげの のびのびとした 自発的な	ふくれっ面 悲しい 純真な
姿勢	肩をいからす 手は腰に	前かがみ 体より頭が前に	直立	ゆったりとした リラックスした 身軽な	落ち込む 閉ざす こわばった
態度	批判的 道徳心の高い 権威主義的	思いやりのある 気遣う 寛大な	興味津々 観察の鋭い 評価する	好奇心 楽しいことが好き 気まぐれ	要求が多い 従順な 恥じる

出典：Woollams.S = Brown,M.*TransactionalAnalytics*. (1978)（ウラムス.S.＝ブラウン.M著、繁田千恵監訳『交流分析の理論と実践技法』風間書房（2013年））39頁

上記表に該当する行動を参考にして、相手の自我状態を分類することで、相手の言動や心的葛藤を理解する端緒を得ることができます。すなわち、どのような行動をとっているか観察することにより「批判的な親」（社会の秩序やルールの厳守を自他に求める）、「養育的な親」（優しさや思いやりを示す）、「成人」（現実に適した行動をとる）、「自由な子ども」（自分の欲求に従っている）、「順応した子ども」（環境に適応しようと抑圧的である）のいずれかの自我状態が他よりも強く出ているかを分析することが可能です。例えば、「批判的な親」の傾向が強くみられる方は、自責的な性格である可能性があります。このように自我状態の分析をすると相手の性格や行動等を把握するヒントが得られ、円滑なコミュニケーションの構築のきっかけを得られるでしょう。

なお、ストロークや自我状態を含む交流分析はあくまでも１つの考え方[1]なので、人の感情や行動など全てに当てはまるわけではありません。円滑なコミュニケーションを実践していくためには、交流分析の枠組みの他にもさまざまな視点からコミュニケーションを考えて、柔軟に対応することが求められるでしょう。

3．依頼者と円滑なコミュニケーションを行う方法

以上の理論を前提に、ここからは実際に悩みを抱えた依頼者が、初めて法律事務所に依頼する過程を想定し、依頼者が抱える心理的な思いと、弁護士が依頼者にとるべきコミュニケーションについてみていきましょう。

（1）丁寧な対応が不安な依頼者に安心感を与える

円滑なコミュニケーションを図るうえで欠かせないのが「相手に興味をもって相手のことを知ろうとする姿勢」です。弁護士が依頼者に興味

1　他にも交流分析には、ゲーム分析や脚本分析などのさまざまな種類があり、いずれも家庭や職場でのコミュニケーションに有益な理論です。

を示すということで、依頼者は弁護士が自分のことを知ろうとしてくれる、理解を示してくれると安心することができ、良好な関係を構築する第一歩となります。この場面で活用できる手法の1つは、肯定的ストロークであり、これは相手を肯定する言動ですので、依頼者の話に興味を示す方法にもなり得ます。加えて、依頼者が話をしているときは、依頼者の話が落ち着くまで静かに相槌を打つなど「あなたの話を、興味をもって聞いていますよ」という、姿勢をとることも重要です。このような手法を「傾聴」[2]といい、相手の話を深く聴くときに用いられるコミュニケーションとして有効です。

例えば、依頼者がやっとの思いで法律事務所を訪れ、今まで抱えていた悩みを思い切って弁護士に相談しようとしている場面を想定します。依頼者は、弁護士から冷たい対応をされないか、変なことを言って馬鹿にされないか不安と緊張を感じているかもしれません。この場合、弁護士が依頼者の話に目を合わせながら耳を傾け、時折相槌を打ちながら一生懸命話を聴き課題を理解しようとする姿勢を見せれば、依頼者は自分のことを知ってもらえた、理解を示してくれたと安心することができます。このように、肯定的ストロークと傾聴を組み合わせることで、少しずつ依頼者の緊張が和らぐことが見込まれ、良好な関係を構築できる契機が得られると考えられます。

(2) 依頼者の表情や仕草、視線にも目を配る

人は相手と共通点を見つけると、相手に対し親しみを抱く傾向があります。例えば、相手と趣味や思考が似ていると分かると、話が盛り上がることがあります。また、相手と似たような仕草や話し方などをすることで、相手は安心してすぐに打ち解けられるようになります。

このように、相手の仕草をまねることを「ミラーリング」といいます

---

2 厚生労働省　働く人のメンタルヘルス・ポータルサイト　こころの耳「傾聴とは」(https://kokoro.mhlw.go.jp/listen/listen001/)

が、ミラーリングをするためには相手をよく観察することが必要です。例えば、話し方の癖や速度、イントネーション、間の取り方や視線の移し方などを観察し、さりげなく相手の真似をして合わせることで、円滑なコミュニケーションができるようになります。以上を踏まえ、ミラーリングを効果的に活用する方法につき具体的にみていきましょう。

　依頼者は話をするときになかなか視線を弁護士に合わせようとせず、話し方にも抑揚がなく、おどおどとしているように見えました。そのような態度を見て、依頼者は不安や自信のなさ、人に対する恐怖心を抱えているように予想されました。そこで、弁護士は、依頼者との信頼関係を築くために、無理に目線を合わせようとせずに話を聞きながら、目が合った際には軽くうなずいたり微笑んだりしました。また、普段よりもゆっくりと話すとともに、声のトーンを少し落ち着かせて、身振り手振りも控えめにしました。このように、依頼者の動作や言動を模倣することで、言語的または非言語的ストロークを用いて肯定的ストロークを行うことができるので、依頼者は弁護士に対して親近感や信頼感、安心感を持つことができるでしょう。なお、過度にミラーリングを行いすぎると、依頼者に不自然さや不快感を与える否定的ストロークになってしまうおそれがありますので、注意が必要です。

（3）依頼者のことを褒めて認める

　否定的な発言や態度をとる相手に対して、反発したり、嫌悪感を持ったりすることは極めて自然なことです。このように、依頼者が一度弁護士に対して嫌悪感を抱いてしまうと、弁護士は依頼者と円滑なコミュニケーションをとることが難しくなります。特に、初期の法律相談の場面で否定的ストロークをしてしまうことは、依頼者との信頼関係の構築を難しくします。

　誰でも「自分のことを大切にして欲しい」「自分の事を認めて欲しい」と思うものです。人は自分の存在を相手から認めてもらうことで、

相手との信頼関係を得ることができます。もし、相手に対し否定的な感情を持ち、意見をしたくなっても、円滑なコミュニケーションを図るためには、まずは相手を認める姿勢、すなわち肯定的ストロークが大切になります。相手を認めるには、相手の良い所を見つけ褒めることや相手の意見を尊重する姿勢をとることが求められます。それでは、肯定的ストロークを活用する方法につき、具体的にみていきましょう。

ある依頼者は、話をしているうちに時折涙を浮かべるなど一時的に感情を露わにしており、一通り話が終わると不安と安堵が入り混じった表情に変わりました。そんな中、弁護士が「今までよく頑張りましたね」「話してくださってありがとうございます。辛かったことでしょう」と依頼者が長年抱えていた苦しい思いに寄り添い、労いの言葉を伝えることで、依頼者は「この弁護士に話して良かった」と安心することができ、緊張感がほぐれていくでしょう。

(4) 依頼者にわかりやすく伝える

相手に何かを伝えようとする際は、相手の立場に立ち、相手に通じない専門用語や横文字、略語などは使わないように気をつける必要があります。依頼者にとって馴染みのない言葉を使うと、誤解や認識のズレが生じ、後々の問題に発展してしまう可能性があります。それでは、このような自体を避ける方法につき、具体的にみていきましょう。

例えば、依頼者が自身の状況や事実関係を説明した後で、弁護士が正確な法的整理を意識しすぎて、法律用語を多用した話し方をしてしまうかもしれません。もっとも、これでは依頼者に話がうまく伝わらなかったり、自身の話に共感してくれないと感じさせてしまうことで、依頼者に対して壁をつくってしまう可能性があります。まずは肯定的ストロークを用いて、依頼者の共感が得やすい言葉を伝えることで、依頼者の信頼を得ることが重要です。例えば「あなたの話す内容はとてもわかりやすいので、私にもよく伝わりました」「あなたの話を聞いて私としては

○○だと理解しましたがいかがでしょう？」など依頼者の表現に合わせて言葉を言い換えることが望ましいです。そのうえで依頼者が弁護士の話を理解してきたところで「法律に基づくと□□が考えられますね。または◇◇も考えられます」など法律の説明を交えた話をする方が、依頼者の理解を前提にした話の流れを構築できるため、依頼者は内容を理解しやすいでしょう。円滑なコミュニケーションを図るためにも、依頼者に伝えたいことは、専門用語を極力使わず簡潔にまとめたうえでわかりやすく伝えることが大切です。

（5）コミュニケーションスキルを生かして信頼関係を築く

　依頼者との信頼関係を築くことは、私たちが普段仕事をするうえで欠かせない、極めて重要なことです。依頼者との信頼関係を築くためには、まずは自分から肯定的ストロークをとって依頼者に親近感をもって接していくことが大切です。「この人は気持ちの良い挨拶をしてくれる」「話をしていると自分も元気をもらえる」「私の話を聞いてくれて理解しようとしてくれる」など、依頼者が好意的に感じるようなコミュケーションをとることが大切です。

　その他に、弁護士が信頼関係を構築すべき相手は、職場の同僚、協力関係にある弁護士、裁判官など多種多様です。どのような状況であっても、相手のことを理解し尊重する姿勢をとり共感することで、相手は安心感をもって接してくれるようになります。また、時には相手に対し自分の考えや状況を素直に伝える姿勢も大切になります。場合によっては相手との意見の食い違いも出てくることもあるかもしれませんが、素直に相手に伝えることで、より信頼関係を築くことができるようになります。

　このように、円滑なコミュニケーションを図るためにさまざまな技術を駆使し相手と接することで、相手との信頼関係を得て仕事とプライベートでの人間関係をスムーズにできるようになります。コミュニケーシ

ョンは、信頼関係の構築や精神的な安定、仕事の充実を図るうえで重要な手法です。人生やキャリアの満足度にもつながるので、現状に悩んでいる方はぜひ意識して、コミュニケーションスキルを学んでいきましょう。

参考文献
・窪内節子＝吉武光世『やさしく学べる心理療法の基礎』培風館（2003年）68-77頁
・井上嘉孝『図解でわかる臨床心理学』中央法規出版（2023年）80-81頁
・イアン・スチュアート著、日本交流分析学会訳『エリック・バーンの交流分析』実業之日本社（2015年）
・今西一仁『紙上ゼミナールで学ぶやさしい交流分析』ほんの森出版（2010年）71-81頁
・倉成宣佳『交流分析にもとづくカウンセリング―再決断療法・人格適応論・感情処理法をとおして学ぶ―』ミネルヴァ書房（2015年）17-21頁
・イアン・スチュアート＝ヴァン・ジョインズ著、深澤道子＝篠崎信之監訳『TA TODAY 最新・交流分析入門〈第2版〉』実務教育出版（2022年）106-123頁

（小木曽 眞知子）

Ⅱ 法律事務所における働き方とその影響

1．法律事務所の運営状況

『弁護士白書〈2023年版〉』[3]をみると、弁護士1人の事務所の数は11,299（全体の約61.8％）であり、2人から5人の事務所は5,791（全体の約31.7％）であるため、合計すると弁護士1人から5人程度の事務所が約93.5％を占めていることとなります。つまり約6割の事務所はボス弁が1人で運営しており、約3割の事務所は少人数の弁護士のみにより運営されているのが日本の法律事務所の現状であるといえます。

言い換えると、弁護士の多くは、1人で経営のことを考えながら実務をこなしているともいえますし、比較的規模が小さく経営者との距離が近い組織の中で、業務をしている弁護士も多いかと思います。そのため、仕事をどのように獲得していくのか、事務所を潰さずに維持するためにはどうすればよいかという不安を抱えながら働いている経営者弁護

3　日本弁護士連合会編著『弁護士白書〈2023年版〉』日本弁護士連合会（2024年）53-55頁

士も少なくないことが想像されます。

２．弁護士のストレス事情
（１）ボス弁特有の事情
　心の健康を支えるデジタル・メンタル・プラットフォームである「Awarefy」（アウェアファイ）を開発する株式会社 Awarefy が、2023年10月10日の世界メンタルヘルスデーに合わせて、全国の経営者を対象に「メンタルケアに関するアンケート」[4]を実施しました。このアンケートで得られた 300 名の経営者からの回答によると、以下のような実態が明らかになりました。

- 約半数が経営者になってから心の不調を感じた経験がある
- 6 割以上が「心の不調」により眠れなくなった経験があると回答している
- 心の不調要因は 1 位「資金繰り」2 位「将来の見通し」3 位「業績」
- 4 割以上が孤独を感じた経験がある
- メンタルケアの必要性を感じていても、実際に実施している人は少ない
- 7 割以上がメンタルケアに関するスキルや知識がないと感じている

　おそらく、事務所の経営者であるボス弁の多くにも共通する事項が挙げられているのではないでしょうか。また、過度なストレスを継続的に持ち続けると、自律神経のバランスが崩れ、身体だけではなく、心にもさまざまな不調をもたらすといわれます。具体的には、理論編第 1 章に挙げたように、頭痛や腹痛、下痢などの身体的な症状や、不安や焦り、

---

[4]　株式会社 Awarefy「メンタルケアに関するアンケート」（2023 年 9 月 26 日実施）（https://www.awarefy.com/news/survey-entrepreneur）

落ち込みなどの精神的な症状が現れる場合、そして、第4章で触れているように睡眠の問題や暴飲暴食などの行動に現れる場合もあります。高いストレス状態で働き続けると、自分自身の余裕がなくなり、普段では起きないようなミスをしてしまったり、周りへの配慮が欠けた言葉遣いや振る舞いをしてしまう可能性も考えられます。普段穏やかな人であっても、重い案件や大量の案件の処理に追われているなどの理由により、大きなストレスを抱えている場合には、周囲の後輩弁護士や事務員等に攻撃的になったり、冷たく横柄な態度をとってしまうこともあります。また、ボス弁としての立場から、無理やり物事を通そうとしたり、一貫性に欠ける指示を出すこともあるかもしれません。先述のとおり、多くの事務所は少人数で業務にあたる場合も多く、所員に対する配慮が不十分だと、所内の関係性がギクシャクしてしまい、悪循環に陥ってしまうこともあります。事務所の人間関係を良好に保つことは非常に重要な鍵ですが、そのためにはボス弁自身が自分のストレスケアをできるようになることが求められるともいえます。

　しかし、ボス弁は、精神的にも身体的にも負荷のかかる弁護士業務をこなす一方で、経営についても考えざるを得ない、極めて多忙かつ責任の大きい立場に置かれていることかと思います。そのようなストレスフルな状況では、ボス弁は、なかなか広い心をもったり、余裕を持つということが難しい場合もあるでしょうし、周囲のイソ弁や事務員に対して強い口調になったり、十分な気遣いを行うことが難しい場合もあることと思います。

(2) 所員特有の事情
　一方で、イソ弁や事務員の中でも、ボス弁との関わり方に悩みを持つ方は少なくないのではないかと考えられます。イソ弁はイソ弁で、ボス弁と意見や方針が分かれた際に、半ば強制的にボス弁の意向に沿わねばならない状況もあるでしょう。また、ボス弁の感情の波を観察したうえ

で、気を遣いながら話しかけたり、機嫌を損ねない話し方をするよう、常に心掛けているイソ弁も少なくないと耳にします。そして、事務員の中には、そうした弁護士からストレスをぶつけられたり、余裕がない弁護士の意図をくみ取って下支えをすることにストレスを感じたり、弁護士のペースに振り回されることで自分自身が尊重されていないように感じる方もいるかと思われます。つまり、同じ事務所の中でそれぞれが、それぞれの立場に基づくストレスを抱えている状況があるわけです。

（3）求められる職場環境

　厚生労働省「令和5年　労働安全衛生調査（実態調査）」[5]によれば、現在の自分の仕事や職業生活でのストレスについて相談できる人がいる労働者の割合は94.9％（令和4年調査では91.4％）となっています。そして、ストレスを相談できる人がいる労働者について、相談できる相手（複数回答）をみると、「家族・友人」が71.7％（同68.4％）と最も多いですが、次いで「同僚」が64.9％（同68.0％）となっています。また、男女別にみると「家族・友人」については、男性が67.1％（同65.4％）、女性が77.1％（同72.6％）、「同僚」は男性の66.3％（同68.0％）、女性の63.2％（同67.8％）となっています。

　さらに、ストレスについて相談できる相手がいる労働者のうち、実際に相談したことがある労働者の割合は73.0％（同69.4％）となっており、その中で相談した相手（複数回答）をみると、「家族・友人」が65.7％（同62.0％）と最も多く、次いで「同僚」が60.0％（同63.5％）となっています。男女別にみると、男性は「上司」が60.8％（同62.2％）と最も多く、次いで「家族・友人」が59.0％となっており、女性では「家族・友人」が73.1％（同64.7％）と最も多く、次いで「同僚」が62.7％（同66.4％）となっています。この調査から、多くの労働者が相

5　厚生労働省「令和5年　労働安全衛生調査（実態調査）」（2024年7月25日）（https://www.mhlw.go.jp/toukei/list/r05-46-50.html）

談相手がいるだけでなく、実際に相談したことがあることがわかります。これは、多くの労働者にとって、相談相手の存在と相談できることが重要であることを示唆しています。特に「家族・友人」の他に「同僚」や「上司」が相談相手に挙げられていることから、職場内で相談できる環境を作ることが働く人にとって重要であると考えられます。そのため、職場内で困ったことがあれば声を掛け合えたり、相手のことを尊重しながらコミュニケーションがとれる事務所の風土を作ることが重要となります。

Ⅲ 職場におけるコミュニケーション

　上記のとおり、法律事務所においては、その業務や組織規模などの特性から考えても、事務所内でのコミュニケーションが重要であるのは間違いありません。一方で、事務所内でのコミュニケーションには、さまざまな課題があるともいえます。特に、多忙により余裕を失くした結果、他の弁護士や事務員に強い言葉をかけてしまったり、自分のペースで物事を進めようとして相手のペースを尊重できなくなることもあります。このように、多忙でストレスの多い法律事務所では、自分本位で一方通行のコミュニケーションや、情報の共有不足などによる誤解が生じやすいともいえます。

　以下では、弁護士が事務所内において意識すべきコミュニケーションのポイントについて見ていきます。また、法律事務所以外で働く弁護士にとっても、周囲とのコミュニケーションのあり方は重要なトピックかと思いますので、自身の職場を思い浮かべて、似た傾向があれば、参考にしてもらえればと思います。

1. 法律事務所内で円滑なコミュニケーションを可能にする方法

　ここでは、職場において心がけるとよいポイントを、実際の弁護士の

理論編

相談をもとにいくつか具体的に紹介していきたいと思います。

(1) 目を見て話す（態度で示す「聴く」という姿勢）

「ちょっといいですか」と部下が話しかけに行くと、忙しいことを理由に相手の方を見ずに、手元の業務やパソコンなどから目を離さず、「なに？」「早く要件を言って」と促すような方が職場にもよく見られます。しかし、その態度の積み重ねが、話しかけにくさや仕事のやる気の低下などにつながるケースをよく耳にします。特にイソ弁の先生からは、ボス弁の先生のこうした対応を理由にボス弁になかなか話しかけにくいといった悩ましい声が寄せられます。「ただでさえ忙しい中で、無視しているわけではなく耳は傾けているからいいではないか」という方もいますが、このような対応を受けた側としては話しかけにくく感じ、必要なやり取りを避けてしまい、結果として業務がうまく回らなくなってしまうこともあります。また、これはボス弁とイソ弁という立場の差があるからこそ成り立つ状況でもあります。

他人から話しかけられたときは、目先の業務に集中せずに、相手の方を向き、話を聞こうとしていることを態度で示すことが重要です。また、相手の話を一旦最後まで聴く、相手の意図を自分がどのように受け取ったのかを相手に伝えるなど、相手の話を尊重していることがわかるように、話し方を工夫することもよいでしょう。また、どうしても仕事に集中しなければならない場面においては、代替案として、いつなら話すことが可能かを伝えることも大切です。相手が話しやすいような座り方や、声のトーンなどのちょっとしたことに配慮ができると、相手もコミュニケーションがとりやすいと感じやすいです。例えば、正面に向かって座ると面接のような圧迫感を与えることもあるので机の角を挟んで90度の角度で座るようにするだけでも話しやすさが変わるともいわれます。また、忙しいとつい感情的になってしまうこともあるので、急を要する作業が終了し、気持ちが落ち着いてから話すこともよいでしょ

う。特に、ボス弁など、立場が上の方は、イソ弁や事務員側が話しかけるタイミングを模索している場合もありますので、上の立場の人こそが、話しやすい雰囲気づくりに積極的に取り組む方がよいでしょう。また、日頃からの「聴く」姿勢が信頼関係につながることもありますので、相手の方に身体を向けて、きちんとコミュニケーションをとろうとすることを姿勢の面から伝えていきましょう。

(2) 理由や背景を添えた情報共有を行う

　事務所内でのコミュニケーションの際に、言葉足らずで発言の意図が伝わらず、コミュニケーションに齟齬が起きてしまうことも少なくありません。発言者としては、自分の頭の中に意図があったとしても、相手には言語化しない限りその内容は伝わりません。また、中には十分に説明をせずに「それはルールだからとにかくダメだ」「とにかくこうやっておけばいいから」「いいから早くやって」と、問答無用にやるべきことを押し付けるようなやり取りもしばしば起こりがちです。仕事の必要性を逐一説明するのは時間がかかり面倒だと感じることは理解できます。だからといって、理由や根拠を説明せずにとにかく押しつけるような形で仕事をお願いすると、結果として、齟齬が生じたり、トラブルになったりすることもあります。そして、その原因の押しつけ合いになることもあることと思います。トラブルを防ぐ観点からも、事件や依頼者に関する情報は、明確かつ正確に共有されるべきであり、認識に齟齬が生じないように努めることも、トラブル防止の１つといえるでしょう。情報不足や誤解が起こることで、業務の効率性や依頼者への提供内容に悪影響を及ぼす可能性もありますので、注意しましょう。

　また、事務員の中には「弁護士から一方的な指示が降りてくる」「弁護士の指示に一貫性がなくコロコロ指示が変わる」などの悩みを抱えている人もいます。こうした衝突を防ぐためにも、作業の理由や背景などについて、言葉で説明をしながら伝えることはぜひ大事にしてくださ

い。

（3）相手に任せる余白をつくる

　相手が仕事をしやすいようにと、つい手を出しすぎてしまう人も少なくありません。（2）で挙げたように丁寧に説明することは重要ではありますが、やるべきことや業務の仕方などについて、指示的になりすぎると、相手は窮屈感を覚えやすく、また、「自分は信頼されていない」と感じることも少なくありません。「細かいことまでいちいち全て言われるのは自分のやり方がダメなのだろう」と自信をなくしてしまう場合もあります。もちろん、心配な面があったり、内容によっては信用問題になりかねないため、経営を考えるボス弁としては言ったとおりにやってほしいという気持ちになることもあるかと思います。もっとも、ある程度相手に任せる部分を作っておくことも、信頼関係を構築するうえでは重要ですので、多少のミスは織り込み済みで相手に任せてみることも大切です。「自分が思うようには仕事ができないものである」と心の準備をしておくことも、上に立つ際には非常に重要です。

（4）結論を出すのは、話を聞いてから

　皆さんも、自分の話を聞いてくれない人を苦手とする方が多いのではないかと思います。しかし、いざ自分が上の立場になると、じっくり話を聞くよりも、忙しさなどから性急に自分の中にある答えを述べてしまいたくなることもあるかと思います。しかし、相手としては、質問に来ている以上は何かしらの不明点を抱えていたり、トラブルに巻き込まれていることもあるかもしれません。そのため、まずは事実として何が起きているかを確認するなど、一旦相手の話を受け止めることも試みてみるとよいでしょう。

(5) DESC法のすすめ

　これまで挙げたようなコミュニケーションをとる際には、アサーションと呼ばれるコミュニケーション方法を意識してみることもさらに効果的です。アサーションとは、相手を尊重しつつ自分の意見を主張するコミュニケーション方法の1つです。アサーションを身につけることによって、自分が伝えにくいことをきちんと相手に伝えられるようになったり、相手の意見やペースを尊重しながらコミュニケーションをとれるようになるなど、対等なコミュニケーションをとりやすくなるといわれます。

　アサーションを行う際には、「DESC法」（デスク法）を意識するとよいといわれます。DESC法とは、相手に伝えたいことを「客観的な状況」「主観的な気持ち」「具体的な提案」「代案」の4つに分け、順序立てて表現する方法です。

DESC法

D：Describe（描写する）

　今起きている問題や状況、相手の言動や行動などの**客観的な状況**を描写することを指します。その際には、自分の気持ちや考え、事実とは限らない推測などは含めずに、事実について、具体的かつ客観的に表現するようにします。

E：Express（表現する）

　Dに対する自分の**主観的な気持ち**や考えを表現します。ここで重要なのは、決して感情的にはならないことと、正確かつ建設的に表現することです。その際に、「私」を主語にするI（アイ）メッセージを使うことも効果的といわれます。Iメッセージを用いることで、相手は命令されたり責められたりするよう

には感じず、選択肢が残されていると感じる余白ができるといわれます。
(例)
You メッセージ：「あなた（You）は同じようなミスはしないでください」
I メッセージ：「ミスがないように意識してもらえると、私（I）は安心です」

S：Specify（具体的な提案をする）
　相手に**提案**をすることです。特に、具体的で現実的、そしてまずは着手が可能な小さな変化について明確に提案することが重要です。決して、命令口調になったり、「こんなことくらい言わなくてもわかるのが当たり前だ」と考えることがないように意識しておくことも大事です。

C：Consequence／Choose（結果を示す／選択する）
　相手に対し、次にどうするのかの選択肢を示していきます。もし相手の返答が NO だった場合の**代案**などもあらかじめ考えておくことが重要です。

＜DESC 法の例＞
・シーン例：ボス弁から、明日の午前 10 時までに提出する資料の作成を頼まれた
D（描写する）：「他にも今日中に終わらせなければいけない仕事を複数抱えています」
E（表現する）：「急ぎであることは理解していますが、そのご依頼は対応が難しそうです」

> S（提案する）：「最短で、明日の午後からでしたら対応することができますが、それでは難しいでしょうか」
> C（選択する）：「もしくは、他に対応できる方を探しましょうか」
>
> ・シーン例：ボス弁がイソ弁にミスのフィードバックをする
> D（描写する）：「先ほど送ってくれた書類に一部誤りがありました」
> E（表現する）：「すみません、私の説明がわかりづらかったかもしれません」
> S（提案する）：「もし判断に迷う部分があったら、ぜひ相談してください」
> C（選択する）：「直接相談に来ても大丈夫ですし、電話やメールでも構いません」

　アサーションは、相手を操作したり、嫌なことを無理やりやらせるための伝え方ではありません。自分のことだけを考えるのではなく、相手の目線に立ちながら話すことで、建設的なコミュニケーションを目指していきましょう。

2．心理的安全性

　心理的安全性とは、組織やチーム内でメンバーが自己を表現し、意見を提供したうえで、失敗や不安を感じることなく、リスクをとることができる状態を指すといわれます。法律事務所は一般的な企業と比べて、チームで競合するよりは個々の弁護士が個別に業務を行うことが多いかと思います。では、事務所として心理的安全性に取り組む必要性はないかといえば、そんなことはありません。

　法律事務所という組織内においても、心理的安全性が保たれている職場においては、それぞれがいきいきと業務につくことができ、必要なコミュニケーションを前向きに行えるようになるといえます。また、職場

の心理的安全性を保つことで人の流出を防ぐことができ、人材確保にも効果があるといえます。反対に、心理的安全性を損なっているような職場では、コミュニケーション不足が原因で、業務の重複や無駄な業務が発生したり、職場での負担感を共有できなかったりすることがあります。その結果、知らず知らずのうちに退職者が続出してしまうことがあります。

日本において心理的安全性を測定する際の4つの因子として、石井（2020）[6] は、①話しやすさ、②助け合い、③挑戦、④新奇歓迎、という4つの観点を紹介しています。言い換えると、心理的安全性の高いチームでは、メンバー同士が率直に意見を言い合い、助け合い、新しいことに挑戦し、多様性を尊重し合うことで、組織としての学習と成長が加速され、ひいてはパフォーマンスの向上につながっていくというメカニズムが示されています。そこで、心理的安全性につなげるため、以下のような取組みを考えてみるとよいでしょう。

- コミュニケーションの促進
  弁護士やスタッフが自由に意見を交換し、相互にコミュニケーションをとることが重要です。定期的なミーティングやフィードバックセッションを通じて、感情や考えをオープンに共有し合う文化を醸成します。
- フィードバックの文化
  フィードバックは成長のための貴重なツールですが、受け手が攻撃的な感じを受けるようなものではなく、建設的なものであることが大切です。フィードバックを与える際には具体的かつ建設的な言葉を使い、受け手にとって受け入れやすい環境を整えることが求められます。

---

[6] 石井遼介『心理的安全性のつくりかた』日本能率協会マネジメントセンター（2020年）49頁

- チームワークと協力
  　法律事務所では、チームで案件に取り組むことがあります。チームメンバー同士が信頼し合い、協力し合うことで、心理的安全性が高まります。失敗や誤りがあっても、互いを非難せず、協力して問題を解決する文化を育てます。
- ワークライフバランスの尊重
  　長時間労働や過度のストレスは心理的安全性を損なう要因です。弁護士やスタッフが適切なワークライフバランスを保つことができるよう、柔軟な労働環境や休暇制度の提供が重要です。
- サポート体制の整備
  　心理的な負荷を感じるメンバーがいた場合、適切なサポートを提供する体制を整えることが必要です。カウンセリングやメンタルヘルスプログラムの導入、または心理的ストレスに対処するためのリソースを提供することが有効です。

3．ボス弁に期待されるコミュニケーション

　法律事務所には、経営を担うボス弁と、そうではないイソ弁や事務員がいるという構造があります。このような構造を考えると、労働者に対するラインケアなどを参考にし、それに準じた対応を行うことが、イソ弁や事務員等と関わるうえでは重要になると考えられます。

　ボス弁は、弁護士として依頼者の権利を守ることはもちろんですが、事務所内のスタッフが安全かつ心身ともに健康である状態を保てるように取り組む立場にあると考えられます。ラインケアは、一般的に企業等で部下のメンタルヘルスやウェルビーイングを支援するための方法として採用されています。ラインケアには、部下と定期的に面談を行うことや互いにサポートをし合えるような関係を構築すること、部下の心理的な負荷が高まっている場合に適切な行動をとることが含まれます。法律事務所としては、イソ弁や事務員の心理的安全性を確保し、ハラスメン

トや差別などの問題に対処するためのポリシーや手順を整備することも重要です。

　また、弁護士からの相談には、ボス弁とのコミュニケーションの難しさが寄せられることは少なくありません。ボス弁としても経営の苦労があり、また、「そんなことくらい自分で考えるべきである」などの考えを持つこともあるかと思いますが、これまで述べたようにまずは上司であるボス弁側から歩み寄ることも職場の雰囲気づくりには重要です。風通しの良さやコミュニケーションを活発にしていくような風土づくりは、組織やマネジメントをする側の姿勢によって大きく変わる側面があります。

　一方で、ボス弁としても、「もっと自分から積極的に動いていくべきである」「自分が若い頃にはもっと動いていた」などの想いが頭をよぎることもあるかと思います。このような働き方を経てボス弁になった人が「このくらいはできるのが当然だ」と自己の考え方を正当化していくような思考のプロセスは「生存者バイアス」とも関連します。生存者バイアスとは、失敗した対象を考慮せずに、成功した（生存した）対象の基準のみで判断をしてしまうことで生じるともいわれます。生存者バイアスを持つことは悪ではありませんが、個々人によって能力や環境などは大きく変わりますので、自分ができたのであるから目の前の部下もできて当然と考えるのは、やや合理性に欠ける判断になるかもしれません。また、こうした生存者バイアスは、本来経験する必要のない理不尽さなどを、次の世代に負の遺産として残してしまうことにもつながりかねません。ボス弁自身が本来不要な苦労や理不尽であると若手の頃に感じていたことについては、そこを負の連鎖とならないように断ち切ることも考慮のうえ、より本来の弁護士業務が行いやすくなるように、後人の育成に努めてほしいところです。これまでに述べたこととも重なりますが、ボス弁としては、日常的に声をかけたり、会話の際に目を合わせたりして、イソ弁や事務員にコミュニケーションをとるサインを出した

り、問題が生じたときはいつでも話を聞く準備があることなどを日頃から伝え、実際に相談があった際には相手の話を集中して聞くなどして、コミュニケーションをとりやすくすることも重要です。

　そのほかに、事務所内で役立つコミュニケーションとして、コーチングを導入することが考えられます。コーチングとは、目標設定や課題解決、スキル向上などに焦点を当て、部下の強みを伸ばし、成長の機会を提供するための手法です。コーチングでは、定期的なフィードバックやガイダンスを通じて、部下が自信をもち、モチベーションを維持できるように支援することが可能です。上司が部下に対して指導をする際には、多くの場合、上司の豊かな知識や経験をもとに、部下が目標達成できるように導くべく、「教える」ことに重きを置いたティーチングが用いられる傾向があります。しかし、ティーチングには「指示・命令型」と呼ばれる、答えを与えることに重きが置かれたコミュニケーションに偏る傾向があるといわれます。一方、コーチングは「答えを与える」のではなく「答えを作り出す」ためのサポートを行うことに重きが置かれます。「答えはその人の中にある」というコーチングの原則に基づき、相手の考えが促進されるように問いかけを行いながら、ともに答えを探していくといった「伴走」していくような関わりをしていくものです。コーチングでは、誰かに答えをもらうのではなく、自分の内にある答えを見つけて、納得感を得ることを重視します。後輩弁護士の成長を期待しているということであれば、こうしたコーチングの視点を取り入れてみるのも有益です。

　これらのポイントを意識することで、ボス弁は事務所内でのリーダーシップをより効果的に発揮し、所員のモチベーションと心理的安全性を向上させることができます。

　また、パワーハラスメントとならないようなコミュニケーションも重要です。読者の中には、実際にハラスメントに精通している方もいるかと思いますが、「ハラスメントをよく知っている人間＝ハラスメントを

行わない」とは限りません。パワハラと認定される事案の中には、本人に加害の意図がないにもかかわらず加害が認定されている事案は決して少なくありませんので、自身がパワハラをしてしまう可能性についてはあらためて振り返ることも重要です。

　パワハラと判断される例としては、コミュニケーションの「目的」「頻度」「手段」のいずれかが適切でない場合が多いと考えられます。例えば、「目的」は適切であるが、関わりの「頻度」や「手段」が適正範囲を逸脱していると判断される場合が考えられます。とりわけ難しいのは「手段」です。自分自身が「厳しい指導だ」と思っても、周囲は「ハラスメントだ」と捉える場合もあります。大切なのは、相手がどう捉えたかということです。伝え方に気を付けることや、普段から円滑なコミュニケーションをとり、所員との信頼関係を強固にすることが重要です。

　例えば、ハラスメントとならないためのコミュニケーションについては、数多くの企業などにハラスメント防止研修を提供しているピースマインド株式会社が提唱している「しない3原則」が参考になります[7]。

---

[7] 後藤麻友「最新版｜職場でハラスメントに遭遇したら？被害者・第三者・上司の各対応を解説！」ピースマインド株式会社（2022年）（https://www.peacemind.co.jp/workingbetter-info/4）

しない3原則

① **感情的な叱責をしない、指導の目的をしっかりともつ**
- 「感情の発散」と「指導」とは対極にあります
- 自分自身が感情的になりそうな際には、一呼吸置き、感情を鎮めましょう
- 感情的な叱責は、パワハラに該当する可能性が高いです
- 自分の感情に任せて「指導」の名の下に怒りを発散するのは避けるべきです
- 感情は一旦脇に置き、きちんと指導するべき内容や指導の目的を確認し、伝えましょう

② **適切でない指導を繰り返さない**
- 相手が嫌がることをしないことは当然です
- 悪意はなくとも、何度も繰り返すことで、ハラスメントの可能性が高まります
- また、不必要に長時間指摘し続けることも問題視されることがあります

③ **適切ではない手段を用いない**
- 指導の際、相手の人格を否定しないようにしてください
- 否定する場合には、相手の「行為」や「言動」に対して否定するようにしてください
- 否定だけでなく、改善要求を伝えるようにしてください

また、以下の「プラス2」を意識することも、ハラスメントの予防につながるでしょう。

しない3原則プラス2

④ 言いすぎたと思ったら謝る
- 感情の発散はすべきでないとはいえ、感情的になってしまうことはあります
- 感情的になったり、言いすぎたりしたことがあれば謝ることも重要です
- その際には、管理職としての威厳よりリスクヘッジを考えましょう

⑤ 叱るときは具体的な「行動」を指導する
- 問題箇所を指摘するだけで、具体的な代替案や修正案を見せないまま関わることは適切ではありません
- 指導の目的や、どうなれば改善できるのかということを相手と共有することも意識していきましょう

　高度な専門知識を有する専門職同士がともに独立性をもって働くことができるのが弁護士独自の働き方ともいえます。もっとも、独立性や専門性を強調するあまりに、一方的または対立的な関わりが中心となってしまうと、事務所としても個々の弁護士としても不利益になってしまうと考えられます。職場環境を改善することで、心理的安全性をもって互いの専門性を発揮できるような職場の風土づくりを大切にしていくことが重要です。

（ⅡおよびⅢ　中村 洸太）

第6章 休業と復帰

I メンタルクリニックの受診について

1. メンタルクリニック受診の目安

　これまで述べてきたセルフケアに取り組んでいたとしても、誰でもメンタルヘルス不調に陥ることはあります。第2章でも触れたとおり、弁護士は業務負荷の多さや依頼者との関係などが原因でストレスを抱える方も多く、かつ、慢性疲労状態にある方も多いなど、心身への負担が大きい職業であるといえます。日頃メンタルヘルス不調を感じていない方でも、仕事の過剰なストレスが長期間続き、限界に達すると、燃え尽き症候群（バーンアウト）が起こります。バーンアウト自体は精神疾患を意味するものではありませんが、うつ病をはじめとするメンタルヘルスの不調をもたらしかねないものです。うつ病などの精神疾患も他の病気と同様に早期発見・早期治療が重要であり、放置していると重症化のリスクが高まり、回復に時間を要することになります。また、メンタルヘルス不調によって業務を継続できなくなれば、他の弁護士に業務を引き継ぐ必要があります。一方で、早期の段階でメンタルヘルスの不調に気づくことができれば、働きながら回復を目指すことも可能です。

　それでは、不調の早期発見・早期対処のためには何が目安になるのでしょうか。例えば、ストレスとなる出来事に遭遇したときに気持ちが落ち込んだり、眠れなかったりする日があるのは正常な反応ですが、かかる反応が2週間以上続くことは健康な状態とはいえません。以下のいずれかの症状が2週間以上続いたり、これらの症状によって日常生活や仕事に支障が出たりしたら、うつ病その他の精神疾患の可能性があります。そこで、精神科・精神神経科または心療内科の診療所（以下「メンタルクリニック」といいます）の受診の目安として、次のサインを参考

にしてください。

【メンタルヘルスの不調のサイン】

☐ 睡眠（なかなか眠れない、途中で目が覚める、ぐっすりと眠れた感じがしない）
☐ 気分（気持ちの落ち込み、重苦しい、不安、イライラ）
☐ 意欲（やる気が起きない、気力が続かない）
☐ 集中力（頭の回転が鈍る、普段しないミスをする、普段より仕事が進まない）
☐ 疲れやすさや倦怠感（億劫）
☐ 食欲（食欲がない、食べ過ぎる、おいしいと思えない）
☐ 悪い考えが頭から離れない
☐ 消えたい、いなくなりたい、死にたいと思ってしまう

　なお、精神科・精神神経科と心療内科は厳密には以下のような違いがありますが、心療内科という名前の方が受診しやすいと感じる人もいるため、精神科・精神神経科と心療内科を併記して標ぼうすることが多いです。もし、受診にためらいがあれば、厚生労働省による「働く人の『こころの耳電話相談』」（0120-565-455）や日本弁護士連合会による「日弁連メンタルヘルスカウンセリング」（日本弁護士連合会会員サイト参照）その他の専門機関を利用して、メンタルクリニックを受診する必要があるかの相談をしてみてもよいでしょう。

　① **精神科・精神神経科**
　　　うつ病や双極性障害（躁うつ病）、統合失調症、不安症、発達障害、依存症などの精神疾患全般を対象としています。わかりやすくいえば、こころの病気やこころの症状を扱う科です。

② 心療内科

からだの病気（身体疾患）がストレスによって発症または悪化している場合にかかる診療科です。こころを原因とする身体の不調、頭痛や腹痛、皮膚疾患の悪化や喘息などを対象としています。

2．メンタルクリニックの選び方のポイント
（1）受診まで

メンタルクリニックは、病気や症状にもよりますが、数か月から数年の通院が必要になることがあります。最初は治療法が合っているかを確認するために1～2週間に1度の受診から始めて、徐々に通院頻度を減らしていくことが多いです。メンタルクリニックを選ぶ際に大事なこととして、通いやすさが挙げられます。地理的な観点から言えば、職場の近くで探すのか、自宅の近くで探すのか、という選択肢があります。最近では都心部を中心に夜間や土日に通えるメンタルクリニックも増えていますが、特定の曜日に来院するよう指定されることが多いため、通院しやすい曜日や時間も考えてクリニックを探しましょう。また、メンタルクリニックは予約制をとっていることが多いので、必ずホームページや電話などで受診の流れを確認しましょう。なお、当日予約可能をうたうクリニックが都市部を中心に増えていますが、初診予約からの待機日数は1～3か月待ちというのが標準的です[1]。

メンタルクリニックの診療では薬の調整や病状の経過観察が重要なため、原則として1人の医師が主治医となる主治医制をとっているクリニックが大半です。予約がとりやすい、待ち時間の短いクリニックの中には行くたびに違う医師が担当する複数主治医制のクリニックがありますが、病状が安定していて決まった薬をもらうだけでよい、という人以外

1　中央社会保険医療協議会総会「個別事項（その 18）精神医療について（その 2）」厚生労働省（2023 年）58 頁（https://www.mhlw.go.jp/content/12404000/001182537.pdf ）

は避けた方がよいでしょう。

　また、ホームページ等で医師のプロフィールを見て、「精神保健指定医」や「精神科専門医」「精神科指導医」の資格を持っている医師を選ぶことをおすすめします。資格を持っていることが腕の良い精神科医であることを保証するものではありませんが、少なくともメンタルヘルスの臨床経験を持っていることを示しています。上記資格の概要は以下のとおりです。

① **精神保健指定医**

　　厚生労働大臣によって指定された法的な資格です。5年以上の臨床経験（うち3年は精神障害の診断・治療）を有し、法律等に関する研修を終了し、ケースレポートの提出や口頭試問を経た方に与えられる資格です。

② **精神科専門医**

　　日本精神神経学会が認定し、日本専門医機構によって承認される資格です。5年以上の臨床経験（うち3年以上の精神科臨床経験）を有し、精神科医療に関する学識及び経験を有する医師に与えられる資格です。

③ **精神科指導医**

　　臨床研修医及び専攻医を指導することのできる資格です。精神科専門医の資格取得後に、専門医の資格の更新を1回以上行ったうえで所定の要件を満たした後に申請します。

　なお、精神科や心療内科での診療経験のない医師や、精神科や心療内科を専門としない医師が、自身の所属する医療機関を精神科、心療内科と標榜することは可能です。そのため、精神科、心療内科またはメンタルクリニックを標榜する医療機関が、実際にはメンタルヘルスの臨床経験を十分有していないことも考えられますので、ご注意ください。

(2) 受診の流れ

　初回の受診では問診票の記入が求められますが、これに加え、メンタルクリニックによっては簡単な心理検査への回答を求められることがあります。診察では通常30分から1時間をかけて、受診を希望した理由や、不調の内容、不調が生じたきっかけや経過等、日常生活や業務への支障の有無や程度、生活や家庭環境、生い立ちや病歴などを尋ねられるのが一般的です。初診の診療時間が極端に短い場合は必要なアセスメントが十分になされない可能性があります。普段は人に話さないような、踏み込んだ質問をされることもあるかもしれませんが、それらの質問は発生した問題を理解したうえで診断をするのに役立てられます。もっとも、話したくない、話せないことは無理に話す必要はありません。初回の診察では、医師から診断結果や健康状態、治療の必要性や方針が伝えられ、患者の状態に応じて仕事をしながら改善を目指すか、仕事から離れて治療に専念するかの話合いがなされることになります。

　しかし、メンタルクリニックの診断は初回でははっきりしないこともあります。その場合も、治療の経過を見ながら治療方針を確定していきます。2回目以降の診察では、薬の効果や副作用の確認をしながら経過を見ていくことになります。

(3) 治療薬の相談

　精神科の治療薬の中にはすぐに効果を実感できるタイプの薬剤もあれば、1週間から10日間などの一定期間服用することで徐々に効果が発揮されるタイプの薬剤もあります。初回は少量の服薬から開始し、徐々に増量することもあります。処方された薬は医師に指示されたタイミングや量を守って飲むことが大事です。服薬に不安や抵抗がある、服用できなかった、といった事情があれば正直に医師に伝えましょう。多くの場合は気持ちや意思を尊重しつつ、服薬のメリットやデメリットを説明しながら相談に応じてくれます。継続して通院する中で、服薬内容や治

療方針に納得がいかない場合、大学病院などに開設されている「セカンドオピニオン」外来で相談をする方法もあります。

（4）カウンセリング

　カウンセリングには、医師が行うカウンセリングと、公認心理師や臨床心理士が行うカウンセリングがあります。医師と公認心理師・臨床心理士のできることは異なり、医師は、診断（診断書）と薬物療法、医学的検査を実施することができますが、公認心理師や臨床心理士はこれらを行うことができません。医師によるカウンセリングはストレスとなる生活習慣や対人関係、生活・労働環境を見直して、症状の悪化防止と改善を目的として行われる治療です。通常は5分〜10分程度の診察時間内で実施されるため、焦点を絞ったやり取りになるのが一般的です。

　一方で、公認心理師や臨床心理士によるカウンセリングは、辛い気持ちや現状をじっくり聞いてもらいたい、自己理解を目指したい、特定の問題を解決し、症状を和らげたいといった目的を達成するために、より多くの時間を確保して行うことが一般的です。メンタルクリニックで治療を受けている場合、症状の種類や程度によっては公認心理師や臨床心理士によるカウンセリングが治療の妨げになることもあるので、カウンセリングを希望する際は必ず主治医に相談をしてください。なお、心理職によるカウンセリングを提供するクリニックは少なく、多くは保険診療ではなく自費診療になります。

（5）カウンセラーの選び方

　カウンセリングを受けたいと思って調べると、多くのカウンセラーやカウンセリングサービスが見つかるため、どれを選べばよいか悩むかもしれません。しかし、自分に合ったカウンセリングを受けるためには、信頼できるカウンセラーを選ぶことが重要です。カウンセリングを受ける際には、以下のポイントを参考にして、自分に合ったカウンセラーを

見つけてください。もしカウンセリングを受ける施設やサービスを見つけることが難しい場合には、「日弁連メンタルヘルスカウンセリング」や弁護士向けカウンセリングの「Ami」などを利用する方法もあります。

- 資格の確認
  臨床心理士または公認心理師の資格を持っているカウンセラーがおすすめです。これらのカウンセラーは、一般的には専門的な教育と訓練を受けており、信頼性が高いです。
- 経験と専門分野
  カウンセラーによって得意とする分野や技法が異なるため、カウンセラーの臨床経験や専門分野を確認することも大切です。うつ病や不安障害、発達障害、復職、子育て、トラウマなどの自分が抱えている問題に対する専門知識や経験を持っているカウンセラーを選びましょう。
- 初回面接
  カウンセラーとの信頼関係を構築できるかを確認するためには、実際にカウンセリングを受けることが効果的です。実際に話してみて、カウンセラーとの相性を確認し、自分に合ったカウンセラーであるかを確かめましょう。

Ⅱ 休業から復職へ

1. 主治医から仕事を休むように提案された場合

(1) 休業前

生活指導や環境調整、服薬によって改善がみられず、仕事から離れて治療に専念することが望ましいと判断されると、主治医から仕事を休むこと（以下「休業」といいます）をすすめられることがあります。調査

研究によれば、メンタルヘルスの不調による1回目の休職の平均期間は107日（3.5か月）とされています[2]。ただし、メンタルヘルスの不調による休業期間は症状の程度や内容によって期間に幅があるのが特徴です。所属する企業や法律事務所によっては、病気で休職・休業できる期間が職務規程で定められているので、休職・休業に入る前に確認しておきましょう。なお、健康保険に加入していれば事業主から十分な報酬が受けられない場合に傷病手当金が支給されますが、弁護士国民健康保険組合には傷病手当金はありません[3]。契約内容や所属する法律事務所・企業によって加入している社会保険の種類が異なるので、休業中に受けられる制度についても確認をしておきましょう。また、速やかに業務を引き継げるよう、休職・休業中の連絡方法や頻度についても決めておくとよいでしょう。

（2）回復期（〜1か月）

職場に診断書を提出したら、主治医の指示のもと、十分な睡眠と食事、服薬に注意し、まずは仕事から離れてこころと体を休ませることに専念します。自宅療養を始めたばかりの時期は一日中寝込んでしまい、布団の中から出られなくなってしまうこともありますが、それだけ疲れが溜まっていたということでもありますが、休養と薬の効果が出てくるのを待ちましょう。仕事のことが気になったり、不安に苛まれることがあるかもしれませんが、再び働けるようになるために必要な休みです。

自宅療養を始めて1〜2週間が過ぎ、体調が落ち着いてきたように感じられたら、次はなるべく日中は横にならずに起きて過ごし、夜間に睡眠をとるように心がけます。疲れを感じたらゆっくり休み、昼寝をしましょう。不眠などの症状が強い場合はあまり無理をせず、主治医と相談

---

[2] 横山和仁「労災疾病臨床研究事業費補助金　主治医と産業医の連携に関する研究　平成28年度総括・分担報告書」厚生労働省（2017年）383頁
[3] 東京都弁護士共同組合「弁護士のための保険・年金ガイド」(https://www.tokyo-law.com/service/insurance/handbook/stage1/column_01.html)

しながら過ごします。この時期の目標は家での日常生活を無理なく送れるようになることです。就寝や起床、食事、入浴などは時間を決めて行うようにします。また、徐々に趣味やリラックスしてできる活動に取り組み、家事や買い物といった作業を生活スケジュールの中に取り入れるようにします。気分や体調には波があるので無理をしないように注意してください。

(3) 復職準備期（1〜3か月）

　日中の生活リズムが安定し、日常生活や家事、短時間の外出ができるようになったら復職に向けての具体的な過ごし方を主治医に相談し始めてもよいでしょう。起床・就寝、食事、家事や趣味、外出などの活動、気分や体調、服薬などの記録をつけると、自分の状態を客観的に把握できるようになります。このような生活を記録するためには、例えば、独立行政法人高齢・障害・求職者雇用支援機構障碍者職業総合センターが公開している「生活リズム・生活習慣記録表」[4]をご利用ください。

　復職に向けて、パソコン作業や読書といった少し頭を使う作業を1日30分から1時間程度の時間を決めて取り組むとよいでしょう。人のいる環境に慣れていくためには、日中カフェや図書館で時間を過ごすことも練習になります。

　症状が改善し、日常生活が送れるようになり、復職への意欲が回復したと感じた場合、主治医から復職の許可が出てから、職場と連絡をとり、復職後の働き方について確認をします。主治医は症状が回復し、日常生活が問題なく送れるようになった段階で職場復帰可能の判断をするのが通常です。もっとも、主治医による復帰・復職可能の判断は、高度の業務遂行能力を必要とする弁護士業務が可能であるとの判断を示すも

4　独立行政法人高齢・障害・求職者雇用支援機構障碍者職業総合センター「生活リズム・生活習慣記録表（記録用紙）」『支援マニュアル No.20　気分障害等の精神疾患で休職中の方のための日常生活基礎能力形成支援〜心の健康を保つための生活習慣〜』(2020 年 3 月) (https://www.nivr.jeed.go.jp/center/report/support20.html) 106-108 頁

のではありません。産業医がいる事業所であれば、主治医からの報告書をもとに、産業医が体調や服薬状況、生活リズムを確認したうえで産業医と本人との面談が開始されます。その後、復帰訓練を経て、復帰後の業務の範囲、就労制限について判断するために、産業医による復帰判定面談が行われます。産業医がいない場合は、上司や人事労務の職員を交えて復職後の働き方や復帰のスケジュールについて話し合います。もっとも、産業医がいる場合でも、必ずしも産業医が弁護士業務に精通しているとはいえず、弁護士の業務や働き方の特殊性を踏まえて復帰判定や復帰支援プランを作成することに不慣れなことの方が多いでしょう。また、産業医の設置義務のない法律事務所が大半でしょう。

　厚生労働省では、休職者に対する職場復帰支援の方法として、正式な職場復帰決定の前に、「試し出勤制度」を設けることを推奨しています[5]。試し出勤の例として、以下の①～③が挙げられます。試し出勤制度のない事務所は多いと思いますので、その場合には、①～③を参考にして出勤に慣らしていきましょう。

① **模擬出勤**
　　勤務時間と同様の時間帯に図書館やカフェなどで軽作業を行う
② **通勤訓練**
　　自宅から職場の最寄りの駅まで移動し、職場の近くで一定の時間を過ごして帰宅する
③ **試し出勤**
　　職場復帰の判断等を目的として本来の職場などに試験的に一定期間継続して出勤する

5　厚生労働省＝独立行政法人労働者健康安全機構「～メンタルヘルス対策における職場復帰支援～改訂心の健康問題により休業した労働者の職場復帰支援の手引き」(2024 年) 6 頁（http://www.mhlw.go.jp/content/000561013.pdf）

（4）復職準備期の注意事項：再発予防

　メンタルヘルス不調は繰り返しやすく、メンタルヘルス不調による休職者のうち5割が5年以内に再発し休職に至るといわれています[6]。メンタルヘルスの状態が安定してくると、一刻も早く復職したい思いが強くなります。もっとも、復帰・復職後は仕事ができなかった期間の遅れを取り戻そうと無理を重ねがちです。メンタルヘルス不調による休職において最も大事なことは「再発予防」です。休職時には自分なりにメンタル不調に陥った原因や経過を振り返り、再発防止を考えて復帰や復職に備える必要があります。メンタルヘルスの不調の多くは突然始まるわけではありません。多くの場合、以下のような体調や睡眠、行動の変化がメンタルヘルス不調に先行して発生しています。

① 体調面（下痢や便秘、頭痛など）
② 睡眠障害（寝つきの悪さや熟眠感の不足、倦怠感や易疲労感、疲れやすさや疲れがとれないなど）
③ 行動面（酒量が増える、趣味の活動をしなくなる、友人知人との外出の機会が減るなど）

　休職前に生じた上記の変化や当時の業務状況への対処方法について思い出したうえで、その結果を振り返ります。このような振り返りの作業の中で見つけた自分なりの悪化のサインを把握しておくことで、再燃や再発の予兆に早めに気づけるようになります。具合が悪かったときのことを思い出すのは辛い作業なので、一時的に症状が再燃することがあるかもしれません。振り返り作業は主治医に相談しながら進めましょう。また、ストレスになりやすい状況に対する対策やセルフケアも主治医と一緒に考えます。診察では時間が十分にとれない、産業医や産業保健ス

6　横山和仁「労災疾病臨床研究事業費補助金　主治医と産業医の連携に関する有効な手法の提案に関する研究　平成28年度　総括・分担報告書」厚生労働省（2017年）385頁

タッフがいない場合はカウンセリングを利用して振り返りの作業を行うのもよいでしょう。振り返りの結果判明した、悪化のサインと対策、ストレスになる状況の特定と対策については職場と共有し、理解や配慮が得られるようにしましょう。

2．復帰後の働き方

　復職後は2週間から1か月かけてリハビリ出勤を行い、徐々に就業時間を延ばしていきます。復職したばかりの頃は通勤や出社だけでも疲れるものです。復職直後は休業中の仕事の状況の把握、資料の閲覧や整理から始め、定時出社と定時勤務を1か月間は続けます。疲れを感じたときは早めに寝るようにし、体調が悪いときは無理せず休みましょう。体調不良が数日続くようであれば主治医に相談をします。体調悪化のサインがみられたときは復職前にあらかじめ考えておいた対策（セルフケア）をとり、その振り返りも行うようにします。

　出勤に慣れてきても、すぐに担当を持たず、外部との交渉や調整の必要のない、自分のペースでできる書類作業や他の弁護士の補助的な仕事に徹することが望ましいです。作業スピードや業務に必要な集中力、判断力は徐々に改善していきます。復帰後4～6か月目までは体調に配慮しながら徐々に業務の負荷を増やして様子をみます。

　復職後に自己判断で通院や服薬を中断すると再燃や再発の原因になります。十分に回復をしていない段階で薬をやめてしまうと心身の調子が悪くなってしまうことがあります。薬の中には中止や減薬に伴って離脱症状と呼ばれる身体症状や精神症状を生じさせるものがあります。服薬や診察といった治療の終了については主治医と話し合ったうえで決めましょう。復職後半年から1年かけて以前の状態に戻ってからも、以前と同じ働き方をしていてはメンタルヘルス不調が再発する可能性があります。メンタルヘルス不調や休職は挫折体験かもしれませんが、健やかな弁護士生活を送るために働き方やワークライフバランスなどを見つめ直

す機会と前向きに捉えてみてください。

　ここまでは、うつ病を念頭に説明してきましたが、「適応症（障害）」と呼ばれる、ストレス要因に反応して、心身の症状を生じさせ、日常生活や社会生活に悪影響を及ぼす病気を抱えている場合であっても、職場から距離をとることで早期の改善が見込まれることがあります。その場合は原因となる職場環境を整えてもらいながら、早期の復職を目指します。もっとも、職場の人間関係やハラスメントを原因とする不調の場合、弁護士は配置転換が難しいことも多く、職場環境の調整が適切に行えないこともあります。そのような場合は転職を視野に入れてもよいでしょう。

3．事業所によるメンタルヘルス不調者への対応のポイント
（1）事業所単位でのメンタルヘルスケアの必要性

　弁護士のメンタルヘルスケアは、弁護士個人に委ねられている場合が多いように思われますが、企業や事務所単位でメンタルヘルスケアに取り組む必要性は高いといえます。これは、所属弁護士の深刻なメンタルヘルス不調により生じる業務効率の低下や業務上のミス、突然の退職・休職が事務所の業務・経営に深刻な影響を及ぼし得るからです。

　そして、アメリカ法曹協会（ABA）による調査結果によれば、弁護士は他の職業集団よりも高い割合で「問題のある飲酒」（健康に悪影響を及ぼす飲酒やアルコール使用障害に伴う飲酒）を経験しており、精神的苦痛（抑うつ、不安、ストレス）のレベルもまた甚大であるとの報告があります（Krill et al., 2016）[7]。また、第2章で触れた日本弁護士連合会の調査により、日本においてもストレスを感じている弁護士の多さや、弁護士の抱えるストレスの甚大さが報告されています。加えて、弁

---

[7] Krill, P. R., Johnson R., & Albert, L."The prevalence of substance use and other mental health concerns among american attorneys." *Journal of Addiction Medicine* vol.10,no.1（2016）pp.46-52

護士と同様に高い専門的知識とスキルを要し、責任が重く、長時間労働になりやすい職業である医師に関する調査を見てみましょう。勤務医の大規模調査によれば8.8％の医師が中等度の抑うつ症状で、2.0％が重度のうつ病にあり、さらに4.0％の医師に自殺リスクがあるという結果が報告されています[8]。医療現場におけるプレゼンティーイズム（出勤はしているが体調不良で能力を完全には発揮できていない状態）については、労働災害や医療事故との関連が指摘されており、弁護士においても懲戒処分に多くみられる「事件放置」の背景にメンタル不調が潜んでいる可能性があります。

　上記の弁護士が抱える、深刻なメンタルヘルス不調は弁護士個人だけでなく企業や事務所の経営にも悪影響を与える可能性があり、リスク管理及び経営効率化を図るために事務所としてメンタルヘルス対策に取り組むことは得策といえます。

（2）職場の４つのメンタルヘルスケア

（ア）概要

　職場のメンタルヘルスケアは、メンタルヘルス不調の未然防止（1次予防）、メンタルヘルス不調者の早期発見と初期対応（2次予防）、メンタルヘルス不調者の復職支援（3次予防）の3段階に分けられます。この3段階を実施する方法として、厚生労働省は「労働者の心の健康の保持増進のための指針」[9]の中で、「セルフケア」「ラインによるケア」「事業場内産業保健スタッフ等によるケア」「事業場外資源によるケア」の4つのケア方法を挙げています。職場のメンタルヘルスケアでは、これらの4つのケアを持続的かつ計画的に行うことが重要です。

8　医師の働き方検討委員会「勤務医の健康の現状と支援のあり方に関するアンケート調査報告書」日本医師会（2022年）9頁（https://www.med.or.jp/dl-med/kinmu/202206kinmuikenko.pdf）
9　厚生労働省＝独立行政法人労働者健康安全機構「職場における心の健康づくり〜労働者の心の健康の保持増進のための指針〜」（2024年）7頁（https://www.mhlw.go.jp/content/000560416.pdf）

4つのメンタルヘルスのケア

セルフケア
- ストレスやメンタルヘルスの知識
- ストレスへの気づき
- ストレスへの対処

ラインによるケア
- 管理監督者が行うケア
- 職場環境の把握と改善
- 労働者からの相談対応
- 職場復帰における支援

事業場内産業保健スタッフ等によるケア
- 産業医、保健師や人事労務管理スタッフが行う
- 具体的なメンタルヘルスケアの実施に関する企画立案
- 職場復帰における支援

事業場外資源によるケア
- 会社以外の専門機関や専門家
- 職場復帰における支援

出典：厚生労働省＝独立行政法人労働者健康安全機構「職場における心の健康づくり〜労働者の心の健康の保持増進のための指針〜」（2024年）7頁（https://www.mhlw.go.jp/content/000560416.pdf）をもとに筆者作成

　「セルフケア」としては、弁護士各自がストレスやメンタルヘルスの知識をもち、自らのストレスに早く気づき、対処することが挙げられます。事業所としては、セルフケアに関する教育研修や情報提供を行うことや、厚生労働省が提供するメンタルヘルス・ポータルサイト「こころの耳」[10]を周知したり、日弁連の「弁護士に対するメンタルヘルスガイダンスブック」を配布したりすることで、所属弁護士によるセルフケアを支援することが可能です。

　「ラインによるケア」には、法律事務所であれば、所長やボス弁などの経営に携わる弁護士（以下「経営者弁護士」といいます）が行うメン

10　「こころの耳」（https://kokoro.mhlw.go.jp/）では、働く方やそのご家族、職場のメンタルヘルス対策に取り組む事業者などに向けて、メンタルヘルスケアに関するさまざまな情報や相談窓口が紹介されています。

タルヘルス対策が含まれます。メンタルヘルス対策の中で経営者弁護士の果たす役割は重要です。小規模の法律事務所では、実施可能な取組みとして、まずはセルフケアとラインケアから始めるのがよいでしょう。

「事業場内産業スタッフ等によるケア」とは、産業医や衛生管理者、保健師、心理職がセルフケアやラインによるケアの効果的な実施を支援するものです。もっとも、法律事務所が産業保健を専門とする職員を採用することは現実的ではない場合が多いかと思いますので、経営者弁護士、事務所職員がこのような支援を行うのもよいかもしれません。「事業場外資源によるケア」について、弁護士であれば、「日弁連メンタルヘルスカウンセリング」や外部のカウンセリング機関等を利用できます。

(イ) ラインによるケアの実施方法
(a) 所属弁護士の不調に気づく

ラインによるケアを実施するためには、まずは所属弁護士の不調に気づく必要があります。そのためには、経営者弁護士がメンタルヘルスに関する知識や情報をもったうえで所属弁護士とコミュニケーションをとることが大切です。例えば、メンタルヘルスの不調の表れとしては、遅刻や早退、欠勤といった勤怠の変化、業務量や内容に比しての残業の増加、ミスの増加、職場での会話量の減少、身だしなみがだらしなくなるといった例が挙げられます。そのため、まずは、所属弁護士にこれらの状態が発生していないか確認することから始めるのがおすすめです。加えて、経営者弁護士は、所属弁護士に質問をして、本人の生活の変化や、食欲や睡眠の状態についても確認をするようにしましょう。これらに取り組む前に普段から所属弁護士の相談に応じ、相談しやすい環境や雰囲気を整えることも大事です。そして、所属弁護士の様子がいつもと違うと感じたら、悩みごとや困りごとはないか声をかけましょう。もっとも、様子が違う時点で既に変調を来しているので、本人の気持ちや考

え、行動を否定しないのはもちろんのこと、指導や助言はできるだけ慎み、共感をもって耳を傾けることが大事です。

　所属弁護士に継続して声をかけていくとともに、メンタルヘルスの不調に対する専門的な相談先として日弁連メンタルヘルスカウンセリング等の外部の相談窓口を紹介してもよいでしょう。また、所属弁護士が業務上の負担を感じているようであれば、サポート体制について話し合い、必要に応じて業務量の調整を検討しましょう。

(b) 所属弁護士の不調に気づいた後の動き

　メンタルヘルスの不調は行動や体調に現れます。遅刻や早退、無断欠勤、突発的な休暇の取得は、ただ怠けているのではなく、「朝起き上がれない」「疲れがとれない」「仕事が辛い」というメンタルヘルス不調が原因である場合があります。メンタルヘルス不調に基づく体調不良があれば、体調不良を理由とする突発的な休暇の取得が続くことがあります。そして、メンタルヘルス不調が疑われる場合には、現在発生している業務効率の低下や勤怠の問題、もしくは本人の自覚している不調に関して、本人にメンタルクリニックを受診して医学的な見解を得てみることを提案してください。また、経営者弁護士自身が、日弁連メンタルヘルスカウンセリングや、もしあれば各弁護士会のメンタルヘルス相談の窓口を通じて、所属弁護士への関わり方や医療機関のすすめ方について相談するのもよいでしょう。緊急性が高い（死にたい、消えたいという言葉や行動）が見られる場合は、本人の同意を得て家族に連絡をすることや、本人の希望を確認したうえでメンタルクリニック受診に付き添うことが役に立つことがあります。加えて、後輩弁護士のいつもの様子をよく知っている先輩弁護士に協力を依頼することも効果的かもしれません。その場合、先輩弁護士の負担への配慮とメンタルヘルス不調者のプライバシーへの配慮が必要になります。

　所属弁護士がメンタルクリニックを受診した場合、医師が診断や見立てをもとに治療方針を決定します。治療が必要な状態であれば、所属弁

護士が心身の健康を保ちながら業務を継続できる体制を事業所として用意できるとよいでしょう。その際に、所属弁護士の担当している案件の数や内容、進捗、長期化していたり精神的に苦痛を感じていたりするような案件がないかを確認します。主治医からの指示を確認しながら、今後の業務量や業務内容、就業時間、サポート体制について、経営者弁護士が本人と話し合い検討します。

なお、小規模の事業所では、産業保健について、独立行政法人労働者健康安全機構が運営する全国47都道府県の産業保健総合支援センター（さんぽセンター）や地域産業保健センター（地さんぽ）等を活用することができます。産業保健に関する研修やメンタルヘルス対策、専門的な相談への対応などの支援を受けることができます。

(c) 先輩や同期、後輩によるケア

厳密にはラインによるケアではないですが、一緒に働く弁護士の「いつもと違う」様子に気づくことができるのは、実際には兄弁や姉弁、同期などの期が比較的近い弁護士であることが多いです。例えば、雑談や挨拶したタイミングで、顔色の悪さや表情の硬さ、口数の少なさ、口調の荒さ、化粧の違いなどに気づくのは、普段からよく話している弁護士です。また、悩んでいる弁護士にとっても、相談しやすいのは経営者弁護士ではなく、期が近い弁護士でしょう。そのため、経営者弁護士だけでなく、所内の弁護士全員にメンタルヘルスに関する知識を持ってもらい、日ごろから所属弁護士の様子を気にかけて、「いつもと違う」と感じたら声をかけてもらうようにするとよいでしょう。

(3) 所属弁護士等が休職・休業した際の対応ステップ

厚生労働省は、職場復帰支援の流れとして、以下の4つのステップを経て職員が職場復帰を果たした後に、第5ステップとして復帰後のフォ

ローアップをすることを提唱しています[11]。

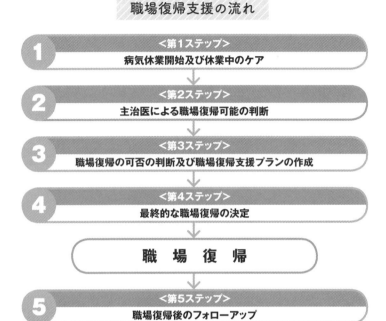

出典：厚生労働省＝独立行政法人労働者健康安全機構「～メンタルヘルス対策における職場復帰支援～改訂　心の健康問題により休業した労働者の職場復帰支援の手引き」（2024年）1頁掲載図2

(ア) 第1ステップ：病気休業開始及び休業中のケア

　休職の診断書が提出されたら、経営者弁護士としては、本人が休職に入る前に、業務や案件の引継ぎや再委任を支援してこれらを済ませるとともに、本人に対し、もしあれば休業や復職に関する職場の規則や利用可能な福利厚生制度、休職期間中の連絡頻度や方法について説明をして

11　厚生労働省＝独立行政法人労働者健康安全機構「～メンタルヘルス対策における職場復帰支援～改訂　心の健康問題により休業した労働者の職場復帰支援の手引き」（2024年）1頁（http://www.mhlw.go.jp/content/000561013.pdf）

おく必要があります。メンタルヘルスの不調の回復には数か月から半年程度の時間を要します。本人を休養に専念させるとともに、安心して治療に専念できる環境を整えることが必要です。また、本人への連絡は、月1回程度とし、体調や日常生活、通院状況を確認する程度に留めます。人により、職場からの連絡が負担になることもあれば、一切の連絡がないことでかえって疎外感や孤立感が募ることもあるので、本人の意向や主治医の意見を尊重してください。職場や業務に関連して発生した不調であれば、職場からの連絡にはより一層の配慮が必要となります。また、本人の拒否や病状が重いときは無理強いしないように注意しなければなりません。

(イ) 第2ステップ：主治医による職場復帰可能の判断

　本人から職場復帰の意思表示があったときは、本人に対し、主治医による職場復帰可能の判断が記された診断書の提出を求めてください。もっとも、3.(3)で述べたとおり、主治医は患者本人の精神症状が回復し、日常生活を安定して送れることを判断しているにとどまります。そのため、主治医の診断書は弁護士業務に直ちに復帰できることを保証するものではないことに留意してください。一方で、産業医は、本人と経営と関わる弁護士とやり取りをしながら、本人の日常生活のリズムや日常生活に必要な体力、業務に類似した行為の遂行状況などを確認し、就業可能の可否の判断をします。産業医がいない場合は、主治医に対して職場で求められる業務遂行能力や職場環境、本人の業務量などについて説明したうえで、職場に復帰できる状態にあるのか、復職にあたりどのような配慮が必要かについて主治医の意見として提出してもらう方法があります。

(ウ) 第3ステップ：職場復帰の可否の判断及び職場復帰支援プランの作成

　安全でスムーズな職場復帰を支援するために、経営者弁護士は、本人

に関する情報（日常生活のリズムや日常生活に必要な体力、業務に類似した行為の遂行状況）の収集と評価を行ったうえで職場復帰ができるかを判断し、職場復帰を支援するための具体的なプラン（職場復帰支援プラン）を作成してください。職場復帰支援プランを作成するにあたっては、職場復帰日や就業上の配慮事項（業務内容や業務量の変更、段階的な就業上の配慮、治療上必要な配慮）、人事管理上の対応等（勤務制度変更の可否や必要性）、フォローアップ方法、就業制限等の見直しのタイミング、就業上の配慮や医学的観察が不要となる時期の見通しを検討してください。

適切な復職時期を判断するには、休職者に1日の活動（起床・就寝時刻、食事、その他）を記録し生活リズムをふりかえる「生活記録表」を記入してもらい、日中は外出して過ごす生活が週5日、2週間以上続けられていることを確認します。本章Ⅱ.1.(3)で紹介した「生活記録表」のテンプレートはインターネット上で入手できます。

また、復帰後のメンタルヘルス不調の症状の悪化や再発を防ぐために、本人に対し、気を付けて欲しいことや配慮の希望を尋ねてください。これらを踏まえ、経営者弁護士は、本人の復職後数カ月間の具体的な業務内容を定めた「復職プラン」を作成するのが望ましいです。目安として、最初の数カ月は業務負荷を軽減し、体調の回復とともに段階的に負荷を増やすとよいでしょう。最初は、自分のペースで作業ができる単純な業務を中心に、外部との調整や交渉が不要である業務から開始し、3か月から6か月をかけて、徐々に以前の業務内容に戻していくようにします。

厚生労働省がすすめる職場復帰支援の例として、本章Ⅱ.1.(3)に記載する「試し出勤」が挙げられます。試し出勤制度の導入にあたっては、本人の処遇や災害が発生した場合の対応、人事管理上の位置づけなどについて、あらかじめルールを定めておくことが望ましいです。

理論編

(エ) 第4ステップ：最終的な職場復帰の決定

　第3ステップを踏まえて、経営者弁護士は、本人の状態について再度確認したうえで、最終的な職場復帰の決定を行います。職場復帰に向けた事業場の対応や、就業上の配慮の内容等について、本人に通知します。

　本章Ⅱ.1.(3)でも述べたとおり、メンタルヘルス不調で休業した人にとって、最も大事なことは「再発予防」です。服薬や休職により一定の回復をしたとしても、病前と同様の働き方を続けることはできません。そのため、メンタルヘルス不調に陥った際の働き方や、メンタルヘルスの悪循環に陥るときの認知や行動のパターンを本人が振り返り、対処行動を身に付ける必要があります。こうした振り返りの作業は本人が医師やカウンセラーなどの専門職と行うものであり、経営者弁護士が本人と不調に陥った原因の追及や対策について話し合うことは慎んでいただけますようお願いいたします。メンタルヘルス不調を抱えていた方は、休職せざるを得なくなったことで、自分を責める気持ちや申し訳なさを抱えている方が多いため、専門職のサポートを受けながら振り返りをすることが望ましいとされています。

(オ) 第5ステップ：職場復帰後のフォローアップ

　経営者弁護士において本人の健康および勤務状況、業務遂行能力、職場復帰プランの実施状況、治療状況などを確認し、適宜職場復帰や職場環境を見直すなどの、フォローアップを実施し、職場復帰支援プランの評価や見直しを行います。

　経営者弁護士としても、ただでさえ多忙な中でさらにメンタルヘルス対策まで取り組むことは決して容易なことではないでしょう。そこで、普段から所属弁護士の相談に応じ、相談しやすい雰囲気づくりに努めるなどできることから始めることをおすすめいたします。

（鶴田 信子）

事例編

事例編を読む前に

　事例編では、弁護士を含む法曹関係者の接続可能な働き方のサポートを行う Ami が、弁護士の皆さんに行ったインタビューをもとに、弁護士が直面し得るメンタルヘルスに関わる事例を紹介しています。そして、これらの事例から生じるメンタルヘルス不調に対して、どのように取り組めば不調を予防できるのか、または不調から回復できるのかを①弁護士が抱える問題、②弁護士が取った対策、③各事例で取れるその他の対策や予防策の3項目を通じて解説しています。事例を通して、弁護士が抱えやすいメンタルヘルスの問題を知るとともに、類似の状況が生じた場合の対処方法について考えていきましょう。

　残念ながら、メンタルヘルスに関する課題は、直ちに抜本的に解決することが難しいときもあります。たとえ今すぐ休みを取りたいと思うほど疲弊していても、締切間近の案件を複数抱えており、速やかに業務を引き継げる状況になければ、結局自分で対応せざるを得ないときがあるかもしれません。事例編では、そのような事態を想定し、弁護士が忙しい中でも現実的に取りうるメンタルヘルスケアについても紹介しています。このようなメンタルヘルスケアは応急処置的なものであり、メンタルヘルスの問題を一挙に解決するものではありませんが、さまざまな事例や、前掲・理論編の説明を参考にして、自分の状況に合ったメンタルヘルスケアを採用してみてください。

　なお、本書籍はメンタルヘルスケアに焦点を当てたものであるため、事例から見られるメンタルヘルス以外の課題を直接的に解決する手段については、あまり触れていません。中には、メンタルヘルスケアに関連する内容として人事施策や依頼者対応などに触れていますが、あくまでメンタルヘルスケアに焦点を当てた解説である点を念頭に置いてお読みください。

CASE 1　若手弁護士

新人弁護士の苦悩——職場環境と業務内容への不満

　1年目の弁護士Aは弁護士8名が在籍する法律事務所に就職して、所長弁護士Bの案件を担当していた。しかし、BはAに一方的に業務指示を行い雑務や簡単な書類作成を任せるだけだったので、Aはまともな指導がないと感じ、社会人経験が無いながらも、この状況に違和感を覚えていた。また、Aは法律相談には同席していたが、依頼者との会話や質問は一切許されず、Bから「指示した業務だけやればよい」とだけ言われていた。

　一方で、同期の弁護士Cは債務整理や国選弁護を中心にさまざまな案件を担当し依頼者対応もしていると聞き、Aは驚いた。加えて、CからはBが自分の担当業務を決めていると聞き、Aは「なぜBは自分に作業ばかり任せるのか？　自分には何か足りないのか？」という疑念を抱くようになった。また、AはBが残業を求めれば夜遅くまで事務所に残るのが常態化していた一方で、Cは自由に帰宅しており、AはなぜCと扱いの差があるのかと困惑していた。

　こうした疑念や困惑から、Aは「この事務所は自分のキャリアにとって正しい場所か？　弁護士として成長できるか？」と悩むようになった。特に、指導がなく成長の機会を奪われているという感覚がこの悩みを深めていた。さらに、AはBが指示する業務内容に対して「自分の実力を発揮する機会が与えられていない」と感じるだけでなく、Bの指示に従っている自分の姿や簡単な業務しか割り振られない現状に劣等感を覚えていた。

　しかし、Aは不貞腐れることなく、書籍やセミナーを通じて事件処理のノウハウを学び、担当業務を納得できるまで取り組み、自分

> で能力を伸ばすように努めた。また、Aは、事務所の弁護士に各自の担当業務やBの働き方などを聞き事務所の業務や特徴を深く知ろうとした。さらに、他の事務所の弁護士に自分の扱いが新人弁護士の一般的な扱いであるかを聞き、Aはその扱いが一般的ではないと思うようになった。そのため、Aは「このままでは自分の成長が制限される」と判断し、より自立した環境で働きたいと考えて、他の法律事務所への転職を決断した。

I 新人弁護士Aが抱える問題

　新人弁護士にとって、新しい職場や人間関係といった環境の変化、働き始めて感じるようになる業務の負担や責任などが、ストレスの原因になることがあります。

1. 成長の機会がないことへの不安や苛立ち

　新人弁護士Aは所長弁護士Bの補佐をしていますが、弁護士として成長できる仕事を任されていないと感じて不満を抱えています。このような不安は1年目の弁護士としての成長意欲と成長機会のない現状が相反する認知的不協和という状態から生じています。そして、認知的不協和はストレスや不安を増大させる要因となるため、Aが次第に疑念や不安を抱えるようになっている状態も認知的不協和が原因である可能性があります。なお、認知的不協和の詳細についてはCASE13をご参照ください。

　また、高い成長意欲に反して成長機会となる業務に携われていない場合、動機付け（モチベーション）が低下することがありますが、Aがモチベーションを維持して新たな取組みをしている点はAの成長意欲が非常に高いことを裏付けています。一方で、成長意欲が高いことで、現在の事務所で成長できないという思いも感じており、自己効力感（自

分ならできると自分を信じる感覚）の低下が生じています。これにより、Aは自分の能力を疑い始めており、ストレスや不安を増大させる原因となっています。

　しかし、新人弁護士は「仕事に慣れて業務の流れを覚えること」を期待されていることが多いため、優秀さにかかわらず、最初は単調な仕事を任されることが一般的であると思われます。そのため、希望する業務を担当するまでに時間がかかる場合が少なくなく、Aも自分の希望する業務を担当できるようになるには時間が必要かもしれません。

２．不平等に対する不満

　Aは、同じ新人弁護士で同僚のCが自分も担当したい業務を次々に任せられている状況と自分の状況を比較することで、自分自身を追い詰めている可能性があります。Aが同僚を意識する背景には、「弁護士としてもっと成長したい」「自分のスキルを高めたい」という向上心が、人一倍強いことが考えられます。通常であればプラスに働くことが多い向上心ですが、本件では、Aの向上心の強さゆえに、AはCが自分よりも高く評価されているから業務分野や働き方に差があることに対して劣等感を抱いていたようです。劣等感は、自己肯定感の低下を招き、自信を喪失させることがあります。実際に、AはBの指示する業務内容や自身の働きぶりを振り返って、劣等感を覚えているので、自信を喪失している可能性が高いと考えられます。

　もっとも、AとCの業務や働き方の相違は、不平等とまでは言い切れないかもしれません。所長であるBとしては、AやCの性格や適性、能力などを考慮したうえで、AとCがそれぞれ伸ばすべき能力を見極めて業務を配点している可能性があります。

３．所長とのコミュニケーション不全

　Aが所長のBから一方的な業務指示を受けるばかりで指導がないと

感じていることから、AはBとうまくコミュニケーションができていない可能性があります。一方的な指示を行うだけのコミュニケーションは双方向のコミュニケーションを妨げる原因となります。また、指導がないとAが感じていることからは、BがAに対して大まかな指示しか出していない可能性が考えられます。このようなコミュニケーションの中では、Aは、自分の意見を出す機会がなくフィードバックが得られにくかったり、Bとの関係が構築できずに孤立感を感じやすかったりするため、無力感を覚えやすくなります。このような環境において、新人弁護士がストレスや不満を感じるのは自然であり、Aも大きなストレスを抱えていたはずです。

なお、このようなコミュニケーションになった背景として、Bが多忙なためAのことを考えた業務の進め方ができていない場合や、社会人経験のないAにはキャリアや年齢に差がある人物とのコミュニケーション方法がわからず、良い関係性を構築できなかった場合などが考えられます。

Ⅱ 新人弁護士Aが取った対策

本事例でAがとった対策は、いずれもストレスの原因に直接アプローチして解決を図るという問題焦点型コーピングであると考えられます。これはストレスの原因になっている問題を解決することができれば、ストレス解消に有効な方法です。しかし、自分で問題を解決することに焦点を当てた方法のため、解決ができなかった場合に自己評価が低下するリスクや解決に取り組む過程で新たな問題に直面して別のストレス要因を抱える場合もあります。そのため、問題焦点型コーピングに加えて、情動焦点型コーピングやその他のストレスケア（本書の前掲・理論編（以下、理論編）第1章及び第4章参照）も行うことが望ましいです。以下、Aがとった対策を説明します。

1. 自分から学びに行く姿勢

　Aは自分の担当したい業務が割り当てられない状況で不満を抱えながらも、自らセミナーに参加したり書籍を読んだりして学習し、担当業務を懸命にこなして能力を伸ばそうと試みています。この努力は新人弁護士として評価すべき素晴らしい姿勢です。担当業務を懸命にこなすことで所長や他の弁護士からの信頼を得ることができ、将来的にAが希望する業務を任される可能性を高めることができます。また、興味のある分野の知識を身につけることは、希望する業務を任された際のチャンスを十分に生かすための、重要な取組みといえます。なお、興味のある分野の研鑽を積んでいることを事務所内外でアピールすることで、より多くのチャンスに恵まれる可能性があります。

2. 同期との扱いの相違を知る

　Aが同期のCから扱いの相違を聞くことにより、Aは自分の状況を客観的に評価する情報を得て、視野を広げることができます。これは周囲の状況を把握することで不安の解消につながる良い面もありますが、周囲の状況と自分の現状を比較することによって、劣等感を感じたり、自分の状況を改善することが難しいことが判明したりすることで、かえってストレスを抱える可能性があります。残念ながら、Aは後者のようにストレスを感じてしまいましたが、これはAがCとの扱いの差に焦点を当てて情報を収集したことが原因の1つと考えられます。ストレスを軽減させるためには、Aは、弁護士として成長したいという明確な目標をもっているので、その目標を達成するために、Cがどのような経緯で現在の業務を担当することになったのかなどを尋ねる方が効果的でしょう。そして、情報を収集するにとどまらず、その情報に基づいて、自身の成長につながる行動を実践することも大切です。

3. 同僚の話から事務所への理解を深める

　Aは事務所の弁護士に各自の担当業務や所長Bの働き方などを聞いていました。Bの働き方や性格などを知ることは、Bとのコミュニケーション不全を解消するヒントを得ることになりますので、双方向のコミュニケーションを実現する契機になります。さらに、Aは、今の事務所が自分のキャリアにとって有益であるか、成長できる場所かを確認するために事務所内の弁護士に話を聞いています。事務所の先輩に現在や過去の業務を聞くことで、事務所における自分のキャリアパスを予想でき、キャリアに関する不安の解消につながります。そのため、Aの対策は不安の解消に有効ではありますが、入所前にこれらの情報を把握できる方が理想的でしょう。Aは転職を決意しているので、その際には、可能であれば採用面接や入所前のタイミングで事務所の業務等の話を聞くのが望ましいでしょう。

4. 他の法律事務所の弁護士から話を聞く

　Aは他の事務所の弁護士に自分の扱いが新人弁護士としてよくある扱いであるかを聞いています。Aのように、他の弁護士に別の事務所での経験や様子を聞くことは、自分が置かれている状況を客観的に見直すきっかけになります。また、新人弁護士同士であれば、共感や理解を得やすい関係にあるため、愚痴を言い合ったり、相談に乗ったりすることが孤独感の軽減やストレスの解消につながり、心の支えになることがあります。

　また、他の弁護士の成功例や解決策を知ることで、ボス弁との良好なコミュニケーション方法やキャリアの考え方など、さまざまな点で自分の成長の糧にすることができるかもしれません。そのため、他の法律事務所の弁護士から話を聞くことは、Aの抱えている悩みの解決策としては良い方法であったといえます。

Ⅲ 本事例で取れるその他の対策や予防

1. 社会人経験がない苦労

　Aのように社会人経験がない新人弁護士は、環境の変化や仕事への不安、対人関係などさまざまな悩みを抱えますが、対応方法がわからずに困る場面は多いでしょう。対応方法をあらかじめ知っておくことは、悩みに直面した際にも慌てずに対処できるようになり、心理的な負担の軽減につながります。本書に加えて、『弁護士になった「その先」のこと。』[1]などの若手弁護士向けに書かれた仕事のノウハウや作法などに関する書籍や先輩弁護士の話などから対応方法のレパートリーを増やすことをおすすめします。以下では、新人弁護士が抱えやすい悩みの対応方法の一部を紹介します。

(1) わからないことを積極的に尋ねる

　司法修習で学んだ弁護士業務は全体の一部にすぎないため、新人弁護士は実務に出てから、わからないことに数多く直面し、不安になることも多いでしょう。その時に重要なのは、わからないことがあれば、恥ずかしがらずに先輩や上司に素直に聞く姿勢です。経験年数が経つにつれて初歩的なことを質問するのは難しくなりますが、弁護士であれば誰でも知っている基本的な事項であっても新人のうちは聞きやすいです。この特権を存分に活用して、新人のうちにわからないことを少しずつ減らしていき、自分で解決する力を養っていくことが望ましいです。なお、質問する際には事前に自分で少し調べたうえで、質問事項を整理してから尋ねる方がよいでしょう。

1　中村直人＝山田和彦『弁護士になった「その先」のこと。』商事法務（2020年）

（2）人間関係は挨拶から

　同僚や上司との距離感がつかめず、どのように接したらよいか悩むことが多くあります。特に、キャリアや年齢に差がある場合はなおさら話しかけづらいと感じると思います。まずは挨拶から始めてみてはいかがでしょうか。積極的に挨拶をすることで会話のきっかけをつくることができます。会話の中では、相手に関心があるような質問をしてみることで、少しずつ相手との距離感を縮められるかもしれません。また、お昼の時間などを活用して交流の場を増やすことも良好な関係性を築くうえで大切です。

（3）失敗を恐れすぎない

　新人弁護士はわからないことが多いため、失敗したらどうしようという恐怖感が先行する方もいるでしょう。また、仕事に不慣れで自信がないことや周囲への期待を感じることで、些細なミスでも動揺してしまうことも少なくないと思います。しかし、周囲の弁護士は新人がミスをすることは当たり前と認識していますので、ミスを恐れすぎて萎縮する必要はないでしょう。しかし、先輩弁護士から、仕事上のミスを叱責されることもあるでしょう。その際には、叱責を攻撃と捉えずに、学びの機会と考え、同じミスを繰り返さないための解決策に目を向けることが大切です。

（4）自己管理を意識する

　仕事の要領がつかめないうちは、休みの日にも仕事のことを考えてしまうなど、オンとオフの切り替えが難しいと感じることがあります。特に弁護士は土日や祝日も働く場合もあり、ワークライフバランスを維持することが難しい時期があります。そのため、業務時間内でできるだけ仕事に区切りをつけるなど意識的に仕事とプライベートの時間を分けることが必要です。また、プライベートの時間を大切にすることで気持ち

をリフレッシュすることができ、仕事にも集中しやすい環境につながります。

　また、仕事に慣れていない段階では、体調管理やストレス管理も難しいため、体調を崩しやすくなる傾向があります。規則正しい生活や休養の時間を確保し、ストレスを発散する方法を見つけることが大切です。十分な睡眠や栄養バランスに気をつけることで、心身ともに体調が安定しやすくなります。

2．ストレスケア

　上記のような解決策を知っていても、悩みを解決できない場合があります。また、解決策がすぐに見つからない悩みに直面することもあるでしょう。その場合にはストレスケアを行うことも重要です。ストレスケアにはさまざまな方法がありますが、有効な方法の1つとして、マインドフルネスという方法があります。マインドフルネスは、集中力を高めたり睡眠の質を良くしたりするなどの効果があるセルフケアの手法です。マインドフルネスのやり方については理論編第4章Ⅱ1.（5）（イ）を参照してください。

　Aのように新人弁護士にとっては、新しい環境に慣れるまでに時間がかかるものです。Cのような同期がいることで、どうしても比較しがちになりますが、焦らずに少しずつ自分のペースで仕事に慣れていくことに意識しつつ、周りからのサポートや声をうまく活用することも心掛けていくとよいでしょう。

参考文献
畑中純子監修『産業保健スタッフ必携　職場のメンタルヘルス　予防・対応・支援のすべて』産業保健と看護 2021 年春季増刊（通巻 79 号）メディカ出版（2021 年）
保健同人社 EAP グループ著、伊藤克人監修『人事担当者・経営者のための EAP ケースワーク 30　メンタルヘルス対策からハラスメント・人材開発・健康経営まで』保健同人社（2013 年）
世界保健機関「世界保健機関（WHO）職場のメンタルヘルス対策ガイドライン」（2022 年）東京大学職場のメンタルヘルスシステマティックレビューチーム訳（TOMH-R）（2023）ジュネーブ　ライセンス:CC BYNC-SA 3.0 IGO（https://www.u-tokyo.ac.jp/content/400227881.pdf）

（小木曽　眞知子）

CASE 2　若手弁護士

ボス弁からの厳しい叱責に悩む日々

　弁護士Bは司法修習を終えた後、弁護士10名、事務員5名が在籍するC法律事務所にアソシエイトとして入所した。Bは、業務に追われながらも、弁護士として実力をつけたいと考え、日々の業務に全力で取り組んでいた。

　同事務所では、弁護士全員が参加する毎月の所内会議で、各弁護士が担当案件の進捗を報告することになっていた。Bも報告を行ったが、ボス弁Dから全員の前で「そのやり方では甘すぎる」などと厳しい指摘を受けた。Bは、自分を成長させるためだと前向きに捉えようとしたが、その後も会議のたびに名指しで叱責されることが続いた。やがてBは、会議前も会議中も動悸がして手のひらに汗がにじむようになり、その後、眠れない日が増えていった。そして、「どうせ自分の意見は否定されるだけだ」と考え、発言を恐れ、口をつぐむようになっていった。

　他の弁護士もDの厳しい要求に疲弊しており、他人をサポートする余裕はないようだった。会議後にある兄弁が「気にするな」と声をかけてくれたが、その言葉も力なく、Bは寄る辺のない孤立感を深めていった。そんな中、職場外の勉強会に参加した際、信頼できる先輩弁護士に「そんなに大変なら、別の事務所に移るのも1つの選択肢かもしれない」とアドバイスを受けた。そのとき、Bはふと「自分は仕事の成果を上げるためではなく、Dに否定されないようにするために頑張っていたのではないか」と気づいた。自分を成長させるためではなく、叱責を避けることだけを考え、そのためにひたすら努力していたことに愕然とした。この出来事をきっかけに、転職を前向きに考えるようになった。

そして、転職することを決めたBはDに退職の意思を伝えた際、「お前はどこに行っても通用しない」「逃げるのか」と冷たく言われたが、Bは「これは自分を守るための必要な選択だ」と自分に言い聞かせ、C法律事務所を去った。退職後、Bは新しい職場で、以前の経験を生かしながら、自分の価値を認めてもらえる環境で弁護士業務に励んでいる。現在は、独立も視野に入れ、精力的に活動している。

Ⅰ 若手弁護士Bが抱える問題

1. ストレス反応

　Bは会議のたびにボス弁であるDから厳しい叱責を受け続け、激しい動悸や手のひらに汗がにじむなど急性のストレス反応（理論編第1章）が現れていました。ボス弁Dによる度重なる厳しい叱責は、Bにとっては脅威と感じられ、Bは発言を恐れ、次第に口をつぐむようになりました。これは、闘うことも逃げることもできない状況で生じる「硬直」反応であり、身を守ろうとするための正常な反応です。硬直反応が出るような状況においては、夜間にリラックスするための副交感神経が働きにくくなるため、寝つきが悪くなったり、夜中に目が覚めやすくなったりすることがあります。そのため、夜に眠れなくなることで仕事の能率が下がり、頭が働かないという状態にもなり得ます。こうした状況が長期的に続くと、業務のみならず、心身にも深刻な悪影響を及ぼし、うつ病や不安障害のリスクが高まります。

2. 学習性無力感

　Bはボス弁から「そのやり方では甘すぎる」などと繰り返し否定的なフィードバックを受けてから、「自分の意見はどうせ否定される」と感

事例編

じ、発言を控えるようになりました。これは、心理学で「学習性無力感」と呼ばれる状態です。学習性無力感とは、避けがたいストレスや失敗を繰り返し経験することで、自分の行動に対して無力感を感じ、無気力や抑うつ状態に陥ることです。セリグマンの実験[1]では、犬に逃避不可能な電撃を繰り返し与えると、逃避可能な状況でも逃げようとしなくなるという結果が示されています。同様に、Bも何度努力しても成果が得られない状況に直面し、「どんなに頑張っても無駄だ」と学習し、積極的な行動を取らなくなりました。学習性無力感の影響により、人は新しい挑戦や学習に対する興味を失い、意欲が低下します。さらに、自己評価が低下し、「自分は弁護士に向いていない」と感じることもあり、この状態が続くと抑うつや精神的な不調を引き起こすリスクが高まります。

3. 職場内のソーシャルサポートの不足

ソーシャルサポートは、他者からの支援や共感、安心感を得ることで個人のメンタルヘルスを支える重要な要因です。Bは会議後に兄弁から「気にしなくていいよ」と声をかけられましたが、その言葉は表面的なものに感じられ、Bは孤立感を深めていきました。孤立感は、物理的に他人から離れているときだけでなく、精神的・感情的に支えを感じられないときにも感じるものであり、職場でのストレスをさらに増幅させます。特に、信頼できる人がいても、重要な話題を共有できなかったり、互いの状況を理解しあう機会が少なかったりしてコミュニケーションが十分に取れない環境では、孤立感は強まり、ストレスは解消されず、さらに深刻な精神的負担につながる可能性があります。

1　Seligman, M. E. P. *Helplessness: On depression, development, and death.* W H Freeman (1975)

Ⅱ 若手弁護士Bが取った対策

1. 職場外のソーシャルサポート

　Bは職場内では十分なサポートを得られなかったものの、職場外の勉強会で先輩弁護士と信頼関係を築いてアドバイスを得ていました。このように信頼関係のある人からのアドバイスは、Bにとって重要なソーシャルサポートとなります。信頼関係があると、孤立感が軽減され、困難な状況において他者に相談しやすくなるため、信頼関係はソーシャルサポートを得るために重要な基盤です。また、互いに尊重し合うことで、他者の助言や支援を受け入れる土壌が生まれ、問題解決に向けた協力が可能となります。

　そして、先輩弁護士からの「そんなに大変なら、別の場所を考えるのも１つの選択肢かもしれない」という助言は、Bにとって、間違った努力の方向性に気づく重要なきっかけとなり、自己評価を見直すことができました。信頼関係に基づくソーシャルサポートがあったからこそ、Bは自分の抱えていた悩みやストレスを安心して開放し、自己評価を修正することができたと考えられます。

　職場外でのソーシャルサポートは、職場内のプレッシャーや競争から離れた環境で、中立的な立場からの意見やアドバイスを提供してくれるため、心理的なセーフティネットとして機能します。Bにとって、信頼できる先輩との対話が自己の気づきを促し、学習性無力感から抜け出し、前向きな意思決定を行う助けとなりました。このソーシャルサポートは、Bが本来の目標に立ち返り、自分の価値を再確認する重要な転機となりました。

2. 脱中心化（Decentering）

　Bが職場外の勉強会で得た「自分を見つめ直す機会」は、心理学にお

ける「脱中心化」に該当します。脱中心化とは、自分の感情や思考を客観的に捉え、状況を冷静に判断し、柔軟に対応するための心理的スキルです。Bは、職場内で繰り返される批判や否定的なフィードバックにより、学習性無力感に陥っていました。しかし、職場外の勉強会で先輩弁護士の助言を受けたことで、Bは自分の状況を俯瞰し、冷静に見つめ直すことができました。また、Bは「否定されないようにすること」ばかりを意識していた自分に気づき、業務上の目的が本来のものからすり替わっていたことを理解しました。この気づきにより、Bは自然に脱中心化を行い、自己評価を修正することができました。

この脱中心化は、マインドフルネスやアクセプタンス＆コミットメント・セラピー（ACT）の実践を通じても養われるスキルです。マインドフルネスでは、「今この瞬間」に集中し、自分の感情や思考をただ観察する練習を重ねることで、感情に飲み込まれずに客観的に捉える力が強化されます。ACTでは、感情や思考と距離を置きつつ、自分の価値観に基づいて行動する能力を育てることで、柔軟な対応力を高めることが期待できます。これらのアプローチも、Bのように感情にとらわれた状態から解放される手助けとなります。

Bにとって、信頼できる先輩弁護士の助言は、感情や思考に過度にとらわれずに自己を見つめ直す大きな契機となりました。このプロセスにより、Bは「ボス弁から否定されない」という偏った視野から解放され、自分の本来の目標や価値観を再認識することができました。職場外のソーシャルサポートによって得られた脱中心化のスキルにより、Bは柔軟な思考を取り戻し、状況を客観的に見つめ直す力を育てることができたのです。

Ⅲ 本事例で取れるその他の対策や予防

1．心理学的なアプローチ

　本事例にみられるように、弁護士業務では批判やプレッシャーにさらされる中で自己評価が低下し、否定的な感情や思考にとらわれることが少なくありません。そのような状況では、自己認識を修正し、ストレスを軽減するための心理学的アプローチとして、マインドフルネスの活用が有効です。特に以下で紹介する「3分間呼吸空間法」は、短時間で自己の状態を見つめ直し、冷静さを取り戻すのに役立ちます。また、心理カウンセリングは、職場外のソーシャルサポートとして機能し、弁護士が健全な精神状態を保ちながら、自己認識を深めるための支援策となります。カウンセラーとの対話を通じて、弁護士は感情や思考に対する客観的な視点を得て、学習性無力感や自己評価の低下等の困難な状況から抜け出すことができるのです。したがって、マインドフルネスと心理カウンセリングを併用することは、精神的なストレスを抱える弁護士にとって効果的なサポートとなるでしょう。

（1）3分間呼吸空間法（マインドフルネス）の提案

　マインドフルネスは、ウェルビーイングを高め、ストレス対処力を向上させるための、近年最も注目される方法の1つです。特に「3分間呼吸空間法」は、弁護士が忙しい日々の中で自分の状態を見つめ直し、気持ちを整えるための非常に実践的な方法です。短時間で心と体の緊張を緩和し、感情や思考の渦中にいる自分を「今ここ」に引き戻す効果があります。Bのように職場環境でストレスを感じ、視野が狭くなってしまうときには、この方法を取り入れ、繰り返し行うことで、自分の内側で起こっていることに気づく力を育てることができるでしょう。詳しくは、理論編第4章Ⅱ1．（5）（イ）を参照してください。

（2）新たなソーシャルサポートとしての心理カウンセリング

　Bのように職場内で十分なサポートを得られない状況では、心理カウンセリングが新たなソーシャルサポートとして重要な役割を果たします。心理カウンセリングは、弁護士が自身の状況を客観的に見つめ直し、自己評価を修正するための効果的な方法です。特に弁護士のような高ストレス職業では、職場内で信頼できるサポートを得ることが難しいため、外部のカウンセラーとの関係が重要な選択肢になり得ます。

　Bは、職場内でのサポート不足により孤立感を抱え、ストレスを深めていきました。職場外の先輩弁護士のアドバイスが脱中心化の契機となったように、心理カウンセリングも同様に、自己認識を深めるプロセスを支援します。カウンセラーは相談者の感情や思考を支持的に受け止め、相談者自身の力で解決策を見つける手助けをします。心理カウンセリングでは批判や評価などをせず、相談者が安心して悩みを共有できる環境を整えます。

　さらに、心理カウンセリングは「サードプレイス」としての役割も果たします。サードプレイスとは、職場でも家庭でもない「第三の居場所」であり、心理カウンセリングはその中立的な空間で、相談者がリラックスして自己を表現できる場を提供します。このサードプレイスとしての心理カウンセリングは、職場のプレッシャーから解放され、ストレスから一歩離れて自己を見つめ直すための安全な場となります。Bの場合、職場内ではサポートを得られなかったものの、心理カウンセリングを通じて自分の状況を客観的に把握し、信頼できる他者との対話を通じて孤立感を和らげることができました。

　心理カウンセリングにおける信頼関係も、弁護士にとって大きな安心感をもたらします。カウンセラーは相談者の感情や思考を尊重し、相談者が自由に話せる環境を提供します。また、守秘義務があるため、弁護士が抱える複雑な感情や状況についても安心して相談できます。この信頼関係により、Bのように孤立感を抱えていた弁護士も、サポートを受

け入れやすくなり、問題解決に向けた具体的なステップを踏み出すことができます。

このように、心理カウンセリングは、弁護士にとってストレスで見えづらくなった自己評価を修正し、健全な精神状態を取り戻すための重要なサポートです。ソーシャルサポートとして機能することで、弁護士の孤立感や不安感を軽減し、自己理解を深めるきっかけを提供します。これにより、冷静で論理的な思考力を回復させ、前向きな意思決定を行う力を養うことができます。心理カウンセリングは、弁護士が健全な形でキャリアを続け、困難な状況を乗り越えるための戦略的な手段として有効なのです。

2. 現実的なアプローチ

Bのように、職場内でのサポートが不足し、繰り返される厳しいフィードバックに対処し続けた結果、最終的に退職を選ぶことは、1つの現実的な解決方法といえます。特に、Bのように精神的なストレスが深刻な場合、転職や事務所を辞めるという選択は、自分自身を守り、新たな環境で健全なキャリアを築くための重要なステップです。また、C法律事務所における働き方が、過度な叱責やサポートの欠如によって「ブラック」とされる労働環境に近い可能性も考えられます。Bが感じた孤立感や、適切なフィードバックがなく厳しい労働環境が続く職場では、労働者に過剰な負荷がかかり、最終的に心身に深刻な影響を及ぼすリスクが高まります。このような場合、退職や転職は、単なる逃げではなく、自身の心身の健康を守るための合理的な選択です。Bのように、転職によって自己評価を回復し、自分の価値を認めてくれる環境で働くことができるようになれば、キャリアの再構築も可能になります。働き続けることだけが解決策ではなく、時には新しい環境を求めることが、より良い未来につながる可能性が広がります。

参考文献
中島義明＝繁桝算男＝箱田裕司編『新・心理学の基礎知識』有斐閣（2005年）129頁、439頁
ジンデル・シーガル＝マーク・ウィリアムズ＝ジョン・ティーズデール著、越川房子訳『マインドフルネス認知療法〈原著第2版〉うつのための基礎と実践』北大路書房（2023年）

（鈴木 健一）

CASE 3　若手弁護士

訴訟で緊張してしまう新人弁護士

　当時2年目だった弁護士Aは、裁判官とのやり取りを苦手と感じており、訴訟の際にはいつも緊張していた。ある日、Aが担当した訴訟で、完璧を期して準備したつもりの証拠について、裁判官から「証拠の趣旨は何ですか？」と指摘されたとき、「この証拠は余計だったのではないか」という考えが頭をよぎり、Aの中で一気に焦りを感じ、手汗までかいた。その後の裁判官とのやり取りでは、言葉に詰まってしまうことも多く自分が思うような対応ができなかった。このときAは、裁判官の質問や指摘が自分の準備不足や判断ミスを暴露することに恐怖を覚えていた。以来、Aは自分の主張や立証が適切にできているのかという不安が大きくなり、裁判官に対する対応がますます苦手になり、「次は裁判官から何を指摘されるのだろうか？」と常に心配するようになり、裁判所に行くのも億劫になっていた。そのため、Aは、夜になると、裁判官に何を言われるかという不安が頭から離れず、眠りが浅くなることもしばしばだった。裁判所に行く前日には、書面を何度も見直すことで安心感を得ようとしたが、それでも疑念が拭えず、緊張は高まるばかりだった。

　Aは、自分だけが緊張しているのか気になり、同僚や先輩弁護士に相談したところ、他の弁護士も同様に緊張した経験があると聞いて、自分だけではないことを知って少し安心できた。そうして、少し落ち着くと、あまり緊張しなかった期日があったことを思い出すことができ、その際に行った準備などを振り返ると、過去の案件で受けたことのある質問にはスムーズに回答できたことに思い至り、少し自信を取り戻すことができた。さらに、裁判官とのやり取りを

事例編

> シミュレーションし、緊張を軽減させるように努めた。このようにして、Aは少しずつ裁判所での業務に対する恐怖を克服しようとしていた。今では、10年以上の経験を経たので緊張などを感じることは少なくなったが、あがり症であることは変わらないため、あがり症を克服したいと今でも思っている。

I 新人弁護士Aが抱える問題

1. 裁判官への対応に対する不安と緊張

　Aは、訴訟や調停の際に常に緊張しており、特に裁判官からの指摘に対して強い不安を感じています。裁判官の質問や指摘が自分の準備不足や判断ミスを暴露する瞬間だと感じ、恐怖を覚えています。このような場合、パフォーマンスの低下や他人とのコミュニケーションが難しくなる場合があり、Aも同様の状態になっています。

　また、緊張は身体にも悪影響を及ぼす場合があり、例えば睡眠の質の低下や長期的な健康への悪影響を招くことがあります。Aは、「夜になると、裁判官に何を言われるかという不安が頭から離れず、眠りが浅くなることもしばしばだった」と当時を振り返って話しているとおり、実際に睡眠の質が低下していたようです。

　その他に、本事例のような場面で見られる一般的な反応として、緊張状態にあると「今、何を言えばよいのか思い出せない」と混乱に陥る場合や待機時間に「今日の期日で裁判官に何を言われるだろう」と不安になった結果、Aのように過度な緊張による身体的反応として無条件に手汗が止まらない場合（レスポンデント行動が出る場合）もあります。なお、レスポンデント行動については、CASE 5 IIIをご参照ください。

2．完璧主義によるプレッシャー

　弁護士は多くの仕事を抱えているため、完璧主義を貫き続けると業務上の負荷が非常に大きくなり、さまざまな弊害が生じることがあります。完璧主義の人は常に最高の結果を求めるため、少しのミスや失敗も許せず、自分を厳しく批判する傾向があります。そのため、自分の成果が完璧でないと感じると、自己評価が低下し、不安やストレスを感じやすくなります。また、完璧を追求することで、常に不安やストレスを感じることが多く、特に、目標が達成できない場合や、他人の評価が気になる場合に強く感じます。Ａは自分の主張や立証が本当に適切なのかという大きな不安を抱いており、失敗をできる限り防ぐために準備に多くの時間を費やしていることから、完璧主義の傾向があることがうかがえます。

　また、Ａは裁判所に行くことが億劫になっており、これは完璧主義の弊害としての回避行動の１つと考えられます。回避行動が行きすぎた場合、業務に積極的に取り組めなくなるため、弁護士としての成長の機会を逃す可能性があります。さらに、完璧主義は緊張状態を引き起こす原因の１つです。完璧主義者は自身への期待の高さや、失敗への恐怖、他人からの評価を気にする特徴があり、緊張しやすい傾向があります。加えて、失敗を防ぐために必要以上の準備を行うことがあり、その準備期間中は緊張が続いてしまうことも悩みの種になります。

3．緊張や不安感が強くなった場合の心理的な不調

　Ａは緊張や不安、恐怖を抱えていましたが、幸いにも何らかの病状を抱えるような深刻な状態にまでは至りませんでした。しかし、不安感や憂鬱な気持ちが、仕事だけでなく日常生活にも影響するようになれば、それは「不安障害」の可能性が考えられます。不安障害は精神的な不安から、心と身体にさまざまな不快な変化を引き起こします。詳細は

理論編第3章Ⅱ4.をご確認ください。

Ⅱ 新人弁護士Aが取った対策

1. 他の人の話を聞く

Aは、他の弁護士も裁判のときに緊張しているのか尋ねています。これはAの緊張を緩和させることに役立つ行為です。他の弁護士も同じように緊張したことがあると知ることで、緊張することは一般的な反応であると認識でき、「自分だけではない」という安心感を得て、過度な不安や自己批判を軽減できます。また、緊張という感情を言葉に表現することによって1人で抱えていた不安や恐怖を軽減できる場合があり、これをカタルシス効果といいます。さらに、Aが期日における緊張をほぐす方法を同僚や他の弁護士に聞くことができれば、緊張の対処方法を知ることができます。これは、モデリングという他人の行動を通して学習する方法で、多くの人が無意識に取り組んでいるのではないでしょうか。このように、Aが期日の際に緊張することについて、他の弁護士と話をすることができたことは緊張の緩和に有益です。

2. 成功体験などを振り返る

Aはあまり緊張しなかった期日を振り返っており、これも緊張を緩和させることに有効な対応です。この対応方法は過去の成功体験の振り返りであり、自己肯定感を高めて自信をもつことや前向きに物事を取り組む助けになり、緊張を和らげたり、緊張する場面でも自信をもって行動できたりするといった効果が見込めます。また、Aは緊張しなかった理由を分析できている点も評価できるでしょう。すなわち、成功の要因を理解することにより、同じように成功を再現する具体的な方法を見つけるとともに、過去の成功が偶然ではなくて自分の経験やスキルに由

来すると確認できることは、緊張の緩和に大きな意味があります。

3．訓練の実施

さらに、Aは裁判官との想定問答を考えて練習しています。これは心理療法の1つであるエクスポージャー療法（曝露法）に近い対応をしていると考えられます。

エクスポージャー療法は不安の原因になる刺激に段階的に触れることで不安を緩和させる方法で、不安症やPTSDなどに用いられます[1]。Aが裁判官とのやり取りにおいて自分が話す内容や想定される質問をリストアップして、話したり答えたりする練習を何度もすることで、受け答えに少しずつ慣れていくため、期日の際に裁判官からの質問などにうまく対応ができるかという不安も少しずつ小さくなるでしょう。このように事前の想定訓練は緊張の緩和の役に立ちます。またシミュレーションの過程で、うまくできた部分を意識的に褒めることで、自己効力感の向上により自信を持ちやすくなり、ポジティブな気持ちで挑めるようにもなる場合があります。Aは自主的な訓練に加えて、自分を認めることができた場合、実際の裁判官とのやり取りにおいて緊張をより一層緩和することができたかもしれません。

Ⅲ　本事例で取れるその他の対策や予防

1．あがり症を克服するためにできる対策

裁判所など緊張する場所や状況であがらないためには、事前準備や当

1　Kato, N.=Ito, M.=Matsuoka, Y. J.=Horikoshi, M.= Ono, Y. "Application of the Unified Protocol for a Japanese Patient with Post-Traumatic Stress Disorder and Multiple Comorbidities : A Single-Case Study." *International journal of environmental research and public health,* vol.18 no.21,11644. (2021) (https://doi.org/10.3390/ijerph182111644)

日の心構え、イメージトレーニング、ロールプレイなどが有効です。事前準備としては、既に取り組んでいる方も多いかもしれませんが、手控えを作成して事前に期日などで話す内容を明確にしておくとよいでしょう。手控えの内容は当日の内容により異なりますが、概要を箇条書きにする程度で足りる場合が多いと思われます。

また、当日の心構えとして、ゆっくり話すことを心掛けることが重要です。「居心地の悪い場所から早く退散したい」という人間の防衛反応から、緊張時には、いつの間にか早口になることがあります。ゆっくり話すことは「自分をコントロールしている」という実感を得られるので、呼吸が落ち着いて心拍数が安定し、心に余裕が持てるようになります。残念ながら、心構えだけではゆっくり話せるようにはならないため、本番に向けて普段から適度なスピードで話す練習が必要となるでしょう。また、本番では「今話していることに集中」することが失敗を意識しないコツであり、良いパフォーマンスにつながるでしょう。

イメージトレーニングも当日自信をもって話せるようになるために有効な手段です。例えば、裁判官の前で胸を張って話す姿や自分の話を聞いている裁判官の表情、緊張してミスをしたときの自分の対応などを具体的にイメージしておくことで、裁判官の前でもある程度緊張感を和らげることができるようになります。イメージトレーニングを効果的に行うコツは、過去の成功体験をイメージして、以前の乗り越え方を脳にインプットするように努めることです。

また、イメージトレーニングと組み合わせるとより効果的になる対策として、ロールプレイが挙げられます。ロールプレイは、①目的とシナリオの設定、②ロールプレイの実施、③評価と改善の３つの手順で行います。具体的には、獲得目標を明確にして、実際の状況を想定したシナリオ（期日での相手方弁護士や裁判官からの質問や発言など）を作成して、可能であれば裁判官役などを他の弁護士にお願いし、状況を再現します。その際には、録音や録画を行い、後ほど自分で分析を行うととも

に、先輩弁護士や同僚からフィードバックを受けるのが理想的な手順です。すべての手順を実施することは難しいかもしれませんが、できる箇所に取り組むだけでも効果が見込めますので、お困りの方はぜひ試してみてください。

2. 緊張に対する心構え

緊張を感じることは自然なことであり、適切な心構えを持つことでうまく付き合うことができます。例えば、相手の様子や反応に意識を向けることで、緊張の原因になる自己意識が分散されるので、自然と緊張が和らぎやすくなります。また、緊張を隠したり否定したりせずに受け入れることも効果的です。さらに、自分を励ますようなポジティブな言葉をかけること（自己対話）も、緊張を緩和する効果があります。

このように緊張をうまく管理することで、緊張を完全になくすことはできませんが、緊張度合いを適度に調節することができるでしょう。そして、ヤーキーズ・ドットソンの法則[2]によれば、適度な緊張はパフォーマンスを向上させる効果が期待できますので、緊張をうまく利用することができれば、これまで以上に実力を発揮できるようになるかもしれません。

3. 完璧主義への対策

完璧主義の人は、Aのように自分の主張や立証が本当に適切なのかという不安や裁判官からの指摘に対する恐怖などを抱えることがありますが、これらは対処することが可能です。もし目標の達成ができずに悩んでいる場合には、今の目標よりも達成しやすい目標に設定しなおすことが考えられます。完璧主義の人が目標設定をする場合、意図せずに達成するのが難しい目標を設定している場合があり、これは過度なプレッ

---

2 Yerkes, R.M., & Dodson, J.D. "The Relation of Strength of Stimulus to Rapidity of Habit Formation." Journal of Comparative Neurology & Psychology, vol.18,(1908) pp.459–482.

シャーを招き、ストレスの原因になることがありますので、従来よりもハードルを低く設定しなおすことが重要です。

　また、完璧主義的な考え方を緩和させることも効果的でしょう。例えば、完璧主義の人は失敗を恐れることが多いですが、失敗を成長の機会であるとポジティブに捉えるなどの考え方に変えることが挙げられます。もっとも、考え方を変えることができたとしても、依頼に影響がある失敗はできる限り避ける必要があると思いますので、所属事務所の弁護士に書面を確認してもらったり、疑問点を相談したりして、事務所内で事前に失敗をしておき、それを生かすという方法が良いでしょう。さらに、完璧主義の人は結果だけに目が向きがちですので、今まで積み上げてきた過程を評価する視点を取り入れるのも大事です。加えて、完璧主義の傾向の1つに他人と比較することが挙げられますので、同僚の成果やSNSで他人の成功などを見かけても、比較しないように意識して、自分の成長や目標に目を向けることも大切です。

　そして、完璧主義の対策として欠かせないのが、ストレスケアです。完璧さを求めることからワークライフバランスが崩れるなどして、過度なストレスを抱えやすい傾向にあります。仕事とプライベートの時間を切り分けたり、プライベートの時間を十分に確保したりして、ワークライフバランスを意識しましょう。また、深呼吸や瞑想といったストレスケアを積極的に取り入れ、日常的にリラックスするように心がけましょう。

4．ストレスコーピング

　特定のストレスフルな問題や状況に対するストレス対処方法のことを「ストレスコーピング」といいます。問題を明らかにして解決する「問題焦点型」と、問題に対する情動的な反応をコントロールしたり変化させたり、最小限にすることで情動的な苦痛の軽減を目指す「情動焦点型」という2つのコーピングを行うことで、あがり症とうまく付き合

い、ゆくゆくは克服することにもつながっていくことも考えられます。詳細は理論編第1章Ⅰ1.3をご参照ください。

5．認知行動療法

　認知行動療法は、自分の思考や行動のパターンを分析し、これらを変化させる精神療法であり、完璧主義やあがり症などに悩んでいる方に適した対処法の1つです。例えば「人前でうまく話せなくても評価が下がるわけではない」「他人は自分のことをそれほど見ているわけではないので、緊張を隠す必要はない」などといった、役に立つ前向きな考え方が身につくようになります。認知行動療法を実践する方法はいくつかありますが、代表的な方法は、カウンセラーとの対話を通じて行う方法です。その他に、日記をつけて感情や思考のパターンを分析するジャーナリングという方法もあります。もし人前で話すことが不安で仕方なく、心身にまで影響が出るような状態のときは、精神科・心療内科の医師を頼ることも良い方法となります。

　　参考文献
　　井上嘉孝編著『図解でわかる臨床心理学』中央法規出版（2023年）
　　厚生労働省「働く人のメンタルヘルス・ポータルサイト　こころの耳　用語解説　ストレス・コーピング」
　　（https://kokoro.mhlw.go.jp/glossaries/word-1614/）

（小木曽　眞知子）

CASE 4 　若手弁護士

成長への焦りで失われるプライベートと健康

　Aは弁護士法人Bの若手弁護士である。Aは真面目で勤勉な性格から、早く一人前の弁護士になろうと日々努力を重ねていた。働くうちにAは、自分よりも優秀な弁護士が多くいると感じ、特に、Aの指導係である弁護士Cは、自分よりも能力、人間性の両面で秀でているように思えた。Cは、Aよりも経験が5年多く、民事事件、刑事事件ともに数多く受任し、難易度の高い案件もこなしており、自信にあふれているように見えた。Aはその姿を見て、5年後に自分もCと同じように働くことができるのか不安になり、このまま働くだけでは一人前の弁護士にはなれないのではないかと焦るようになった。

　AがCにどうしたらそんなに多くの案件を上手くこなせるのかと聞いたところ、Cは「たくさん働くことで経験値が増え、効率的に動けるようになる。若いうちはがむしゃらにやることも必要だ」と助言しつつ、「成長スピードは人それぞれだから、AはAのペースで焦らずやればいい」と優しく励ました。しかし、Aは自分が無能だと言われたようにも感じ、さらに焦りを募らせた。

　その後、Aは成長への焦りから、プライベートの時間を削って、がむしゃらに働くようになった。所属事務所に対してより多くの事件の担当を志願して、その処理のために休日も自発的に出勤したり、土日や深夜も常に依頼者からの連絡に応じたりすることで、自分の能力不足を補おうと考えた。しかし、仕事量を増やす一方で、作業が思うように進まず、帰宅後も仕事のことを考えてしまい、リラックスできない状態が続いた。布団に入っても仕事のことを考え、寝つきが悪くなり、次第に疲労が蓄積されていった。

> さらにAは胃腸の不良や睡眠不足、ストレスからお酒に頼ることも増え、徐々に健康が損なわれていくのを感じた。

I 若手弁護士Aが抱える問題

1. 弁護士としての職場適応

　弁護士として弁護士法人Bに就職したAは、早く一人前になろうと日夜努力しています。経験が浅く駆け出しの弁護士にとって、「経験を積んで、早く一人前の弁護士になりたい」との思いは切実であり、専門職として必要な向上心でもあります。また、どのような職業でも、職に就いて間もないうちは自分以外の全員が自分よりずっと優秀だと感じられるものです。多くの新人が「先輩達のように立派に働けるだろうか」と不安を感じ、「早く一人前にならなくては」と焦りを感じます。中には「こんなはずじゃなかった」「自分はこの仕事に向いていないのでは」と悩むなど、想像していた職業への期待と自分の間にギャップを感じることもあります。このギャップが大きくなった状態は「リアリティ・ショック」と呼ばれ、離職の原因になるといわれています[1]。

　Aの場合、リアリティ・ショックまで至ってはいませんが、目標となる先輩弁護士と自分との実力差を目の当たりにして、いち早く一人前の弁護士にならなくてはいけないと考えたのでしょう。指導係の先輩の「経験値が増えると効率的に働ける」とのアドバイスを受け、「がむしゃらに」やろうと労働時間を増やすことにしました。Aは真面目で勤勉な性格であり、これまでこのように努力することで実直に問題解決をしてきたのだと思われます。

　ただ、入学試験や司法試験と違い、弁護士業務にはキリがありませ

1　金井壽宏『働くひとのためのキャリア・デザイン』PHP研究所（2002年）208頁

ん。仕事を増やそうと思えばいくらでも増やせ、いつまでも仕事をすることができます。Aは、労働時間のコントロールがうまくできず、過剰労働に陥った結果、仕事の効率を思ったほど上げることができず、胃腸不調などの体調不良、睡眠不足にアルコール摂取量の増加と健康問題を抱えてしまいます（睡眠については、理論編第4章Ⅲ1．（3）（ア）参照）。

2．劣等感と自己評価の低さがもたらすもの

Aは自分よりも優秀な弁護士の存在を身近に感じ、特に指導係Cに対して劣等感を抱くようになりました。Cとは5年の経験差があるにもかかわらず、Aは自分とCを比べてしまっています。Cの「成長のスピードは人それぞれ」とのアドバイスも、自分は無能と言われたように感じているように、AはCの存在により強い焦りを感じているようです。Aは自身に休息を許さず、休日にも自ら出勤して業務を行うだけでなく、深夜や土日にも依頼者対応をするようになりました。

自分に過度なプレッシャーをかけ、常に自分の能力不足を補おうと努力する行為は、Aなりのコーピング（対処行動）と思われますが、その姿はどこか自分を痛めつけているようでもあります。若手弁護士であれば、中堅の弁護士と比べてできないこともある分、今後の伸びしろも大きいはずですが、Aは発展途上の自分を認められていません。Cのように動けない自分を否定し、いち早くCのようになろうと焦るあまり体調を崩す様子からは、Aの強い劣等感と自己評価の低下がうかがわれます。しかし、別の側面からみると、Aは劣等感や自己評価の低さを感じることで、それらを克服するためにこれまで努力を重ねてきた可能性があり、だからこそ、弁護士法人Bに入所できたともいえるでしょう。

3．ワークライフバランス

Aは何らかの理由から劣等感が強く、自身を低く評価する傾向にあ

り、それらを克服するために、勤勉というコーピングスキルを用いて人生を歩んできたと思われます。そのため、職業人としての難局を迎えた際、これまで同様のコーピングスキルを用いて、勤勉さで乗り越えようとしました。

　一般的に仕事は経験を積むことで、自分なりのペースができ、「これくらいまでなら体力的にも大丈夫」とか、「今週はきついが、ここを過ぎれば少し楽になる」などの見通しが持てるようになります。一方で、経験が浅いうちは全てにおいてがむしゃらにやらざるを得ないときもあるものです。また、社会的な要請や弁護士の職責から休日対応せざるを得ないこともあるでしょう。

　しかし、現実的に休みがほとんどとれないとなると、働き方を見直す必要があります。休みがとれない場合、その原因は、内的要因か外的要因か（あるいはその両方か）を見定めることが大切です。外的要因として、組織や経営、社会構造の課題なども考えられますが、本来、休みが取れる状況なのに、自分でもやりすぎだと思っていても働いてしまう、人からの頼みを断ることが苦手で、次こそ休もうと思っているのにどうしても断ることができない、などの状態が続いているとしたら、それは内的要因、つまり心理的課題の可能性があります。

　仕事中毒（ワーカホリック）という言葉がありますが、人生における仕事のバランスが過重になると、問題は自分だけでなく家族にも普及してしまいます。「仕事が大事なのはわかるけれど、家族のことも考えて」と責められたり、「子どもとの約束を破った」など、夫婦や家族内でトラブルに発展する可能性もあります。そして、労働時間が長いことによる健康問題も忘れてはなりません。仕事と生活のバランスをとることの重要性は、厚生労働省「労働時間等見直しガイドライン」（労働時間等設定改善指針）[2] で指摘されており、弁護士も例外ではありません。

2　厚生労働省「労働時間等見直しガイドライン」（労働時間等設定改善指針）平成20年厚生労働省告示第108号（平成30年10月30日一部改正）

長く健康に職業人生を送るためにも、ワークライフバランスの見直しをしたいところです。

Ⅱ 若手弁護士Aが取った対策

1．仕事量を増やす（ハードワーク）

　Aは成長への焦りから、プライベートの時間を削り、休日や深夜にも働くことで、自分の能力不足を補おうとしています。これらはAが経験値を増やすことで自分の成長を促進しようととった対策であり、確かにさまざまな領域での経験を増やすことができるのは良い点ではあります。しかし、疲労の蓄積により、過度なストレスを抱える原因にもなっています。また、Aは休日・深夜にも出勤して業務を行い、依頼者からの連絡に常に応じています。これはAの勤勉さを示しており、自己評価も上がった可能性がありますが、同時に過労の原因にもなっています。

2．指導担当係への相談

　Aは指導係のCに対して、どうすれば多くの案件を上手くこなせるのかを尋ねています。Cからの助言を受けることで、自分の成長に対するヒントを得ようとしていますが、がむしゃらに働くというコーピングスキルを強化する結果となり、ワークライフバランスが極端になっています。また、自分は無能と評されたと思い込んだことから、Aの焦りや劣等感を強める結果にもなっています。指導係に質問することは有効ですが、この場面でAがCから無能さを指摘されたとは考えにくく、AがCのアドバイスを曲解してしまった可能性が高いといえます。これを防ぐためには、Cから新人時代の経験や努力についての話を聞くことで勘違いや思い違いを防げた可能性があります。

3. 目標の設定とコーピングスキル

　Aは真面目で努力家であり、これまで問題には勤勉に取り組むことで対処してきました。その結果、司法試験に合格し、弁護士法人Bに採用されるなど大きな成果を得ています。確かに労働時間を増やせば、弁護士としての経験値は増えるでしょう。しかし、優秀な弁護士になる、弁護士として一人前になるという目標のもと、ただ勤勉に働くという方策では体力勝負になりかねず、達成感も得られにくいと思われます。長時間労働を続けると本格的に体を壊してしまいかねません。

　目標を達成可能で具体的なものに設定することで、達成感を得やすくすると、自己評価を上げることにつながります。また、がむしゃらに努力することや勤勉に働くことは、取得が難しいコーピングスキルですが、長い職業人生を考えた際、もう少しバリエーションを増やしておきたいものです。例えば、具体的なスキルアップにつながるもの、ストレス解消に適したもの、疲れた際にもできるものなどの方策を考えて用意しておくと、さまざまな状況に対処できるようになります。

4. ストレス発散のための飲酒

　Aはストレスや疲労からお酒に頼ることが増えています。これは一時的なストレス発散の手段ですが、長期間それに頼ると健康を損なうリスクも伴います。飲酒によるリスクの1つであるアルコール使用症（アルコール依存症を含みます）については理論編第3章Ⅱ5を、ストレスケアについては理論編第4章Ⅱを参照してください。

Ⅲ 本事例で取れるその他の対策や予防

　ここでは、理論編第5章で紹介した交流分析からAの状況を捉え、他の対処法を考えてみます。

事例編

1. 成長のためのハードワークを見直す──交流分析の人生脚本から

　理論編第5章Ⅰ1. で円滑なコミュニケーションをとるためのヒントとして交流分析を紹介しました。交流分析では「自己と他者の存在を認める働きかけ」をストロークと呼びますが、ストロークには、ポジティブなものとネガティブなもの、言語的または非言語的なもの、そして無条件なものと条件付きのものに大別できます。理論編第5章では他者とのコミュニケーションという観点で説明しましたが、実は私たちは「自己の存在」にも絶えずストロークを発信しています。

　例えば仕事が順調に進んでいるときは「よしよし、この調子でいくぞ」と自分にポジティブな条件付ストロークをかけるでしょうし、うっかり誰かに連絡を忘れてしまったときなど「どうして忘れてしまったんだ。私はダメだなあ！」とネガティブな条件付ストロークを出すことがあります。一日の仕事終わりには「今日も一日、お疲れ様！　よくやっているなあ自分…」とビールとともに自分自身にポジティブなストロークを出して労うこともします。

　ストロークは、子ども時代に両親や周囲の大人たちからもらう中で、自分に向かう言葉として内在化していき、それらが集まって自我状態（思考・感情・行動のパターン）が形成されると考えられています。そして、これらが集まって、あなたのプログラム（人生）に影響を及ぼしていきます。それは人生においてドラマの脚本のような役割を果たすことから、開発者のエリック・バーンは「人生脚本」[3] と呼び、交流分析の究極の目標を脚本の分析だとしました。

　ここでは紙幅の関係上、これ以上の説明はしませんが、私たちはどのように行動するかを選択し、大事な決断をする場面では、自分自身で決断しているようでいて、実は「人生脚本」に縛られている可能性がある

3　エリック・バーン著、江花昭一監訳、丸茂ひろみ＝三浦理恵訳『人生脚本のすべて 人の運命の心理学』星和書店（2018年）

というのです。人生脚本には「勤勉であれ（一生懸命やれ）」「怠けてはいけない（責任を果たせ）」「徹底的にせよ（全て完璧に行え）」などのプログラムがあるといわれています。これらが集まると、「全てに完璧であれ！」「ベストを尽くせ！」というシナリオを抱くというのです[4]。

「ベストを尽くせ！」「走り続けろ！」「休まず全力でことに当たれ！」というシナリオは大きなことを成し遂げる際に必要です。それがあったからこそ、司法試験の合格、法律事務所や企業、官公庁などへの就職というキャリアの扉が開き、現在に至っているともいえます。これまでの大事な局面でも、その脚本があったからこそ乗り切れ、成し遂げられたことも多かったと思います。

しかし、ずっと走り続け、休まずに頑張るというのは無理があります。人は子どもの頃から1つの脚本に基づき生きていることが少なくないのですが、実は、年齢や環境によって、「人生脚本」を書き換えることが必要になってきます。簡単でないかもしれませんが、脚本はいつでも、書き換えることができるのです。

バランスよく休むことは、長い職業人生を考えても重要で、人生は年齢とともに様相を変えていきます。家族との生活、職場の環境もいつも同じではないですし、身体も加齢によって変化します。人生や仕事で大事な局面を迎えたとき、1つの脚本に従い続けるのではなく、変化に合わせて脚本自体を書き換えることは合理的といってよいかもしれません。

しかし、私たちは、これまでのスタイルを続けることはできても、変えるとなると少々の勇気がいります。頭ではわかっていても、止まらないドライブ（衝動）をもっており、スピードを緩めることができないことがあります。そのような場合、カウンセリングの出番になるかもしれませんし、交流分析の考え方を知ることが役に立つかもしれません。

4　杉田峰康＝国谷誠朗『脚本分析』チーム医療（1998年）

2. 自己評価と振り返り──少しの軌道修正をしたいとき

　自分の人生脚本があるとして、それはどのような脚本になっているでしょうか。これまでの脚本によって何を成し遂げることができたか、後悔があるとしたらどのようなことか、を振り返ってみるとヒントが隠れているかもしれません。人生脚本の修正といっても、大掛かりなものばかりではありません。「全てに完璧であれ！」に「でも、疲れた時は早めに休もう！」と補足したり、「ベストを尽くせ！」に「必要なときは、人に助けてもらう！」を加えたりすることもできるのです。

　本事例のように、働き続けないと不安、わかってはいるけど休めない、または休んでいる暇はないと焦燥感にかられる状況があるとしたら、脚本を少し書き換える時期に来ているかもしれません。

　例えば、マラソンを走る時を想像してみてください。同じように練習をしてレースに臨んだとしても、いつも同じペースで走れるとは限りません。地理や気候に合わせて、また、自分の体調によって、どう走るのかは変わってきます。長いレース人生では、鍛えていても加齢によって体力が衰えてきますので、走り方も変えなければなりません。時には足を止め、家族や友人と一緒に景色を楽しむこともあるでしょう。アスリートであっても、スタートからゴールまで全速力で走り抜ける人はおらず、そのときどきでペース配分を考えます。まして、職業人生は長く、ライフコースにはさまざまな局面が生じます。どんなペースでどのように歩いて休憩はいつ取るか、ここで一旦振り返って考えることは無駄にならないでしょう。

3. 時間配分の見直し

　あなたは、必要なときにまたは定期的に休めているでしょうか。また、経営上の現実的な外的要因と心的要因の区別はついているでしょうか。この機会に仕事と生活のバランスや時間配分についても振り返って

みてください。あなたが日々をどのように過ごしているのか客観的に考えるためには、一日の時間構成とどの時間に何をしているのかを書き出してみるとよいでしょう。その際、理想のバージョンを書いて、現実の時間の使い方と比較してみるのもおすすめです。やらなければならないことと、やりたいことをリストアップすることも役立ちます。それを、1年、5年、10年、20年…と長期的に書いて、家族や友人とリストを比較するのもおすすめです。お互いの違いに驚くかもしれません。そして、何十年か後、家族や友人と集まって思い出話をするとき、周りの人はあなたについてどのような話をすると思いますか？　誰の人生も有限です。人生を逆算し、時間配分を見直すことも考えてみてください。

参考文献
イアン・スチュアート＝ヴァン・ジョインズ著、深澤道子＝篠崎信之監訳『TA TODAY　最新・交流分析入門〈第2版〉』実務教育出版（2022年）

（岡本 かおり・三浦 光太郎）

事例編

CASE 5　若手弁護士（中堅弁護士・経営者弁護士）

仕事の相談がしづらい職場環境

　新人弁護士Hが就職した法律事務所Jは、自由な雰囲気や気さくな先輩弁護士が多いことから、働きやすい環境であった。しかし、定例の会議がないため、Hが相談したい場合、所属弁護士に自分から声をかける必要があったが、周りの弁護士が多忙なため相談しにくいと感じていた。そのため、案件の疑問点や作業の遅れについて相談したくても声をかけることができず、周りの弁護士がスムーズに業務を進めている様子を見て劣等感を抱いていた。また、質問をすると未熟だと思われるかもしれないと考え、相談できないまま業務を続けるうちにストレスを感じるようになった。次第に今の職場が自分には合っていないのではないかと不安を抱くようになった。

　Hは相談できれば今の悩みが解決するかもしれないと考えていたので、質問や相談を定期的にできる機会が欲しいと思っていたが、まだ職場の雰囲気に馴染めておらず、そのような提案をする勇気を持てなかった。しかし、業務がうまく進まないことが気になって眠れなくなっており、このままではいけないと考え、自分なりに対策を講じることにした。まず、業務中に生じた疑問をまとめておき、先輩弁護士に余裕がありそうなタイミングにすぐに質問できるように準備するようにした。また、より効率的に仕事を進めたいと考え、タスク管理やスケジュールの見直しを行い、目の前の仕事に集中できるような工夫を行った。

　さらに、事務所内で相談ができずに、1人で抱え込んでいてはいけないと考え、同期の弁護士にメールで「こういうときどうしている？」と定期的に相談するようになった。この相談によって、H

> は疑問がある程度解消するようになっただけでなく、他の弁護士も同じように悩んでいることが分かり、自分一人だけの悩みではないことに安心した。その後、事務所内の弁護士にも声をかけやすくなり、Hは少しずつ先輩弁護士に相談できるようになった。

I 新人弁護士Hが抱える問題

　本事例で重要な点は、「相談のしにくさ」にあり、いくつかの要因が考えられます。例えば、事務所内の人間関係が悪く、相談をしても対応してもらえないなどの環境が要因となる場合や、自分自身が周りにどう思われるのかを考えると相談ができないなどの個人の性格や考え方などが要因となる場合などです。以下では、相談ができない状況について解説します。

1．相談できない環境

　リクルートマネジメントソリューションズが行った「新入社員意識調査2024」[1]では、若手社員は、遠慮せずに意見を言い合えて、お互いに助け合えることを働きたい職場の条件として重視しているといえます[2]。一方で、「相談ができない」または「相談相手がいない」状況に悩みを抱えている人が少なくないのも実情です。相談がしにくいと、悩んだ状態が解決されないままになってしまうので、非常にストレスになりやすいと考えられます。また、ストレスを抱えたままの状態では余裕をなく

1　リクルートマネジメントソリューションズ「新入社員意識調査2024」（2024年）（https://www.recruit-ms.co.jp/news/pressrelease/0632561103/）
2　若手社員の近年の特徴として「どのような特徴を持つ職場で働きたいか」においては、「お互いに助け合う」職場や「お互いに個性を尊重する」職場、「遠慮せずに意見を言いあえる」職場を望む割合が高い傾向を占め、一方で「アットホーム」な職場を望む割合は減少している傾向があります。また、上司に求めるコミュニケーションとしては、「相手の意見や考え方に耳を傾けること」「一人ひとりに対して丁寧に指導すること」を求め、「言うべきことは言い、厳しく指導すること」や「仕事に情熱をもって取り組むこと」リーダーシップは、求められにくくなっている傾向です。（株式会社リクルートマネジメントソリューションズ「新入社員意識調査2023」（2023年）（https://www.recruit-ms.co.jp/news/pressrelease/0000000409/）

したり、視野が狭くなったり、ミスが増えたりするなどの可能性があります。Hも当初は困ったことがあれば相談しようと考えていましたが、なかなか相談できない状況から、「自分には合っていないのではないか」「この環境で自分はやっていけるだろうか」と不安を募らせてしまい、業務の滞りや不眠に悩むようになりました。弁護士の中でも、Hのように、相談をしたくても相手が忙しそうで相談できない人や、相談できる人を探しても見つからない人は少なくない印象です。

2．相談できない個人的要因

　Hは質問をすると未熟と思われることを心配して質問できない状況に陥っており、まさに新人弁護士が相談するときに陥りやすい悩みを抱えているといえます。Hのように、周囲からどう思われるのかを気にする人は、周りの人に迷惑をかけたくなかったり、弱みを見せたくなかったり、期待した反応が得られずに不安を感じたりすることを理由に、相談を回避する傾向があるようです。

　また、新人弁護士の中には、法的な知見や仕事の作法など知らないことばかりであり、どんなことでも相談したいと思っている人もいるでしょう。しかし、新人弁護士でも本来知っておくべき知識であれば質問するのは恥ずかしいと思ったり、この疑問は自分で解決すべきか質問すべきかわからないと悩んだりして、相談がしにくいと感じる人もいるようです。経験を積んだ弁護士であれば、質問すべき内容とすべきでない内容を区別することができるでしょうが、新人弁護士には難しいことの1つかもしれません。Hが相談しづらかった理由の1つには、知らないことばかりであった可能性も十分に考えられます。

　その他に、愚痴を聞いて欲しいという新人弁護士もいるようです。事件でのプレッシャーが強かったり、業務時間が長時間になったりすると、ストレスを抱え、相談よりもまずは愚痴を言いたいと思うこともあるでしょう。しかし、愚痴を言っても、「もっと頑張らないとダメだ

よ。」などと言われてしまい、余計に落ち込んでしまう場合があり、愚痴を言えないと悩む人もいるようです。また、弁護士は解決を目指すことを生業としている分、ただ単に発散のために愚痴を言っても問題が解決しないなら意味がないと感じる人も中にはいるようです。加えて、相談の時と同様に、周囲の目を気にして愚痴が言えない場合もあるようです。

Ⅱ 新人弁護士Hが取った対策

1. 相談しやすい環境を作ったこと

　これまでに述べたように、弁護士の相談しにくさには「相談できない環境」や「相談できない個人的要因」が考えられます。いずれにしても、精神不調を予防・緩和するためにはソーシャルサポートが重要であることが知られています。中でも相談相手から受けるサポートはストレスを緩和し困難への対処を助けることからも、特に重要性が高いとされています。西田＝山口＝東郷＝佐々木（2020）[3]の研究によると、相談相手がいないまたは少ないと、抑うつ症状または不安症状を有するリスクが高く、また発症した場合の症状の程度が高いことが認められています。つまり、相談相手がいないまたは少ない場合、精神不調のリスクが高まってしまうといえます。特に、2020年以降のコロナ禍では人との関わりを持ちたくても持てない状況などもあり、孤立感が高くなり、周囲とのネットワークが持てずにいる中で、自分自身を追い込んでしまい、精神的不調に陥ってしまう例が少なくなかったように思います。また、リモートでの業務が増えたことから、自分自身で業務コントロールがしきれずにオーバーワークになってしまい、睡眠時間を削って仕事を

3　西田明日香＝山口智史＝東郷史治＝佐々木司「相談相手の数と不安・抑うつ症状の関連を調査した横断・縦断的研究のレビュー」不安症研究12巻1号（2020年）16–26頁

したり、経営的な不安から業務を請け負いすぎたりすることで過重労働になる例もあったようです。また、悩んでいる状態を頭の中だけで解決しようとすると、どうしてもプレッシャーが増してしまい、気持ちが追い込まれることも少なくありません。その意味では、頭の中で抱え込まずに整理をする意味でも「話をする」ことが重要になってきます。「はなす」ということは、「話す」ことで自分のしんどい状況を吐き出したり、自分の感情を相手に理解し、受け止めてもらえたりする意味もあれば、「離す」ことで悩んでいる事象と適度に距離を置けるという意味もあるといわれます。

　Hについては、先輩弁護士に相談こそできずにいたものの、相談しやすい状況をいかに作るかを考えて聞きたいことをまとめておいたり、まずは事務所外の同期に相談をしたりすることで、「相談」についてできる範囲から取り組んでいく姿勢が見られたことは良かったと考えられます。

2．できることから行動に移したこと

　また、Hの良かった点は「頭の中で考えて行動を起こさない」のではなく、できることから行動に移した点にもあります。Hは、質問事項の整理や同期への相談といった今できることに取り組んだことで、事務所内の弁護士に相談しやすくなっています。このように、Hが行動したことにより良い結果が得られたことで、次の行動につながるという良い三項随伴性（人の行動を、先行事象→行動→結果という3つの項目に分けて分析すること）が生まれています。三項随伴性の詳細については後述します。

Ⅲ　本事例で取れるその他の対策や予防

　相談ができないという悩みは弁護士に限らず、多くの人にとって課題

でもあるのが現状です。そこで今回は「相談をする」ということを1つの「行動」として捉え、行動心理学の観点から考えてみます。

1. 三項随伴性—相談できないメカニズム

　人間の行動にはレスポンデント行動とオペラント行動の2種類があるといわれます。レスポンデント行動とは刺激によって反射的に生じる行動（例：梅干しをみると唾液が出る）のことをいい、意識的にコントロールするのは難しいといわれます。一方で、オペラント行動は、生体が自発的にとる行動であるといわれます。オペラント行動は、行動が生んだ結果により、次の行動が決まってくるといわれます。相談することに限らず、私たちの行動の多くはこのオペラント行動に関連します。私たちが行動を起こした際に、その結果としてどのような環境の変化などがあるかによって、行動が習慣化するかどうかが変わってくると考えるのがこの理論になります。特に、その行動を行った際に良いことが起きた場合（好子の出現といいます）や嫌なことが減った場合（嫌子の消失といいます）については、その行動が強化されるとされます。私たちは自分の自由意志で行動をしているように見えて、実はこのようにこれまでの行動の結果などによって、行動の仕方が左右されている状況があるわけです。これは考えてみると至極当然な話ではあるのですが、こうした行動のメカニズムを整理してみることで、相談行動をいかに増やすことができるかと考えることができるというわけです。

　ある行動について、前後の状況を含めて「先行事象→行動→結果」の3つの項で捉えたものを三項随伴性といいます。ただ、行動だけをスナップショット的に捉えるのではなく、行動の前後をショートムービー（短い動画）に収めるようなイメージで、行動が起こった文脈をセットで捉えるという考え方です。単に「相談する」という行動だけを考えるのではなく、前後の文脈も考えながら、相談するという行動をどのように増やしていけるかという視点で考えるものです。

三項随伴性の説明

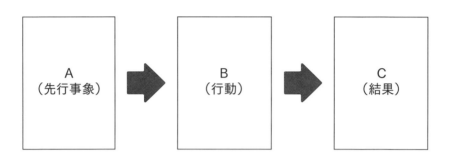

　つまり、相談をした結果として、良い変化が起きたり、嫌なことが減ったりすれば、人は相談をするようになるのではないかという考えになります。しかし、実際に弁護士の相談対応をしていると以下のような三項随伴性が生じているような印象を受けます。

弁護士が相談できなくなる三項随伴性

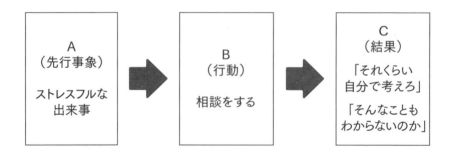

　本事例は、Hの性格的な要因もあり相談がなかなかできないというものでしたが、事務所内のボス弁や他の弁護士に相談をした際に、十分に取り合ってもらえなかったり、知識不足にダメ出しをされてしまってだ

んだんと相談ができなくなったり、相談するための準備や下調べに時間がかかりすぎてしまったりして相談にたどり着けないようになってしまう例も少なくないようです。つまり、「相談する」という行動の結果として、ネガティブな反応が生じている状況です。相談した後にネガティブな反応が生じるのであれば、その人は相談するという行動を取ろうとは思わなくなってしまうわけです。

2．相談しやすくする組織的な取組み

　事務所の中には、相談し合う文化があまりない事務所などもあるようですが、相談するという行動について学習する機会がそもそもないような状況では、人は相談しようとは思わないでしょう。その意味では、事務所内で、所属弁護士がこのような体験をしないで済むように、忙しい中でも相手の話を聞き合えるような「組織風土」を作ることも非常に重要です。2015年より企業のストレスチェックが義務化されたように、社会において組織が果たすべき役割は年々増加しています。また、企業は従業員が働きやすい職場づくりや風土づくり、体制を整えることなども年々求められるようになっています。つまり、法律事務所で働く人が相談できるかどうかは、単に弁護士個人の性格の問題だけではなく、事務所がいかに風土づくりをしていくかが鍵になる場合も少なくありません。特に、ボス弁の方には「相談しても大丈夫なんだ」と思えるような関わりを意識してもらえると、若手の離職などを防ぐことができるのではないかと考えられます。何かあれば遠慮なく相談をしてほしいことや、相談することはネガティブなことではなく業務を進めるうえでも重要であることなどを定期的に発信することも重要です。ぜひ、「相談しやすくなるような事務所の風土づくり」についても意識的に取り組んでほしいと期待しています。

3. 相談を可能にする個人レベルの取組み

　個人のレベルでも対処は必要です。さまざまな方法が考えられますが、例えば、「相談すること」が自分のレパートリーにない行動であれば、他の人の行動を観察して真似しながら学習することも１つの方法といわれます。可能であれば、相談して良い結果につながった人の話を聞いたり、実際に相談している様子などを観察してみたりすることもよいでしょう。「どのように相談するか」を観察するのは難しいかもしれませんが、どんな言葉で相談しているのかなどを観察してみると、自分の中に「相談の仕方」が構築されていき、相談という行動が実行しやすくなります。

　しかし、他人が誰かに相談しているのを目にする機会は少ないものです。ただ、弁護士の仕事は、依頼者から相談を受けるところから始まるものも多いと考えます。自分自身がなかなか相談できないで悩んでしまう人は、ご自身の依頼者がどのように相談しているかなどを観察してみることも１つかもしれません。そして、自身がその相談についてどのような感想を持ったのかなども改めて考えてみると、「相談」への安心感を持てるかもしれません。

　そもそも、「相談する」というのは実は結構難しいもので、「相談行動」を取るために考えるべき点には、相談相手を探すこと、相手との関係性、守秘義務が守られるか、相談した後にダメ出しされないか、相談の順序や内容など、さまざまな要素が含まれるものです。また、相談は決して楽しいものではないことも多いので、なおさら相談したくないという気持ちになることも少なくありません。「なにかあれば相談してくださいね」という言葉はよく耳にするものの、決して簡単なことではないということは頭に置いておいてほしいところです。

4．相談するための準備

　もし、頭の中の整理はされていない状況でもあるけど、相談したいという人は、公認心理師や臨床心理士などの心理の専門資格を有する人に相談をしてみてもよいでしょう。これらの有資格者は、法律や職業倫理の中で守秘義務を負っています。また、悩んでいる内容がまとまっていない状況であったとしても、話しやすいところから話してもらえれば問題ないですし、心理の専門職は「聴く」専門家でもあります。話の整理が進むように質問や声がけなどもできますので、そのガイドに沿って話していくことで整理が進む部分もあります。

　また、自分が話した内容を自分の耳で聞き、自らの潜在的な欲求・考えに気づくことをオートクライン効果といいます。考えながら話す、聞きながら考えるといった状態で会話がなされる中で、話し相手から気づきを促されることもあれば、自分自身の発言を聞きながら気づくこともあります。自分の頭の中だけで考えるのではなく、このように壁打ち的に話すことで、整理が促されたり、自分の中で打開策が浮かんできたりすることなども少なくありません。その意味では、守秘義務のある専門家を活用するということも相談の１つの選択肢として持つのもよいかと思います。

　相談できないと感じる人は、このように「相談の専門家」に相談をしてみるのも１つだと思います。本事例のように話しやすい同期がいるようであれば、まずは同期に連絡してみるところからでもよいでしょう。「まずはできること」を考えてみて、今のまま抱え続けるようにしないことから始めてみてはいかがでしょうか。

5．弁護士の友達づくり

　弁護士の皆さんは、弁護士の友達づくりを重視しているようです。自

殺についての研究を行う末木（2020）[4]によると、幸福に影響を与える要因の1つに友人関係の充実を挙げています。筆者がこれまで会った中でも、1人で抱え込んでしまわないような状況が大事だということを話す弁護士は少なくありませんでした。弁護士の友達を作ることは、業務上の横のつながりを持つという意味もありますが、近況が話せたりしんどい状況が共有できたりする心理的なサポートの場を作る面でも重要なように思います。中には弁護士同士での野球やゴルフなどの活動をしている人もいますし、定期的に集まる機会を設けている人たちもいます。同期の弁護士や地域の弁護士、職場が同じ弁護士など同業者の中でのつながりは可能な限り持っておけるとよいのではないでしょうか。また、それが難しい方は、弁護士に限らず、自分が定期的に話したり、会うことができたりするような人間関係を周囲に持てるように意識をしてみましょう。

参考文献：三田村仰『はじめてまなぶ行動療法』金剛出版（2017年）

（中村 洸太）

---

[4] 末木新『自殺学入門―幸せな生と死とは何か』金剛出版（2020年）180頁・表12

CASE 6　中堅弁護士

独立への思いと家族からの反対

　弁護士Aは、40歳を迎えたころから、長年在籍しているB法律事務所でのキャリアに疑問を抱くようになり、「これが自分の人生の全てなのか？」と自問自答することが増えた。弁護士歴は10年以上で、事務所内での地位も安定していたが、日々の業務に物足りなさを感じ、独立を考えるようになった。その背景には、友人たちが独立して自由に働き、充実した日々を送っていることへの憧れもあった。

　しかし、独立について思い切って配偶者に相談すると、子どもたちの学校行事や中学受験が迫っていることを理由に、「今は独立を避けてほしい」と強く反対された。これを受け、B法律事務所で安定した収入を確保して、安定した生活を維持することを優先させるべきなのではないかとAは自分に言い聞かせたが、独立への思いを完全に断ち切ることはできなかった。

　そんな中、Aはミドルエイジ・クライシスに関する書籍を読み、自分と同じような年齢になったとき、多くの人が今後の人生の選択に葛藤を抱えることを知った。自分の悩みが特別なものではないと知り安心したAは、迷いながらも今できることをこなせばよいと考えるようになった。

　Aは、いつでも独立できる準備を進めるため、既存の依頼者との関係を深めつつ、新規の依頼者獲得に積極的に取り組むとともに、自分の専門分野の勉強会やセミナー等に積極的に参加して、他の弁護士とのネットワークも広げた。その結果、依頼者の幅も広がり、忙しさの中にも新たな成長を見いだすことができた。

　また、独立による経済的な不安を軽減するため、Aは少しずつ貯

> 金を始め、毎月の報酬から一定額を貯金口座に移し、家計の見直しも行った。さらに、趣味のゴルフも続け、仲間との交流を通じてリフレッシュしながら、仕事と私生活のバランスを保つようにした。これにより、Aは「独立しなくても、自分らしい働き方ができる」と次第に自信を持てるようになった。Aは現在も独立に踏み切るか葛藤しているが、独立に向けた準備を通じて自分に自信を持ったことや、配偶者に相談をしたことで感じた家族との絆により、その葛藤はかなり小さなものとなっている。

I 中堅弁護士Aが抱える問題

1. 成長とともに変わるキャリアの葛藤

　Aのように、40歳を迎えたころに人生に対する悩みが強くなる方は珍しくありません。この年代は、「ミドルエイジ・クライシス」(中年期の危機)を経験する世代として知られています。ミドルエイジ・クライシスとは、自分の人生を振り返り、残りの人生をどう生きていくかと悩んだ結果、今の自分のままでよいのかと葛藤する状態を指します。

　Aも若手のときには、目の前のことにひたすら取り組むことに精いっぱいであり、仕事上の物足りなさを感じる余裕はなかったかもしれません。先輩に「これをしろ」と言われれば対応する日々を過ごし、自分に足りないものもある程度明確で、その足りないものがその先の道筋に光を照らし、人生をナビゲートしてくれていた側面もあったかもしれません。しかし、弁護士として成長し、中堅に差し掛かった今は、事務所内での地位も安定したことで「物足りなさ」という新たな悩みを抱えるようになりました。この悩みこそがミドルエイジ・クライシスです。Aの場合、ミドルエイジ・クライシスとキャリアの葛藤は不可分の関係にあったようです。その解決手段としてAが候補に挙げた1つが「独立」

でした。

　このように、若手弁護士には若手弁護士なりの、中堅弁護士には中堅弁護士なりの悩みがあり、悩み自体は尽きないのですが、その性質は変わっていきます。最も大きく変わったのは人生の方向性の明確さでしょう。中年期を迎えたAには、「身近な先輩」のようなわかりやすくキャリアを導いてくれるナビゲーターが不在で、どう生きればよいのか不明確になりました。人生に迷子になっている状態といえるかと思います。

　人生で迷子になったとき、どのような取組みが有益なのでしょうか。ここでは、後述の「ネガティブ・ケイパビリティ」を中心に、Aがどのようにキャリアの葛藤を乗り越えようとしているのか、心理学的な観点から考察します。ミドルエイジ・クライシスは誰しもが抱える可能性があるので、本事例を通してキャリアの葛藤の乗り越え方を知っておくことは、メンタルヘルスにも良い影響をもたらします。

Ⅱ　中堅弁護士Aが取った対策

　Aはミドルエイジ・クライシスから生じるキャリアの葛藤を抱えながらも、次第にそれを軽減させていきました。以下の4つのポイントから、Aの変化の過程を見てみましょう。

1．ネガティブ・ケイパビリティ

　Aは、決断を急がず、迷っている自分を受け入れることで、心に余裕を持つことができました。これは、ミドルエイジ・クライシスに関する書籍を読んだことで、自分と同じような年齢になったとき、多くの人が今後の人生の選択に葛藤を抱えることを知ったからだろうと思われます。「迷いながらも今できることをこなせばよい」と思えたことは、心の余裕の表れであろうと思います。迷子になっていることを否定して勘を信じて歩き続けるのではなく、一度立ち止まり冷静に自分の現在地を

把握しようと努めたのです。

　もっとも、Ａの行動は今の事務所での業務により一層積極的になっている一方、独立に向けて資金を集め始めており、はっきりしない状態であるともいえます。こういったあいまいな状況を居心地悪く感じる方も多いのではないでしょうか。しかし、物事は必ずしも白黒つけられることばかりではありませんので、答えが出ないままや方針が決められないまま物事を進めなければならない場面に直面することがあるでしょう。そして、不確実なことや未確定のことを受け入れる能力を「ネガティブ・ケイパビリティ」といい、弁護士にとって非常に重要な能力です。飯田（2019）[1]は、ネガティブ・ケイパビリティが十分でない人は心理的な安定を保つために、自分の知りたくない情報を意図的に無視すること（意図的無知といいます）によって、あえて最悪の事態について最初から考えないようにしてしまう状態に陥り、仮に想定できたとしてもそれに対処する方法が見つからない不安定な状況に耐えきれなくなると指摘しています。不利な情報を受け止めて最悪の事態を想定するのは、弁護士として業務上も必要性が非常に大きい能力でしょうから、Ａのように迷っているなら迷っていると割り切り、「わからないこと」や「決断できないこと」への耐性をつけるのは、とても大切なことなのではないかと思います。

２．キャリアの葛藤を超える──仕事は人生の一部

　ネガティブ・ケイパビリティのほか、Ａがキャリアの葛藤を乗り越えようとする過程で行ったことを見ていきましょう。

　当初、Ａは独立して自由に働き、充実した日々を送っている友人たちの姿と自分の姿とを比較し「これが自分の人生の全てなのか？」と思い、自身の働き方に疑問を抱いていました。弁護士という仕事は、弁護

---

[1] 飯田高「危機対応がなぜ社会科学の問題となるのか」東大社研＝玄田有史＝飯田高編『危機対応の社会科学 上─想定外を超えて』東京大学出版会（2019年）1-26頁

士になるまでに多大な努力を要し、また起きている時間のほとんどをその業務に充てないといけない場合があるほど激務であることから、職業（仕事）と自身を同一視している弁護士の方が一定数いる印象です。友人が独立したことをきっかけに「今の働き方が自分の人生の全てなのか？」とまで悩んだAの様子からも、そのような印象を受けます。

自分の仕事にコミットし、プライドを持つことは決して悪いことではありません。むしろ、尊重されるべきことだと思います。しかし、仕事はあくまで人生の一部であり、全てではないのです。もしこのときAが自分の人生の価値を仕事だけで測っていたのなら、「自分は独立していないし、できない」ということを否定的に受け止め、無力感に押しつぶされてしまっていたかもしれません。もっとも、本事例でAがそうならなかったのは、Aが思い切って配偶者に相談し、配偶者や子どもたちの生活の重要性を考えるようになったからのように思います。Aの大切な人生を構成する要素は、仕事だけではなく、家族の幸せも含まれていることに改めて気づけたことは、葛藤を軽減するために大きな意味があったのではないでしょうか。

3．相談の重要性

上記とも関係しますが、人生に迷ったときは誰かに相談するのもよい方法です。Aは「独立すべきか」との思いを、1人で抱え込まず配偶者に相談することで新たな選択肢を見出しました。確かに、配偶者に相談したこの段階ではまだ独立することへの葛藤は依然として強いままでした。しかし、周囲の意見を聞くことで「子どもたちの学校行事や中学受験が迫っている」ことを再認識でき、「自分の人生だけど、妻や子どもたちの人生でもあるんだ」と思うことで、自身の考えを整理できたのかもしれません。また、このように気持ちを吐き出して他の人の意見を参考にすることは、自分の気持ちを楽にするために重要なことです。

どんな人でも、1人で悩みを抱え続けると考えが行き詰まってしま

い、ストレスが大きく膨らんでいくものです。その点、Aは配偶者に相談することで独立以外の選択肢（家族の安定を優先する）もあることに目を向けるきっかけをつくることができました。

4．「価値」の明確化

　Aは、独立の選択肢を考えつつも、事務所での業務や趣味に注力する中で、自身の「価値」を明確にしました。これにより、将来に向けた不安を軽減しつつ、自信を高めることができました。

　ここでいう「価値」とは、「心の奥底にある、どう振舞いたいか—自分自身、他者、自分を取り巻く世界に対してどう接したいか—という願望」のことをいいます[2]。Aは既存の依頼者との関係を深めつつ、新規の依頼者獲得に積極的に取り組んだり、自分の専門分野の勉強会やセミナー等に積極的に参加して、他の弁護士とのネットワークも広げたりしたことで、弁護士としての業務の幅を広げ、新たな成長を感じられたようです。それだけではなく、趣味のゴルフを通じて仲間とのつながりや自分らしさを実感できたようでもあります。Aには「成長を感じられることがしたい」「自分らしくありたい」といった「価値」があったのではないかと思われます。

　自分の中の「価値」が明確になると、たとえ自分の目標を果たすことができなくても、前向きな気持ちを持つことが可能になります。例えば、迷子が「一旦交番を目指して歩こう」と決めたとしても、依然として迷子であることには変わりはないけれど、どう振る舞うのがよいのか明確になって少し安心できることがあります。Aも、自分らしくありたい、成長を感じたいという自分の「価値」が明確になることで、独立という目標をまだ果たせなくとも、自信や安心感を得られているのだと思います。

2　ラス・ハリス著、武藤崇＝嶋大樹＝坂野朝子監訳『よくわかるACT〈改訂第2版〉下』星和書店（2024年）68頁

「独立」は確かに「成長を感じられることがしたい」「自分らしくありたい」のような「価値」を実現させ得る1つの選択肢でしょう。友人たちが独立して自由に働き、充実した日々を送っている中であればなおのこと、B法律事務所でのキャリアについてAが悩んだのも無理もないことだったのかもしれません。しかし、「価値」に沿った行動は独立だけとは限らないのです。たとえ独立できなくとも、「価値」に沿った行動ができれば人生はより生き生きとしたものになるかと思います。

本事例からは、中堅の弁護士が抱えるキャリアの葛藤を乗り越えるために必要な要素が見えてきます。Aは人に相談し、迷いを受け入れ、自己の価値を理解し、成長の道を切り開くことができました。これらの経験は、同じような悩みを抱える他の弁護士にも役立つことでしょう。

Ⅲ 本事例で取れるその他の対策や予防

1. ネガティブ・ケイパビリティの鍛え方

Aのように「中年期に差し掛かると、多くの人が今後の人生を選択する際に葛藤を抱えるものだ」と知るだけでも、「人生に迷ってもいいんだ」と思うことができ、ネガティブ・ケイパビリティを強めることはできます。Aが取った方法に加えて、ネガティブ・ケイパビリティを強める方法が以下のとおりいくつか知られています。

(1) 芸術に触れる

ネガティブ・ケイパビリティの第一人者で小説家、精神科医でもある帚木（2017）[3]は芸術に触れることがネガティブ・ケイパビリティを磨くのによいと述べています。例えば、絵画を観てそれぞれ思うことはある

3　帚木蓬生『ネガティブ・ケイパビリティ―答えの出ない事態に耐える力』朝日新聞出版（2017年）185-201頁

でしょうが、その解釈には明確な正解・不正解があるわけではなく、誰かが答えを教えてくれるものでもありません。ゆえに、自分なりの解釈を構築するプロセスが発生します。そして仮に自分なりの解釈を構築できたとしても、それはいつまでも「あらゆる可能性の中の1つ」であるにすぎません。

このように「ああでもない、こうでもない」と考え続けることでネガティブ・ケイパビリティを鍛えることができます。

(2) ジャーナリング

ジャーナリングは「書く瞑想」とも呼ばれるもので、そのときに思いついたことをあるがままに数分間書き続ける行為のことをいいます。自分の気持ちや考え方をただ書き出すことで俯瞰する。書くことがなくなったなと思ったら「書くことがなくなった」と書く。そうやってなにかしらの答えも求めず、そのままの自分を認め続けることがネガティブ・ケイパビリティの強化につながっていきます。

2. コーピングレパートリーを豊富に

Aは「1人で抱え込まず相談できた」「仕事を人生の全てだと考えなかった」など、適応的な振る舞いができていたように思われます。これらの振る舞いによって、キャリアの葛藤は「かなり小さなものとなっている」ようでした。

しかし、気になる点がないわけではありません。その1つが「コーピングレパートリー」の少なさです。コーピングとはストレスへの対処法のことですが(理論編第1章参照)、そのレパートリーが「ゴルフ」だけにとどまってしまっています。コーピングは「質よりも量」が大事といわれています。思い立ったときにサッとできるように、何種類が用意しておくのが望ましいのです。例えば「深呼吸をする」を自分のコーピングレパートリーに加えておけば、ゴルフができないときにでも、簡単

にストレスへの対処ができます。
　また、自己成長や家族を支えることも大切ですが、「何もしない」ことも時には必要です。いつも忙しくしていては疲れてしまいます。理論編第4章のCOLUMN「何もしないことの大切さ」をコーヒーでも入れながら、読んでみてもよいかもしれません。そして読み終えたら、ぜひぼーっとしてみてください。

（小山 拓哉）

CASE 7 中堅弁護士

忙しくて週末も家族との時間が取れない

　弁護士Ａは、妻と３人の子どもと暮らしながら、１人で法律事務所を経営している。妻は３人目の子どもが生まれてから専業主婦となり、子どもの学校行事の参加や習い事の準備、家事全般を一手に引き受けるようになった。

　Ａは平日は仕事に忙殺されるも、週末は家族との時間を優先し、特に子どもたちとはできる限り一緒に過ごしたいと思っていた。また、子どもたちも休日にＡと一緒に遊ぶことを心待ちにしており、家庭内の雰囲気は良好であった。しかし、Ａの依頼者は平日に時間を取れず、休日に法律相談を要望することが多く、Ａはその要望を受け入れるたびに、家族の時間を削ることに後ろめたさを感じながらも、売上げのことを考えて業務を断ることに躊躇していた。

　他にも、Ａは、急な依頼による予定変更、打合せの延長により、家族との約束が守れないことがあった。子どもたちに「お父さん、どうして今日は一緒に遊べないの？」と言われるたびに、Ａは罪悪感を覚え、仕事を優先してしまう自分に対して自己嫌悪を抱くこともあった。さらに、Ａは一時的に自分の実母に子どもたちの面倒を見てもらったこともあったが、実母と妻は子育て方針の違いを巡って衝突することが多く、家庭内のストレスがさらに増える結果となった。

　こうした状況を打破するため、Ａは土日に対応が必要な案件は断り、平日のみ業務を行うことにしたが、依頼者が離れて事務所の経営が悪化し家族全員の生活が揺らぐことを危惧していた。また、Ａは、自分か妻の一方でも体調を崩したら生活が立ち行かなくなることの不安や、家庭と事務所経営のバランスをうまく保てていないこ

とへの危機感も覚えていた。もっとも、Aはこのような不安を抱えつつも、土日を休みにしたことで、家族との時間を取り戻すことができ、少しずつ家庭内の雰囲気が改善していった。

　Aは現在もなお、弁護士としてキャリアを積み上げつつ、家族との時間や妻との協力関係を維持するための方法を模索し続けている。

I　中堅弁護士Aが抱える問題

1．土日休みを決断する前の葛藤

　Aは、事務所の経営者としての責任と、父や夫として家族を支える責任のどちらも同時に果たそうとしていました。しかし、仕事を優先すると家族への罪悪感を抱え、家庭を優先すると経営上の不安が強くなってしまい、仕事と家庭のどちらを優先すべきか葛藤していました。そして、葛藤している間、Aは結局どちらの役割も十分に果たせていないという感覚に陥って、大きなストレスを感じていたようです。また、仕事と家庭のどちらも重要なので決断を避けたいという気持ちから、葛藤する時間が長くなってしまい、Aは決められない状況に対して苛立ちや不安を覚えていたかもしれません。加えて、土日休みにすることを決める前には、Aは家庭を優先して土日に稼働することを止めた場合の経営上の悪影響を考えて、大きな不安を抱えていたことも考えられます。

2．土日休みを決断した後の葛藤

　このように、Aは仕事と家庭の両立に悩んだ結果、家庭を優先することにしました。これにより、Aは家族との時間を増やすことができて、妻の負担を軽減したり、子どもとの約束を守ることができたりして、家庭内の雰囲気を改善でき、家族との関係で生じるストレスを小さ

くすることができたでしょう。一方で、仕事や収入における不安は大きくなってしまいました。Aは一人事務所の経営者として、自ら事務所の経営を安定・成長させなければなりませんが、土日の対応を止めたことで依頼者が離れて事務所経営が悪化することへの不安を感じていました。それに加えて、家計を一人で支えなければならないという経済的な不安から生じるプレッシャーによって、再び仕事と家族との優先度に葛藤するようになっています。こうして、葛藤を解消できたと思った矢先に、また新たな葛藤を抱えることになってしまい、Aは常にストレスを抱える状況に陥っています。

Ⅱ 中堅弁護士Ａが取った対策

1. アクセプタンス＆コミットメント・セラピー（ACT）

　Aは、仕事と家庭の両立に悩みながらも、自分の価値観に基づいて柔軟に対応している点が、心理学的に大きな強みとなっています。Aは感情や思考に支配されることなく、適切な行動選択を行い、ストレスに対処していました。Aの行動は、アクセプタンス＆コミットメント・セラピー（ACT）の考え方に合致しており、心理的な健康維持に役立っていたといえます。

(1) アクセプタンス＆コミットメント・セラピー（ACT）とは？

　ACTは、ストレスや困難な感情を「なくす」ことを目指すのではなく、それらを「受け入れる」（アクセプタンス）ことで、感情や思考に縛られずに、自分の価値観に基づいた行動に「取り組む」（コミットメント）ことを目的とした心理療法です。ACTでは、思考や感情を客観的に観察し、受け入れることで、ストレスフルな状況でも柔軟な対応ができるようになることを重視しています。価値観を明確にし、それに基

づいた行動を選ぶことで、自分にとって意味のある生き方を実現するアプローチです。

(2) 感情の「受け入れ」(アクセプタンス)

　Aは、「家庭と仕事の両立ができていない」という罪悪感や、家族との時間を守れないことへの自己嫌悪感などの不快な感情を抱えていましたが、ACTではこれらの不快な感情を「受け入れる」ことを重視します。受け入れるとは、感情を無理に消そうとせず、その存在を認めることです。Aはこの「感情の受け入れ」を通じて、感情に振り回されることなく、価値観に基づいた行動を選ぶことができました。具体的には、仕事を優先しなくてはならないという考えによって焦りが生じたときも、それに過剰に反応せずにいられるようになったと考えられます。

(3) 認知の柔軟性

　ACTのもう1つの重要な側面は、「認知の柔軟性」を高めることです。Aは家庭と仕事の両立に苦しむ中で、「どちらかを選ばなければならない」という二者択一の思考に囚われていたようでした。このような「白か黒か」の考え方は、ストレスを増大させ、選択肢を狭める要因となります。ACTでは、こうした思考に対して「脱フュージョン」と呼ばれる技法を使います。脱フュージョンとは、自分の思考や感情に距離を置き、それらが単なる1つの思考であり、現実そのものではないと気づくプロセスです。

　Aはその二者択一の思考に囚われるのではなく、それらを調整し、バランスを取る方法を見つけることができました。具体的には、土日を完全に休むという決断を下し、平日に仕事を集中させることができました。これにより、Aは土日対応が必要な仕事を断ることとなるだけでなく、平日に家族との時間を作りにくくなってしまいましたが、その一方で、家庭と仕事に折り合いをつけながら、どちらも柔軟に対応するこ

とができました。このように、ACTでは「1つの考えに囚われずに、現実的な行動を取ること」が認知の柔軟性を高めるポイントであり、Aはこれを実践して困難を乗り越えたといえます。

（4）価値観に基づいた行動

ACTの中核には、「価値観に基づいた行動」があります。Aにとっての大切な価値観は、「家族との時間を大切にしたい」というものでした。ACTでは、このような価値観を明確にし、それに基づいた行動をとることを重視します。Aは明確な価値観のもと、土日を完全に休業とし、家族との時間を確保するという選択をしました。

ACTでは、このように価値観をもとに行動を決定し、それに従って行動することで、自分にとって納得のいく生き方を実現することを目指します。Aが「土日を休みにする」という決断をしたのは、家族との時間を守るという価値観に基づいたものであり、これがAにとってストレスを軽減し、納得感を得るための大きな要素となっています。

（5）感情に囚われず行動する「コミットメント」

コミットメントとは、感情や思考に囚われず、自分の価値観に基づいた選択をし続ける「意志」や「姿勢」を指します。Aは、依頼を断る際に感じた不安や、仕事を優先しなければならないというプレッシャーがあったとしても、最終的には家族を大切にするという価値観に従って土日を休みにする選択をしました。これがACTのコミットメントの実践です。このように、感情に行動を妨げられることなく、価値に基づいた行動を選択する力を養うことが、ACTの目指すコミットメントです。

（6）継続的な行動の調整

ACTでは、価値観に基づく行動を選択した後も、それを定期的に見直し、必要に応じて調整することが望ましいとされています。Aは、家族との時間を守るために土日を休みにしましたが、状況に応じて依頼者との調整を行い、仕事のスケジュールを見直す必要が出てくる場合もあります。例えば、依頼者が増え、土日にどうしても対応しなければならない場合には、事前に家族との時間を調整するなど、柔軟に対応することで、仕事と家庭のバランスを保ちながらストレスを軽減していくことが可能です。このように、価値観に基づいた行動を継続的に調整し、柔軟に対応することで、Aは自分の価値観に忠実でありながら、ストレスの少ない生き方を模索し続けることができています。ACTでは、行動計画を立て、それを実行しつつ定期的に見直すというプロセスを大切にしており、これにより長期的に安定し、自分で納得した働き方、生き方を選択することが可能になります。

2．ソーシャルサポート

Aのもう1つの強みは強力なソーシャルサポートです。ソーシャルサポートとは、他者からの心理的・物理的な支援や援助を受け取ることを指し、メンタルヘルスを維持するために重要な要素です。ソーシャルサポートには主に以下の4つの側面が含まれ、[1] Aの家族はソーシャルサポートとして十分に機能しています。

① 情緒的サポート

Aの妻は、仕事に忙しいAの体を気遣うような言葉をかけています。子どもたちは父親との時間を楽しみにするほどAを慕ってい

---

[1] House, J. S.= Kahn, R. L.=McLeod, J. D.= Williams, D. "Measures and concepts of social support. In S. Cohen & S. L. Syme (Eds.)", Social support and health（1985）pp. 83–108. Academic Press

ます。こうした家族からの情緒的サポートは、Aに心理的な安定感をもたらし、ストレスを緩和させる要因となっています。

② **道具的サポート**

家族による日々のサポートも、Aにとって道具的サポートとして重要な役割を果たしています。例えば、Aの妻が日々の家事や育児を担うことは、Aが安心して仕事に集中できる環境を整えるための大きな支えとなっています。また、Aの実母も、子どもたちの面倒を見たり、家庭の雑事を手伝ったりすることで、Aの負担を軽減する一助となっています。

③ **情報的サポート**

情報的サポートとは、問題解決に役立つアドバイスや情報の提供を指します。Aは妻や実母とのコミュニケーションを通じて、家庭の状況を把握し、家庭内でどのように役割分担を行い、調整するかについて話し合っていたことでしょう。このように家族と話し合うことで、Aは家庭と仕事のバランスを取るうえでの行動指針を得ることができています。

④ **評価的サポート**

評価的サポートとは、自分を認めたり、評価したり、改善点を指摘したりしてもらうことを指します。Aの子どもたちは「休日にAと一緒に遊ぶことを心待ちにしており」とあるように、父であるAを慕っています。これはAにとって葛藤を抱えながらも仕事と私生活のバランスを取るために努力する動機付けとなっています。

心理学的な研究では、ソーシャルサポートがストレスを軽減し、精神的健康を維持するために有効であることが知られています[2]。特に、ソー

---

2 Cobb, S. "Social support as a moderator of life stress." *Psychosomatic Medicine*, vol.38, no.5 (1976) pp.300–314.

シャルサポートを受けていることは、困難な状況に直面したときのレジリエンス（心理的回復力）を高めるとされています[3]。ただし、ソーシャルサポートは常にプラスの影響を与えるわけではありません。Aの場合、家族との良好な関係が支えになる一方で、子どもたちや妻からの期待に応えられないときのプレッシャーがストレスを増大させることもあります。このように、ソーシャルサポートは一面的ではなく、そのサポートがAの責任感や罪悪感を強めてしまうこともあるため、サポーターとの調整が必要です。Aの強みであるソーシャルサポートを最大限に活用するためには、適宜家族とのコミュニケーションをとり、無理のない範囲でお互いが支え合える関係を築くことが求められます。

Ⅲ 本事例で取れるその他の対策や予防

1. 柔軟な働き方

Aは土日を休みにしましたが、状況に応じて土日に仕事をする考えを持っていてもよいでしょう。例えば、平日に家族と出かける場合には、その代わりに土日を活用して仕事の時間を確保することも良い考えです。また、土日を仕事をせざるを得ない場合に備え、月に1回は土日に対応できる日を確保しておくことも良いかもしれません。特にAが土日を完全に休みにすることは難しいと感じた際には有効な対策になるでしょう。

また、Aは土日を休みにした後から事務所経営の悪化を懸念して仕事と家族の優先順位に再度悩んでいます。再び発生した葛藤についてもACTの考え方が活用できます。例えば、土日を休みにした後の売上げ

---

3 Fletcher, D. = Sarkar, M."Psychological Resilience: A Review and Critique of Definitions, Concepts, and Theory" *European Psychologist*, vol.18 no.1. (2013) pp.12-23
(https://doi.org/10.1027/1016-9040/a000124)

を確認し、生活に支障が出る水準で低下し、その状況が継続する場合には、再び土日に稼働することは取り得る選択ではないでしょうか。これは、経営不安によって、直ちに仕事の優先順位を上げるのとは異なり、Aの持つ家族を大切にするという価値観に照らして、家計を支えて家族の生活を守ることはAの価値観に適合する行動と考えられるからです。

　加えて、打合せにオンライン会議システムを使うことができれば、仕事と家庭の両立に役立つかもしれません。オンラインでの打合せは、移動時間を減らしたり、スケジュール調整を容易にできたり、負担軽減につながります。このほかに、資料をクラウド上に保管したり、電子書籍サービスを導入したりして、どこでも作業ができるように環境を整えることは、子育ての合間に仕事をしないといけない際に有効な対策になります。

　柔軟な働き方は子育てで多忙な弁護士に適した働き方ではありますが、土日に稼働する場合や場所を選ばずに仕事をする場合には、仕事と私生活を切り分けることができずに、オーバーワークになりやすいため、稼働時間に注意しましょう。また、意識的にセルフケアを行うことも大切ですので、理論編第4章を参考に日常的にセルフケアに取り組んでみてください。

2．依頼者の期待値の調整

　Aは売上げのために土日も依頼者との打合せを行っていましたが、受任時や土日の打合せを希望された時などに、あらかじめ土日の対応ができないことを説明しておくことは、土日に稼働しないために重要な対策の1つといえます。依頼者の中には、弁護士は土日も対応してくれると考えている人もいますので、土日は営業日ではないので原則として対応できない旨を明確に伝えることが必要な場合があります。このように、依頼者の期待をコントロールしておくことで、実際の土日対応も緊

急時のみに制限することができるかもしれません。

　また、打合せが延長してしまうことで、Ａはその後のスケジュールや家族との約束に影響が出てしまうことで悩んでいました。カウンセリングでも同じ問題に直面することがあり、その際にカウンセラーは相談者との間であらかじめ時間枠を設定して明確に伝えたり、時計を使用したりして、時間を意識して進めています。打合せの内容や依頼の緊急性によっては延長が避けられないこともありますが、このようなテクニックを使うことも時には有効です。

　このほかに、依頼者から一般的に弁護士が行わない業務や過剰な対応を求められることもあると思います。その場合には、できる限り早い段階で、対応できる範囲の業務を伝えて、業務範囲を明確にしておくことで、業務量を適切に設定できるかもしれません。また、業務範囲を明確にすることは依頼者との間のトラブルを予防して、余計な負担が発生しづらくなるので、家族との時間を犠牲にせずに済むことにつながるでしょう。

3．思考を柔軟に保つこと

　今、最適だと考えられる仕事のルールや家族との時間の取り方、改善策は、その時の状況や環境によって変化していくものです。例えば、土日を休みにすることが現時点では最善と思われても、将来子どもが小学校に上がれば、学校行事のある平日に休みを取るニーズが出てくることもあるでしょう。そうすると、それに合わせて休みの取り方や働き方を変えていく必要が出てきます。このように、絶対的に良い方法というものは存在せず、むしろその時々の状況に合わせて絶えず調整を図っていくものだと捉えておくことが、思考を柔軟に保ち、ストレスを減らす方法の１つだといえます。

事 例 編

参考文献
株式会社リクルートマネジメントソリューションズ「特集1　職場におけるソーシャル・サポート　希薄化する人間関係にどう向き合うか」RMS Message vol.54（2019年）5-32頁（https://www.recruit-ms.co.jp/assets/images/cms/rms_message/upload/3f67c0f783214d71a03078023e73bb1b/a6003a57aac84ab6a2098d92f9e63063/m54_all.pdf）

（鈴木　健一）

CASE 8　経営者弁護士

パートナー候補の退職と引継ぎの苦労

　弁護士Lは地方で法律事務所を経営しており、同事務所にはLの他に、新人のN、東京で経験を積んだM及び子育て中のOの3名の弁護士が所属している。事務所の経営は順調であり、Lは、ゆくゆくはMにパートナーに就任してもらい、事務所の規模を拡大したいと考えるようになった。

　しかし、Mは入所して6年目に退職を申し出た。LはMをパートナーとして経営に入るよう誘うつもりであると伝えたが、Mは独立準備が進んでいるため早く退職したいと希望した。Lはせめてあと1年は残留してほしいと打診したが、Mの決意は固かった。退職を告げられたとき、Lには「採用時、できるだけ長い期間ここで働くと言っていたではないか」「ローカルルールを教えてやったのは独立させるためじゃない」「不満があるならなぜ言ってくれなかったのか」などの言いたいことが山ほど浮かんだが、これを飲み込むしかなかった。

　Mの退職が決まると、Lは引継ぎ業務に追われた。業務量が増加し頭を抱えて悩む時期もあったが、引継ぎ業務は永遠に続くわけではないと割り切ることにした。NやOにも手分けしてもらい、所属弁護士が抱える案件の一覧を作成し、各人が抱える仕事量を可視化することで、スタッフ全員がスケジュールを把握できるよう工夫した。また、Mからの引継ぎが必要となる依頼者に不安を与えないよう、Mの業務を分担し、Mの対処前に確認すべき事項のリストを作成した。

　一方、Lは、こんなに多忙では、次はNやOも不満を抱え、退職するのではないかと不安に思った。また、弁護士の急な変更は依

頼者に不信感を与え、事務所の悪評につながる可能性もあるのではないかと考えた。Lは、事務所の将来を見据え、新たな弁護士を採用することで、事務所の安定と成長を図り、スタッフ全員が安心して働ける環境を整えることを目指している。

I 経営者弁護士Lが抱える問題

　弁護士Lは、弁護士Mの退職によって、経営者としては所属弁護士を、同僚としては仕事仲間を失うという喪失体験をしました。また、これにより、Lの弁護士としての実務的負担は増し、事務所運営の危機にも直面しました。

1．所属弁護士の退職という喪失体験

　パートナー候補でもあったMの退職は、心理面からみても、Lにとって、大事な人を失うという点で大きな喪失体験となりました。特に、Lは東京での経験しかないMにローカルルールを教え、大事な局面でアドバイスをしており、Mの先輩としてメンターとしての役割を担っていたと推測できます。

　メンターとは、職場の先輩格にあたる人が、後輩に対して、実務的・心理的な助言やサポートを行う役割をいいます。一部の病院や企業でメンター制度が用意されており、新人をいち早く職場に慣れさせ、コミットメントを促し離職を防ぐことが期待されています。また、自然発生的に、職場や業界内でメンターのような役割を担う人と出会うこともあります。Lは、Mが早く新しい職場での業務に精通し、事務所を背負ってくれる人材に育つようにサポートに熱を入れてきたのでしょう。

　MがLの法律事務所での勤務経験をどのように捉えていたかは、Lにはわかりません。例えば、入所時はずっとLの法律事務所で働くつもりであったのかもしれませんし、最初から独立を見据えて経験を積むつも

りであり、入所時にLに「できるだけ長い期間ここで働く」と伝えたときも、6年程度働くことを念頭に置いていたのかもしれません。いずれにしろ、弁護士として十分な経験を積んだMは独立を選びました。

　また、弁護士業界に限りませんが、経営者は従業員にさまざまな期待を持つものです。例えば、結果を出せる事務所のホープになってほしい、ゆくゆくは経営も担ってほしいといった期待です。あるいは、退職する場合であっても、「引継ぎに十分な期間は在職してほしい。それが弁護士としての責任だ」などと思うことがあります。そのため、経営者が退職の自由について理解しており、ビジネスライクに手続きを行ったとしても、気持ちのうえでは納得できないということが起こり得ます。

　そして、所員の急な退職は、自分たちの職場は相手にとって必要のない場になってしまったという意味で、残された人々にとって傷つきを伴う出来事になり得ます。有り体にいえば、「寂しい」「がっかりだ」などのネガティブな感情が出てきても無理はないことなのです。その人の職業人生を拘束することは誰にもできません。もっとも、これを承知していても、同僚の退職により、自分（の職場）が「捨てられた」ように感じることさえあります。

　ただし、退職に伴って生じる感情は、ネガティブなものばかりではありません。最初の驚きやショックが過ぎ去れば、Lや他の所員の気持ちも落ち着き、Mとともに過ごした時間と経験は忘れ難い思い出として記憶に刻まれるでしょう。別れの後には出会いがやってきます。次に入ってくる新たな弁護士への期待も湧くでしょうし、Mと連絡を取り合ったり、Mの新事務所と連携したりすることで新しい関係性が生じることもあるでしょう。

2. 引継ぎの負担により生じるさまざまな懸念

　Mの退職に伴って、Mが担っていた業務などを後任者に引き継ぐ作業が生じます。それぞれが忙しく働いている中、仕事を割り振り、退職者の業務を遅滞なく引き継ぐのは誰にとっても負担でしょう。LはMを事務所における戦力として見越したうえで、弁護士会の会務を引き受けていたこともあり、Mの退職に伴う引継ぎによりLの業務は増大し、業務の大きな調整を余儀なくされました。また、新人のNと、通常の業務と子育てに追われるOにもMの業務を引き継ぐ結果となっています。これにより、N、Oそれぞれに大きな負担がかかることは容易に想像でき、そのような職場環境が続けばNやOにも不満がたまり、そのうち退職してしまうのではないかとLは疑心暗鬼に陥っています。これは、信頼していた弁護士の突然の退職によって心が傷ついたLが、常に弁護士の退職可能性を想定することで、二度と傷つかないようにする無意識的な防衛策ともいえるでしょう。

　Lはまた、弁護士の急な変更は依頼者に不信感を抱かせてしまい、事務所の悪評につながるのではないかと懸念していますが、これについては、丁寧な引継ぎを行うことで信用の回復を図ったほか、弁護士の新規募集によって適正な業務量に戻す見通しをつけています。

Ⅱ　経営者弁護士Lが取った対策

1. 退職に対するネガティブな感情の整理

　LはMの退職の申出を受け、雑言が浮かんだものの、これをぐっと飲み込み、粛々と退職の手続きを取りました。Lは文句1つ言わない潔い態度をとり、間を置かずに効率良く次善の策に移る実行力を有していたといえます。Lの行動は、事務所の立て直しという点でも評価できます。

しかし、表面的には冷静で穏やかな態度をとれたとしても、Lの内心は波立っていたことでしょう。弁護士の退職自体は想定していたとしても、将来を宿望していた人物の退職や、思ってもいないタイミングでの退職となると、「いいように利用された」「裏切られた」などの相手へのネガティブな感情が生じ、ひいては「経営者としてダメだ」「本心を見抜けない自分が甘かった」と思ってしまうなど、自己評価が低くなってしまうことがあります。

所員の退職後、すぐに業務の安定化が図れればよいですが、業務の安定までに時間がかかったり、新たな問題が生じたりすると、整理されてこなかったネガティブな感情が刺激され、他者や自分を否定したい気分が高じ、不健全で非機能的な思考に囚われてしまうなど悪循環のループになってしまう可能性があります。

繰り返しになりますが、信頼し頼りにしていた弁護士が自分のところから離れていくことは、誰にとってもショックな出来事ですし、将来の事業構想を変更しなければならなくなったことは、思い描いていた夢の修正であり、ある種の失望や諦めの体験となり得ます。「愚痴や不平は時間の無駄、終わったことを言っても仕方がない」と割り切ろうとしても、実際には割り切ることが難しいときもあります。そのようなときは、感情を抑え込み閉じ込めてしまうよりも、安心できる環境で感情を表出したり、同僚や仲間と分かち合ったりすることなどにより、健康的に発散し消化することがストレスをためない秘訣となります。

2．引継ぎ業務への割り切り

Lが気づいたように、引継ぎ業務は永遠に続くわけではありません。この割り切りは「リフレイミング」（再枠組みづけ）と呼ばれる技法で、ブリーフ・カウンセリング（問題解決的で未来志向の、短期間での終結を目指す心理療法）などで用いられます。リフレイミングでは、同じ出来事の異なる局面を捉えることで、その出来事の意味づけを大きく

変えることが期待されています。Lは、引継ぎ業務を「所員全員に負担をかける想定外の作業」から「永遠に続くわけではない業務」と捉え直すことで、仕事の目途をつけ、気分が楽になりました。また、引継ぎが負担となったとしても、所内の弁護士が抱える案件をリストアップし仕事量を可視化することで、仕事に優先順位をつけたり、その日の仕事量を調整したりできるようになると、仕事のコントロール感が保てるので、難局を乗り切ることが比較的容易になると思われます。

しかし、引継ぎによりどうしても一時的に業務は増えるので、休憩時間が減り、残業によって睡眠時間が削られることが予想されますし、いつもと違うペースで仕事をせざるを得ないでしょう。仕事のペースが崩れると、心身の健康上の問題が発生するリスクが高まるので、意識して休憩や睡眠時間を確保する必要があります。

3. 業務体制の再編

Lの取った対策では、Mの退職を受け入れた後、気持ちを切り替え、事務所の仕事量を可視化することで、所員全員が、事務所全体の仕事の見通しとスケジュール感を把握できるように工夫しました。このような工夫は、各人が仕事のコントロール感を持てるようになるという点でとても良い試みです。仕事量を大幅に減らすことは現実的でなくても、どれだけの仕事をどのようなペースで行うかを把握しやすくなった点においては、仕事をよりコントロールできるようになったといえます。

そして、Lは、引継ぎが必要となる依頼者に不安を与えないように、引継ぎを所属弁護士全員で分業し、Mに確認すべきことをリストにしました。こちらも、担当者交代による依頼者との行き違いや業務の取りこぼしを防ぐために必要な対応だといえます。しかし、引継ぎは業務的にも精神的にも負担のかかる作業です。例えば、前任者と自分では方針が異なるが、前任者のやり方を踏襲せざるを得ず、納得感をもって業務を行えない場合や、引継ぎの記録や書類が不十分であるため、事実確認

に思った以上の時間がかかる場合、引継ぎ案件以外の仕事にかける時間が減り、負担が大きくなる場合などが想定されます。その場合は、心理的負担が累積し、仕事へのコントロール感が低くなってしまう可能性があります。そうなると、業務時間が長期化し、睡眠時間だけでなく、家族や友人と過ごす時間も減ってしまうため、疲労がたまりやすく、身体にストレス反応が出るなど、悪循環のサイクルが始まる危険性があります。自身の状況を知るためにも、定期的にストレスチェックをしてみることをおすすめします。

なお、前任者のMと依頼者の関係が良好であった場合、依頼者にとって担当Mの交代により、見捨てられた気分になることがあります。そのような場合、引継ぎ後の初回打合せに時間をかける、丁寧に話を傾聴して信頼関係の構築に努める（理論編第5章参照）など、特別な配慮が必要になるかもしれません。

Ⅲ 本事例で取れるその他の対策や予防

1. コミュニケーションによる職場環境の改善

Lは、雑言を言っても仕方がないと思いグッと飲み込んでいることからも、ネガティブな感情や考えは表出しないで抑え込むタイプのようです。もしかしたら、「見ればわかるだろう」などと思い、あえて言葉にしないタイプかもしれません。それゆえ、事務所内でのコミュニケーションが足りていなかった可能性もあります。一方で、もし「できるだけ長く働いてほしい」という思いを言語的・非言語的メッセージとして常に所員に感じさせていたのだとすると、退職希望者はその退職の意思を伝えた後の勤務は気まずいと感じてしまい、退職届をできるだけ後に提出し、その後は有休消化をするなどして、引継ぎが十分にできない状況を作ってしまう可能性があります。逆説的ではありますが、退職の自由

を認める環境を作り、退職希望がある場合には早めに伝えてもらえるようにすることで、引継ぎに十分時間をかけ、新規の弁護士募集も余裕をもって行うことができるようになります。

2．メンタルヘルス不調のチェック

　所員のメンタルヘルスを守り、職場環境の改善につなげるためには、理論編第3章Ⅰで紹介したストレスチェックやうつ症状チェックを所員に受けてもらうことも重要です。ストレスチェックに含まれる項目の中でも、特に仕事のストレス要因、中でも「心理的な仕事の負担」の質と量、仕事のコントロール度、そして周囲からのサポートに注目してください。物理的または心理的に仕事量の負担を調整したり、仕事をコントロールしたり、さらに職場の同僚や上司に相談したりできる環境にある場合、そうでない場合と比べ、同じようなストレスがあったとしてもストレスに感じにくく、ストレスに対処しやすくなります。

　また、家族や友人のサポートを受けられる環境の方が、受けられない環境よりもメンタル不調を予防しやすくなります。自分の仕事の質や量、そして周囲から受けられるサポートの有無を知ることは、メンタルヘルス不調の予防やストレス低減に役立ちます。忙しいときこそ、職場で定期的にストレスチェックを行い、ご自身や所員のメンタルヘルス不調の予防と早期発見を心掛けましょう。

3．その他の考えられる対策

　弁護士に事務所を退職されてしまうのではないかという不安や不信が、通常の範囲を超えて継続する場合、カウンセリングでその不安の正体と向き合ってみることも一案です。そして、事務所の運営について、弁護士が長く働き続けたいと思うような安心安全な環境づくりや、離職率の低下などの対策を知るために、組織経営のセミナーに参加することも役立つでしょう。

（岡本　かおり・三浦　光太郎）

CASE 9　経営者弁護士

弁護士や事務員の退職と難航する採用

　弁護士Aは、弁護士5名と事務員2名が所属する弁護士法人を経営している。Aは事務所拡大のため支店を出す方針を決め、4年前に採用してから懸命に指導をしていた弁護士Bに報酬の引上げなどの好条件で支店長のポストを提案したが、Bは独立を希望して事務所を退職してしまった。Aは、好条件の提案を拒否するだけでなく、退職してしまったBに対して、裏切られたような気分になった。

　その後、10年事務所に勤めた事務員Xが出産を機に退職したため、新たな事務員を急ぎ募集した。しかし、事務員Xと同等のスキルをもつ人材はなかなかおらず、採用に苦労する日々が続いていた。そこで、Aは、採用条件を見直すだけでなく、給与や育児休暇などの労働環境をより整備して、事務員が長く安定して働ける環境づくりに努め、良い条件を提示できるようにしたうえで再度採用活動を試みた。それでも条件に合う応募者がいなかったため、採用活動が長期化するだけでなく、事務員不足から所内の事務がさらに滞留してしまい、Aのストレスの大きな原因となっていた。

　また、Aは退職により減った弁護士を補充するため若手弁護士を募集したが、採用に難航していた。近年、若手弁護士は知名度や報酬の高さに加えて、キャリアパスの展望や大規模な案件に関わる機会の多さなどを考慮して、大手や名門の法律事務所を志向する傾向があるようで、中小規模の事務所には厳しい採用環境であった。

　退職が続き、採用もうまくいかず、職場環境の改善の効果も見られなかったため、Aはこれらの問題を解決する意欲を失いかけていた。しかし、業務を通常どおり遂行するためには弁護士や事務員を

事例編

> 確保する必要があるので、事務所を経営する知人の弁護士に相談したところ、経営の苦労話や退職防止の工夫などを聞くことができ、意欲が少し回復した。それと同時に、同様に苦労している弁護士をみて、良い条件の提示や環境の整備をしても退職するときは退職するのだと思い至った。

Ⅰ 経営者弁護士Aが抱える問題

　Aは自身の経営する弁護士法人で、弁護士と事務員の相次ぐ退職と採用活動に苦労していました。退職と採用は業務上の負担だけでなく、さまざまな心理的な負担を生じさせます。

1. うまくいかないことが繰り返されることで生じる心理的状況
　　—学習性無力感

　Aの弁護士法人では、弁護士に続いて事務員も退職し、急いで弁護士と事務員の採用に乗り出しましたが、採用は難航していました。この状況下では学習性無力感と呼ばれる心理的危機が生じる可能性があります。学習性無力感とは、自分がどんなに努力しても何も状況が変わらない事態を何度も経験することで、努力が結果に結びつかないと感じて、自信を失ってしまい、諦めの感情が強くなり、挑戦や努力する意欲が低下することをいいます。本事例では、Aは好条件の提示にもかかわらず弁護士Bが独立したことで経営や育成の苦労が無に帰したように感じています。また、弁護士の補充のため採用に努めましたが、うまくいかず、努力しても結果が出ない辛い状況に陥っています。さらに、10年間勤務した事務員の退職という大きな損失を補填するため、労働環境を改善して良い条件を出せるように試みても事務員として適切な人材を見つけられませんでした。このような努力などが無意味であったと感じる出来事を通して、Aは退職や採用について考え続ける意欲が低下し

たと考えられます。

　一方で、今回の学習性無力感を覚える前に、「自分が努力しても人材を確保し続けることができない」という考えや「採用してもどうせすぐに辞めてしまうだろう」という考えがあった可能性も考えられます。すなわち、既にあった学習性無力感が今回の出来事によって強化された可能性が指摘できます。この場合、目標に向かって行動する意欲が低下したり自尊心や自信を失ったりして新しい取組みを避けてしまうことがあります。そのため、採用活動をしても、希望者に対して積極的にアプローチできずに優秀な人材を見逃してしまう可能性があります。このような採用の失敗が続き、業務負担が重い状況が継続すると、スタッフの不足に伴う事務所内のストレスが強まり、事務所の雰囲気に悪影響を与えることで、退職が続き、さらなる悪循環に陥ってしまうかもしれません。このような悪循環はAに影響し、ひいては事務所全体の活力の低下につながりかねません。

2．求める人材が採用できない!!──要求水準を検討する

　事務員の採用について、Aは採用条件だけではなく、給与面や制度も整えるなどして、職場環境を魅力的に整えることに腐心していましたが、成果は出ませんでした。Aなりに事務員の採用がうまくいくよう努力しましたが、その成果とAの期待にはギャップがあり、結果的にAのストレスは高まるばかりでした。ここで注目したい点が、退職した事務員Xと同等のスキルを持つ人材の採用を目指しているという点です。

　心理学の古典的な概念の1つに要求水準があります。これは、言葉のとおり、個人が何かを遂行する際に要求する目標や基準の高さです。要求水準が高い場合、目標を達成できなかったときに自己評価が低下し自分を責めることがあります。また、周囲に対する期待が高い場合、その期待に応えてもらえなかったときに失望や怒りを感じることがありま

す。本事例では、当初、新規採用する事務員に退職した事務員Xと同等のスキルを持つことを求めていました。事務員Xは10年間Aの事務所で働き、豊富な経験を有し、事務所特有のノウハウやルールに精通しているので、候補者にはじめから事務員Xと同じスキルを求めるのは難しいかもしれません。残念ながら、高い要求水準は、将来性がある人材の採用を逃す原因となることがあります。さらに、要求水準を緩めて妥協して採用した場合であっても、新しい事務員に事務員Xと同じパフォーマンスを無意識に期待すると、新しい事務員にとってプレッシャーとなり早期退職にもつながりかねません。同じことは、弁護士の採用にも当てはまります。

Ⅱ 経営者弁護士Aが取った対策

1. 現実問題への対処──弁護士Aの実行機能の高さ

Aは、退職防止と採用について業務以上のストレスを感じていましたが、問題を先送りせずに具体的な対策を取ろうとしています。残念ながらAが満足する成果は得られていませんが、具体的な問題に対処することは「実行機能」の観点で非常に重要な取組みです。実行機能とは、目的達成のために思考や行動、情動を制御する能力をいい[1]、①思考を柔軟に切り替える能力であるシフティング、②優位な反応を抑制して不要な情報や反応を制御する抑制機能及び③ワーキングメモリ（作業記憶）内の情報を監視して必要に応じて新しい情報に更新するアップデーティングの3要素から主に構成されます[2]。そして、実行機能が高い人

---

1 森口佑介「実行機能の初期発達、脳内機構およびその支援」心理学評論58巻1号（2015年）77-88頁
2 Miyake, A., Friedman, N. P., Emerson, M. J., Witzki, A. H., & Howerter, A."The unity and diversity of executive functions and their contributions to complex "Frontal Lobe" tasks: A latent variable analysis." Cognitive Psychology, vol.41, no.1（2000年）pp.49-100

は、問題を冷静に分析し計画を立て対処できるため、課題が未達成であることのストレスが軽減されたり、課題が達成されることで自信がつき自己肯定感が増したりするなど、精神衛生上の利益を得られやすいです。

　一方で、実行機能の低下は先延ばし癖として表れることがあります。先延ばし癖は達成が難しく思える問題に取り掛かる際に特に顕著に見られる傾向があります。先延ばしにしてしまうと問題に取り掛かれずに解決が遅れて、常にその問題が頭の片隅に残るため、他のことに集中しにくくなるという問題が生じます。さらに、「いつかはやらないといけないが、取り掛かれない」という思いは、「いつまでも取り掛かれず、自分は怠けている」といった自己評価の低下につながり、問題解決への動機づけがさらに低下する悪循環が生じます。

　Aは、難航する退職や採用の問題に嫌気が差しながらも、問題解決を目指して課題に取り組んでいます。このことから、Aの実行機能の1つである抑制機能が十分に機能しているといえ、これがAのストレスを軽減させていたと考えられます。

2. ピアサポートの獲得

　Aは、退職や採用に関する問題について、同じように法律事務所を経営する知り合いの弁護士に相談したことで、新たな気づきを得たり、同じように苦労する仲間を見て慰められたりして、心理的な負担感が緩和されました。このように、同じ経験を持つ当事者同士が支え合う活動をピアサポートといいます。もともとはアルコール依存症の問題などを抱える当事者や家族同士の支え合いの場面で使われていた言葉ですが、現在はビジネスでもピアサポートが活用されています。例えば、同僚がお互いにサポートし合える環境を作ることで社員のメンタルサポートに役立てたり、ピアサポートを取り入れた研修を行うことで問題解決能力の向上を図ったりしています。ピアサポートの利用は、専門家に相談す

るよりも気軽で、当事者同士が本音を語り合える機会を提供します。Aは、退職や採用に関する具体的な工夫を知るとともに、仲間を見つけたことでメンタルヘルス上の問題に対応できたといえます。

Ⅲ 本事例で取れるその他の対策や予防

1．学習性無力感の改善に取り組む

　学習性無力感に陥ると、気分が抑うつ的になり、意欲や思考力、行動力が低下している可能性が高いです。学習性無力感の改善の第一歩としては、その状態を自覚することが必要であり、自覚するためには気分の落ち込みや疲れなどに注目することがよいでしょう。そして、自身の状態を自覚した後は、一般的なストレスケアを行い自分を労わりましょう（理論編第4章参照）。

　少し休むことができたら、意識的にポジティブな体験に取り組みましょう。学習性無力感の状態では、自己効力感（自分が特定の状況で必要な行動を取ることができるという自信）が低下しがちであり、ポジティブな感情を体験することで、動機づけ（やる気）の低下を抑制することが必要になるからです。例えば、趣味や運動、自然との触れ合い、新しいことへの挑戦といった活動のほかに、友人や家族、恋人に会うこともポジティブな体験になります。

2．要求水準を下げるには？

　要求水準は、過去の成功体験や周囲の期待の高さ、自己評価（自信を含む自分に対する評価）の高さ、失敗への恐怖などのさまざまな要因から高くなることがあります。しかし、自分の要求水準が高いことには気づきづらいでしょう。そこで、これらの要求水準を高める要素に目を向けたり、信頼できる同僚や同じ経験を持つ弁護士などの意見を聞き第三

者の視点を取り入れたりして、要求水準の高さを確認してみてはいかがでしょうか。

　また、要求水準を設定し直す際には、目的達成のために必要十分な内容が何であるかを検討することが効果的でしょう。例えば、採用の場面であれば、市場の一般的な水準を確認したり、今の事務所における事務を行うために必要なスキルや経験を洗い出したりして、現実的な水準を設定することが考えられます。なお、要求水準が高すぎてストレスになっている場合は下げることが望ましいですが、反対に要求水準を下げすぎた場合には、長期的な目標達成が難しくなったり、現状に満足するあまり向上心を失うリスクもあるため、注意が必要です。

3. 要求水準を下げられない背景とその対処——実行機能と問題解決

　要求水準の高さに気づき、下げる方法を知ってもなお、下げることができない場合があります。これを検討するために注目したいのは認知心理学における用語としての「問題解決」です。認知心理学上の「問題解決」とは、特定の目標を達成するために必要な手段や方法を見つけ出す思考プロセスをいい[3]、問題の認識、情報の収集、解決策の生成と評価、そして解決策の実行と評価を行うことを含みます。そして、問題解決は、個人の考え方の傾向や感情、動機づけなどの複雑な心理的要因からの影響を受けます。例えば、ポジティブな感情が続いているときには難しい課題に取り組む意欲が湧きやすく問題解決が十分に機能しやすかったり、こだわりが強い人は自分の考えからの切り替えや、柔軟に計画を変更して問題に対処することが難しく、問題解決が機能しづらかったりします。そのため、思考や行動、情動を制御する実行機能が高いほど効果的な問題解決が可能になります。

3　Ohlsson, S. "The Problems with Problem Solving: Reflections on the Rise, Current Status, and Possible Future of a Cognitive Research Paradigm" *The Journal of Problem Solving*, vol.5 no.1(2012) pp101-128.

本事例では、前述のとおり、実行機能の1つである抑制機能が働いていたので、Aは問題解決に取り組むことができていたようですが、要求水準の高さを十分に修正できず、解決策の実行とその評価の段階で問題解決に行き詰まっていた可能性があります。その背景には、日々の業務が滞っている焦りから、採用したい人材像にこだわりが生じたことが考えられます。この場合、Aは実行機能のうちシフティング（思考の柔軟性）に改善の余地があり、シフティングを高めることで、要求水準の高さを改善できた可能性があります。シフティングを高める1つの方法として、Aは、同じ経験をもつ弁護士との会話を通して、自身のこだわりに気づき硬直した考えを変えることが考えられます。誰かに話を聞いてもらうことは、自分の考えを外在化して、再検討する機会になるため、柔軟性を高める助けになります。

参考文献
菅原大地＝杉江征「ポジティブ感情による学習性無力感抑制効果の検討」日本心理学会第79回大会発表論文集（2015年）918頁
子安増生編『よくわかる認知発達とその支援〈第2版〉』ミネルヴァ書房（2016年）

（野﨑　麻里）

CASE 10　経営者弁護士

ボス弁の孤独――経営方針の衝突と相談相手の不在

　弁護士Ｆは、共同経営者である弁護士ＧとＨとともに、弁護士12名を擁する法律事務所を経営している。経営は順調だが、Ｆは長期的な成長を見据えて事務所を拡大したいと常々考えており、新人弁護士を採用・育成して受任件数の増加や業務範囲の拡大、後継者の育成をしたいという強い思いを抱いていた。そこで、Ｆは、ＧとＨに新人弁護士の採用・育成に取り組む必要性を説明したが、ＧとＨは経験弁護士の中途採用で十分だと反対し、その後協議を重ねても、ＧとＨの納得が得られなかった。Ｆは新人弁護士の採用・育成が事務所にとって一番良い選択であると考えていたので、新人弁護士の採用活動ができなかったことに怒りを覚えた。また、この対立以降、ＧとＨとの関係が悪化し、会議でもＧやＨの口調が強くなることが増え、時にはＦも声を荒げて議論することもあった。

　そこで、Ｆは、共同経営者間の経営方針の相違について同じ悩みを持つ別の事務所の弁護士に相談することを考えた。しかし、事務所の内部事情を外部に話すことや弱音を吐くことにためらいがあり、結局誰にも悩みを打ち明けられなかったので、孤立しているように感じていた。その後、経営上のトラブルが発生したことも相まって、Ｆは不眠の症状に苦しむようになり、この段階で初めてＦは自分が大きなストレスを抱えていたことに気づいた。不眠の悩みを抱えるＦは病院での治療に加えてカウンセリングを受け始めたが、カウンセリングで経営の悩みを相談するのは違うと思い、不眠の悩みに関することを相談する程度だった。

　Ｆは、不眠になってからは、医師やカウンセラーのアドバイスに

> 従い、業務が多くてもできる限り規則正しく生活するよう心がけた。加えて、睡眠時間や生活習慣の見直しを行ったところ、経営の悩みを考えないようにするためか、いつの間にか飲酒量が増えていたことに気づき、休日の前日にだけ飲酒をするようにした。また、Fは、方針のまとまらない会議にストレスを感じるようになったため、会議時間を短縮して優先課題に集中するようにした。しかし、時間短縮により、議題が未解決になることが増えて、判断を先延ばしにしているだけのように感じることもあり、ストレスはあまり減らなかった。

Ⅰ 経営者弁護士Fが抱える問題

　法律事務所の共同経営には、各弁護士の専門性を生かして幅広い依頼に対応できることや経費や設備などを共有してコストの削減ができるなどの長所がある一方で、利益分配や経営方針などについて悩む場面もあります。本事例では、共同経営者間での意思決定の難しさに直面したボス弁が抱える心理的な負担に焦点を当てて解説を行います。

1．他人に向けられる完璧主義

　Fは新人弁護士の採用・育成が事務所にとって一番良い選択であると考えていました。しかし、共同経営者であるGとHが反対したので、Fは新人弁護士を採用できませんでした。採用方針に反対されたこと自体がストレスの要因になり得ますが、Fの場合、GとHに対して完璧主義であることを期待したことから、ストレスをより強く感じやすくなった可能性が考えられます。

　他者志向の完璧主義とは、他人に対して高い水準を要求しそれを達成することを期待する一方で、他人に対して批判的でもあり、他人の失敗

や不完全さに厳しい態度を示すことをいいます[1]。Fは新人弁護士の採用・育成が事務所にとって一番良い選択であると考えていました。これまで一緒に頑張ってきたGとHなら、事務所の成長についての考え方は同じはずなので当然自分の考えに同意し、一番良い選択をしてくれるとFは強く期待していたと考えられます。しかし、実際にはGとHは反対してしまい、Fは期待外れであると怒りを覚えるだけでなく、その後、GとHとの関係も悪化しました。このように、Fは他者志向の完璧主義の思考パターンを持っていたと考えられます。そして、Fは、GとHが期待と異なる姿勢を示したことに深い失望やフラストレーションを感じたことから大きなストレスを感じていたかもしれません。

　GとHとの協議がうまくいかなかった後から、Fが会議を短時間で終わらせるようになったのは、協議が失敗したことへのストレスから完璧主義の傾向の1つである回避行動であると考えられます。これも、Fが抱えるストレスが大きかったことを示唆しているでしょう。

2．経営者の孤独感

　Fは共同経営者間で経営方針が異なる悩みについて、同じ境遇の弁護士に相談することをためらっていました。また、悩みの内容ゆえに普段は相談相手になるGとHにも相談できない状況でした。そのため、Fは孤独を感じており、結果的に不眠に陥ってしまいました。このように、社会的に孤立していると主観的に認識している場合（友人との交流が少ないと思っている等）や孤独感を抱いている場合（友人との交流があっても自分が理解されていないと感じる等）は、いずれも心身に悪影響を及ぼし、特に抑うつ症状を高めるリスクがあるとされています[2]。実

1　Hewitt, P. L., = Flett, G. L. "Perfectionism in the self and social contexts: Conceptualization, assessment, and association with psychopathology." *Journal of Personality and Social Psychology*, vol.60, no.3（1991）pp.456-470.
2　Kushibiki, N.= Aiba, M.= Midorikawa, H.= Komura, K.= Sugawara, D.= Shiratori, Y.= Kawakami, N., Ogawa, T.= Yaguchi, C.= Tachikawa, H. "How do social networks, perception of social isolation, and loneliness affect depressive symptoms among Japanese adults?" *PloS One*, vol.19, no.4

際にFは不眠という抑うつ状態の一種に陥っており、リスクが顕在化していたといえます。また、他人との接触が少ないことや一人暮らしなどにより社会的関係が弱い場合は、運動不足や肥満などよりも死亡リスクが高く、喫煙や飲酒による死亡リスクにも匹敵するとの研究もあり[3]、孤独がもたらすリスクは大きいものと考えられます。

また、Fは心理の専門家であるカウンセラーにも自身の本当の悩みを打ち明けられずにいる苦しい状況でした。孤独感がもたらす弊害として、他者への信頼を低下させることや、自己開示を困難にしてサポートを求める行動を抑制することが含まれます[4]。そのため、Fは孤独感からカウンセラーに悩みを打ち明けることができなかったおそれがあります。また、カウンセラーに話せないことでさらに孤独感が高まる場合もあり、Fは悪循環に陥っていた可能性があります。

加えて、弱音を吐いてはいけないという考えもカウンセラーに話す際の障壁になっていたかもしれません。Fは経営者であり、弁護士でもあることから、弱音を吐けない背景はさまざまあると考えられます。例えば、弁護士は頼りになる存在であるという社会的期待に応じるため弱みを見せない態度をとる場合[5]や職業的ストレス（職場の人間関係など）により感情的な疲弊を抱えることで自己開示が困難になる場合[6]などが考えられます。

(2024) 0300401.（https://doi. org/10.1371/journal.pone.0300401）
[3] Holt-Lunstad, J.= Smith, T. B.= Layton, J. B. "Social relationships and mortality risk: a meta-analytic review." *PLoS Medicine*, vol.7 no.7, e1000316.（2010）（https://doi.org/10.1371/journal.pmed.1000316）
[4] Hawkley, L. C.= Cacioppo, J. T. "Loneliness matters: a theoretical and empirical review of consequences and mechanisms." *Annals of Behavioral Medicine: A Publication of the Society of Behavioral Medicine*, vol.40, no.2（2010）pp.218–227（https://doi.org/10.1007/s12160-010-9210-8）
[5] 参照：Goffman, E. *The presentation of self in everyday life*. Penguin.（1990）pp28-32
[6] Maslach, C.= Leiter, M. P. "Understanding the burnout experience: recent research and its implications for psychiatry."*World Psychiatry: Official Journal of the World Psychiatric Association（WPA）*, vol.15, no.2（2016）pp.103–111（https://doi.org/10.1002/wps.20311）

Ⅲ 経営者弁護士Fが取った対策

Fは自身の抱える悩みのうち、不眠に対しては効果的な対策を実施していました。

本事例では、Fは不眠治療のために病院に行っており、これはとても良い選択であることは間違いありません。病院に行くことで、症状を診断したうえで、症状に適した生活習慣の見直しなどの睡眠衛生指導や睡眠薬での治療も受けられます。不眠の治療方法や詳細については、理論編第3章Ⅱ6．をご参照ください。

Fは規則正しい生活リズムを保つように心がけており、これによってサーカディアンリズム（いわゆる体内時計）を調整でき、不眠症の治療にも有効であるとされています[7]。また、アルコールは一時的に入眠を助けますが、睡眠の質を下げることがあり、Fが飲酒量を抑えるために飲酒する日を制限したことは不眠症を改善する可能性があります[8]。なお、睡眠については、理論編第4章Ⅱ1（3）をご参照ください。

さらに、Fは不眠についてカウンセリングを受けています。不眠治療としては薬物療法のほかに、カウンセリングで睡眠の改善を行うことも可能です。例えば、不眠症に対して認知行動療法を行うことは一般的であり、中でも睡眠制限法（睡眠時間を制限して睡眠効率を高める方法）、刺激制御療法（眠くなるまでベッドに入らない等の寝室・ベッドを睡眠のための場所として認識して睡眠を促進する方法）、認知再構成法（CASE15 Ⅲ1．（2）参照）、マインドフルネス瞑想（理論編第4章Ⅱ1．（5）（イ）参照）が睡眠を改善するとされています[9]。そのため、Fが

---

[7] Czeisler, C. A.= Buxton, O. M. "Human circadian timing system and sleep-wake regulation." *In Principles and Practice of Sleep Medicine*（2017）pp. 362-376.e5. Elsevier.
[8] Roehrs, T.= Roth, T. "Sleep, sleepiness, and alcohol use." *Alcohol Research & Health: The Journal of the National Institute on Alcohol Abuse and Alcoholism*, vol.25, no.2=（2001）pp.101–109.
[9] Furukawa, Y.=Sakata, M.=Yamamoto, R.=Nakajima, S.=Kikuchi, S.=Inoue, M.=Ito, M.=Noma, H.= Takashina, H. N.=Funada, S.=Ostinelli, E. G.=Furukawa, T. A.=Efthimiou, O.= Perlis, M. "Components and delivery formats of cognitive behavioral therapy for chronic insomnia in adults:

事例編

カウンセリングで不眠症治療を行ったことは有効な対応といえるでしょう。

Ⅲ 本事例で取れるその他の対策や予防

　本事例では、Fは不眠の原因の1つである完璧主義や孤独感などに対して直接的な対応をしていないようです。ここでは、これらの課題に対する有効な対応策をいくつかご紹介します。

1. 完璧主義の緩和[10]

　完璧主義的な思考を変える方法は複数ありますが、認知行動療法によるアプローチが取られることが多いです。このアプローチ方法の1つとして、以下のようにジャーナリングと認知再構成法を組み合わせて行う方法があります。まずは、毎日や毎週などの間隔でその日の感情や気分を思いついたままに自由に記録し、定期的に振り返ります（ジャーナリング）。これにより、自分の思考パターンを認識することができます。思考パターンに気づいた後は、完璧主義的な思考を現実的で柔軟な思考に再構成するように試みます（認知再構成法）。認知再構成法の詳細については事例編 CASE15 Ⅲ 1．（2）をご参照ください。例えば、失敗に対して「してはいけない行為」から「学びの機会を得る行為」と認識を改めることなどが考えられます。加えて、完璧主義的な思考から生じるストレスに対応するためには、マインドフルネス瞑想（理論編第4章 Ⅱ 1. 参照）や上記で言及したジャーナリングが有効とされています。これらの方法は1人でも実施できますが、カウンセラーなどの専門家の助けを借りて取り組むことも効果的です。

A systematic review and component network meta-analysis." *JAMA Psychiatry*（Chicago, Ill.）, vol.81, no.4（2024）pp.357–365（https://doi.org/10.1001/jamapsychiatry.2023.5060）
10　Hewitt, P. L.= Flett, G. L.（1991）・前掲注1

2．孤独感の軽減[11]

　孤独感の解消には、完璧主義の緩和でも言及した認知行動療法が有効です。ジャーナリング等を通じて孤独感を引き起こす思考を特定して、その思考を再構成することで、孤独感を軽減します。例えば、「友人や家族が私の苦労を理解してくれない」という孤独感を引き起こす考えを持っていた場合、「友人や家族に今抱えている悩みを説明して、少しずつ理解を深めてもらう」という考えに置き換えることが考えられます。また、対人関係のスキルを向上させることも効果があるとされています。具体的には、コミュニケーションや自己主張（アサーション）、共感などの技術を向上させることによって、雑談などを上手にこなして、職場での関係や友人とのつながりを深めたり広げたりすることが考えられます。円滑なコミュニケーションを行う方法を理論編第5章Ⅰ、アサーションを理論編第5章Ⅲ1．（5）で紹介していますので、あわせてご参照ください。

　なお、Facebookの更新頻度を上げて日常的に友人とのつながりを感じられる場合に孤独感が軽減されるとの研究結果[12]もあり、孤独感を軽減するためにSNSの利用を取り入れてもよいかもしれません。

3．レジリエンスの向上[13]

　弁護士や経営者にとって、レジリエンスは備えておくべき能力の1つに挙げられます。レジリエンスにはさまざまな定義がありますが、ここでは「逆境や困難な状況に直面した際に適応して回復する能力」とします。もしFが高いレジリエンスを備えていた場合、不眠などの心身の

11　Kushibiki, N. ほか（2024）・前掲注2
12　Deters, F. G., & Mehl, M. R. "Does posting Facebook status updates increase or decrease loneliness? An online social networking experiment." *Social Psychological and Personality Science*, vol.4, no.5（2013）pp.579–586.（https://doi.org/10.1177/1948550612469233）
13　Macedo, T., Wilheim, L., Gonçalves, R., Coutinho, E. S. F., Vilete, L., Figueira, I., & Ventura, P. "Building resilience for future adversity: a systematic review of interventions in non-clinical samples of adults." *BMC Psychiatry*, vol.14, no.1（2014）pp.227（https://doi.org/10.1186/s12888-014-0227-6）

事例編

不調に陥ることを防止できたかもしれません。

　このような利点のあるレジリエンスの向上方法はさまざまなものがありますが、マインドフルネス瞑想（理論編第4章Ⅱ1.（5）（イ）参照）や認知行動療法[14]、ストレスマネジメントなどがあります。また、ポジティブ心理学からのアプローチも有効とされています。このアプローチは、個人の強みなどを強化することに焦点を当ててレジリエンスの向上を図る手法です。具体的には、日々の成功体験を記録してポジティブな出来事に意識を向けるようになることで、ストレス耐性を高めることができるとされています[15]。

4．不調に気づく方法

　Fは不眠になるまでに自身の心身の不調に気づくことができませんでした。しかし、心身の不調に気づくきっかけは、身体・行動・精神においてストレス反応という形で現れます。例えば、イライラするという感情や、寝づらいという身体的な反応、飲酒量が増えるという行動が挙げられます。Fも不眠になる以前の段階で、不調に気づくきっかけになる反応が現れていた可能性が高いです。Fのように不眠などの症状で悩む前に、理論編第1章Ⅰ1.の「ストレス反応」の一覧（5頁）を確認して、現在の状況を振り返り、不調になる兆しがないかを確認してみてはいかがでしょうか。また、理論編第3章Ⅰのストレスチェック等の各種チェックリストを活用するのも自身の状態を客観的に確認できますので、おすすめです。

14　認知行動療法とは、物事の受け取り方や考え方（認知）に働きかけて気分や行動を変化させて気持ちを楽にする精神療法（心理療法）の一種です。例えば、ストレスを感じた場合、人は悲観的に考えがちになり、問題を解決できない精神状態に自らを追い込んでしまうことがありますが、認知行動療法はこのような状況においてもストレスに上手に対応できる精神状態を作ることができます。（国立研究開発法人国立精神・神経医療研究センター認知行動療法センター「認知行動療法（CBT）とは」https://cbt.ncnp.go.jp/contents/about.php）
15　Seligman, M. E. P., Steen, T. A., Park, N., & Peterson, C. "Positive psychology progress: Empirical validation of interventions." *American Psychologist*, vol.60, no.5（2005）pp.410-421（https://doi.org/10.1037/0003-066X.60.5.410）

CASE11　経営者弁護士（弁護士全般）

事務所運営と好きな仕事の間で揺れる思い

　弁護士Eは、法律事務所で7年間の業務経験を積んだ後に、学生時代から携わりたいと強く思っていた難民支援に注力するために独立した。Eは長らく独立を躊躇していたが、これは、難民支援は費用を持ち出しで行うこともあるぐらいに収益を得ることが難しいと聞いたことがあり、難民支援に関与しすぎると、事務所の弁護士や事務員の給料だけでなく、自身の報酬、家賃などの諸経費をまかなえる売上げを立てられなくなるのではないかと思っていたためだった。もっとも、Eは難民支援に携わる弁護士Fと話をする中で、Fが難民支援を続けるのは、自分がやりたい仕事をすることが仕事のモチベーションとやりがいになり、辛い仕事に諦めずに立ち向かえると信じているからであると知った。また、Fからは、難民支援を行いながら経営を安定させるための工夫について聞くことができた。EはFの話に感銘を受け、これなら自分も難民支援に注力できると考え、事務所を独立し、難民支援を始めることを決意した。そして、難民支援を行ううちに、Eと同じように難民支援に使命感を燃やす仲間との連携が増えて、難民支援業務の負担が軽減された。また、仲間の活躍を見て、より積極的に難民支援に関わりたいと思うようになった。

　そのようなEの思いとは裏腹に、たとえ業務負担が減っても、難民支援によって売上げを得ることは難しいため、Eは難民支援に専念できず、事務所開設当初からこの状況にもどかしさを感じている。しかし、難民支援に携わり続けるための努力をEは続けている。Eは、Fの話を参考にして、企業法務や顧問業務などの比較的収益性が高い案件を積極的に受任し、それらの収益を管理してい

> る。この取組みによって、Eは難民支援を引き受けても経営に悪影響が生じない水準を見極めている。こうして、Eは難民支援をしながらも安定的に事務所を運営できているが、難民支援とその他の案件をこなす必要があるので、業務量が多くなっていることに悩んでいる。

I 経営者弁護士Eが抱える問題

多くの弁護士が自身の興味のある分野に専念したいと思う一方で、収益のために本来やりたい分野以外の依頼を受任することはよくあることでしょう。経営や生活のために受任する案件と自身の興味のある案件をバランスよく受任できていることが望ましいですが、このバランスが崩れてしまうことも珍しくありません。本事例では、経営者の立場と弁護士としての自身の気持ちが対立することで生じる心理的な課題に焦点を当てて解説します。

1. 経営者と弁護士との間で生じる役割葛藤[1]

弁護士Eは、法律事務所の経営者として事務所の安定的な運営を維持する必要があるために、顧問業務や企業法務案件に取り組んでしています。一方で、Eは積極的に難民支援という興味のある業務を受任していますが、収益確保のためにやりたい業務の受任に一定程度制限をかけており、経営者の立場とE個人の立場が業務上対立しています。このように、個人が複数の役割を果たす中で、それぞれの役割や期待が矛盾や対立する状況を役割葛藤といい、バーンアウト（いわゆる燃え尽き症候群）の原因になります。そして、Eは事務所開設当初から難民支援に

---

1 Getzels, J. W.= Guba, E. G. "Role, role conflict, and effectiveness: An empirical study." *American Sociological Review*, vol.19, no.2（1954）pp.164-175（https://doi.org/10.2307/2088398）

専念できないことへのもどかしさを感じているので、長期間役割葛藤が続いている可能性があります。そのため、長期間ストレスをためやすい環境にあるといえ、バーンアウトのリスクが懸念されます。しかし、後述のとおり、Eは役割葛藤がある中でバランスを取りながら希望する業務に関与できているため、直ちにバーンアウトになる可能性は低いように思われます。なお、役割葛藤は、個人の特性や性格等に影響を受けるため、その影響度には個人差があります。例えば、自己効力感が低い（平たく言えば、自信がない）方は役割葛藤による影響を比較的強く受けるおそれがあり、役割葛藤により大きなストレスを抱える可能性があります。

2．経営者としての意思決定

Eは経営者として事務所を安定運営するために収益を確保しつつ、個人の興味関心のある業務にも携わるという意思決定をしています。もし収益に関係なくやりたいことを行う場合、事務所の収益不足や、所属弁護士や事務員からの事務所の利益確保の期待に応えられないリスクなどが生じます。そもそも、弁護士の収入は受任状況に左右されるため、安定した経営を行うことは容易ではありません。そのため、収益の確保と興味関心のある分野への関与をバランスよく両立させることは簡単ではなく、Eは難しい意思決定に直面しています。このような重大な意思決定は、多くの情報を処理しながら行われるため認知的負担が大きいだけでなく、意思決定の内容次第で事務所の経営方針や収益が大きく変わってしまうため、プレッシャー等の感情的負担もあるでしょう。その結果、重大な意思決定は強いストレス反応を引き起こすことがあります。幸いにも、Eはストレスによる被害が顕在化していないですが、多忙な状況なども相まって、意思決定による疲労を強く感じるかもしれません。

事例編

Ⅱ 経営者弁護士Eが取った対策

1. 役割葛藤への対処
(1) 認知再構成法
　Eは経営者として売上げの確保につながる業務を行いつつ、自分が興味を持つ難民支援を行っています。そして、難民支援については、Fの話を聞く中で、収益を期待せずに、自分のモチベーションとやりがいのための業務だと割り切るようになりました。Eはこの割り切りにより、役割葛藤に対処していると考えられます。すなわち、顧問業務などについては収益性の高さに注目する一方で、自分が興味を持つ難民支援については収益性に関係なく自分のモチベーションとやりがいになることに焦点を当てるようになりました。このように、それぞれの業務のネガティブな側面に注目せずに、ポジティブな側面に焦点を当てるようになったことで、Eは、これらの業務に対する認知を再構成しているといえます。かかる認知の再構成は、役割葛藤への対処として適切な取組みであるといえます。このような役割葛藤を軽減する手法は、「個人的役割再定義」とも呼ばれます[2]。なお、認知再構成法についてはCASE15 Ⅲ 1.(2)をご参照ください。

(2) 反応的役割行動
　また、Eは難民支援だけでなく顧問業務などもこなしています。これは、Eが自分の持つ役割のすべてを果たすことで役割葛藤を乗り越えようとする、「反応的役割行動」（または役割行動の増加）に当たるといえるでしょう[3]。反応的役割行動は役割葛藤への効果的な対処方法の1つで

---

[2] Margaret R. Elman=Lucia A. Gilbert, "Coping Strategies for Role Conflict in Married Professional Women with Children" Family Relations, Vol. 33, No. 2（1984）pp. 317-327
[3] Hall, D. T. "A model of coping with role conflict: The role behavior of college educated women." Administrative Science Quarterly, vol.17, no.4（1972）pp.471–486

あり、問題の解決によりストレスを軽減する方法ともいえますので、問題焦点型コーピングにも当たるといえるでしょう。しかし、役割をすべて果たすためには多くの業務量をこなす必要があるため、Ｅのように疲弊してしまうこともあります。このように、反応的役割行動をとることで、むしろストレスを抱える可能性があることには注意が必要です。なお、問題焦点型コーピングについては理論編第１章１１．（３）をご参照ください。

（３）構造的役割再定義

　Ｅは企業法務や顧問業務などから得られる収益を管理し、難民支援を引き受けても経営に悪影響が生じない水準を見極めています。Ｅの取組みは、経営者として稼ぐべき収益を明確にして、経営者であるＥが果たすべき役割を改めて設定するものといえます。このように、今ある立場上、他人に期待される役割や責任を見直すことを「構造的役割再定義」といい、これも役割葛藤に対する有効な対処法とされています。

Ⅲ　本事例で取れるその他の対策や予防

１．役割葛藤から生じるストレスへの対処

　上記のように、Ｅは、認知再構成法（個人的役割再定義）や反応的役割行動、構造的役割再定義に当たるような方法を活用して、自分が抱える役割葛藤を上手に対処していました。そのため、Ｅは役割葛藤を軽減することができていたと考えられます。しかし、役割葛藤を軽減するための取組みは、自分の考え方を変えたり、新しい役割を発見したりすることを要求するものであるため、すぐに効果を出すのは少し難しいかもしれません。そこで、これらの取組みによる効果を感じられるようにな

るまでは、役割葛藤から生じるストレスの軽減（緊急緩和[4]）を試みるのも重要です。ストレスケアについては、理論編第4章Ⅱで紹介しているさまざまなセルフケアの方法を参考にして、自分に合った方法を取り入れてみてください。

　また、状況の変化や他の視点からの検討によって、Eがこれまで考えていなかった対策が見つかる可能性があります。例えば、事務所の弁護士と話す中で、顧問業務や企業法務案件にもっと携わりたいと思っている弁護士がいるとわかれば、Eは自分の役割を見直して、顧問業務や企業法務案件はその弁護士に任せることで、難民支援により注力できるようになるかもしれません。こうして、役割葛藤の影響を軽減するために自ら積極的にコミュニケーションをとったり、問題解決に取り組んだりすること自体も役割葛藤の軽減に有効な手法とされていますので[5]、役割葛藤に直面した際には、さまざまなアプローチで解決に取り組んでみましょう。

2．モチベーションの向上
(1) 2つのモチベーション[6]

　モチベーションと仕事のパフォーマンスには密接な関係があり、Eが難民支援に専念するためには、モチベーションをさらに向上させることが有効かもしれません。モチベーションは2種類あり、行動そのものが楽しく、目的があり、継続するのに十分な理由となる場合に生じる「内発的動機付け」と、他の誰かから報酬を獲得しようとする場合に生じる「外発的動機付け」があります。例えば、内部的動機付けは楽しい仕事

---

[4] Margaret R. Elman=Lucia A. Gilbert（1984）・前掲注2
[5] Tidd, S. T., & Friedman, R. A. "CONFLICT STYLE AND COPING WITH ROLE CONFLICT: AN EXTENSION OF THE UNCERTAINTY MODEL OF WORK STRESS." *The International Journal of Conflict Management*, vol.13, no.3（2002）236–257.
[6] Cerasoli, C. P. = Nicklin, J. M. = Ford, M. T." Intrinsic motivation and extrinsic incentives jointly predict performance: A 40-year meta-analysis." Psychological Bulletin, vol.140 no.4,（2014）pp.980-1008.（https://doi.org/10.1037/a0035661）

や興味深い仕事などを行う場合に、外部的動機付けは給料や昇進などを得る場合に生じます。そして、内発的動機付けは仕事の質（正確性や完成度など）を向上させ、外発的動機付けは仕事の量（迅速な処理など）の向上に有効とされています。そのため、両方をバランス良く併用することで仕事のパフォーマンスの向上に役立てることができます。

（2）内発的動機付けと外発的動機付けの活用

　本事例において、Ｅは報酬を得る目的で収益性の高い案件を受任しているので、企業法務等の案件に対して外発的動機付けを有しています。一方で、Ｅは難民支援に専念したいと考えていることから、企業法務等の案件への内発的動機付けは小さいでしょう。このように、Ｅの収益性の高い案件に関するモチベーションは、外発的動機付けに偏っている状態ですので、内発的動機付けを向上させることができれば、仕事の質を向上できる可能性があります。例えば、企業法務や顧問業務を通じて難民支援でも活用できるスキル（外国語の習得等）があれば、内発的動機付けを高めることができるでしょう。そして、より質の高い仕事を提供できれば、依頼者からの信頼を得て、条件の良い案件を受けやすくなるだけでなく、新しい依頼者の紹介を受けやすくなることなどが期待できます。これにより、Ｅは収益性の高い案件のために費やしていた労力を、難民支援に振り向け、難民支援に専念しやすい環境を作ることができるかもしれません。

（3）内発的動機付けの高め方[7]

　Ｅのように、既に希望する業務がある場合、内発的動機付けを高めるのは比較的簡単でしょう。しかし、誰もが自分のやりたい業務を持っているというわけではないと思います。そこで、内発的動機付けを高める

---

[7] Richard M. Ryan = Edward L. Deci, "Intrinsic and Extrinsic Motivations: Classic Definitions and New Directions", *Contemporary Educational Psychology*, vol.25, Issue 1 (2000) pp. 54-67

別の方法を紹介します。1つ目は、有能性を実感することです。有能性とは、仕事の成果が上がって、自分の能力や成長を実感できることをいい、有能性を実感できることも内発的動機付けを高めることにつながるとされます。具体的には、時折自分自身の成長を振り返ることが有効です。例えば、自分の興味関心のある分野でやり遂げたことを確認するのも1つでしょうし、それ以外の分野でも、弁護士としてのキャリアの成長を客観的に整理してみることも挙げられます。2つ目は、一緒に案件に取り組める仲間との関係を築くことです。例えば、将来、自分自身が興味関心を持てる分野が見えてきた際には、同じ興味関心を共有できるような人たちと関わりを持つことは、内発的動機付けを高めるために有意義な取り組みといえるでしょう。

（4）内発的動機付けの留意点

内発的動機付けを高めることで、仕事のパフォーマンスの向上が見込めますが、内発的動機付けが高すぎる場合、対人関係に注意が必要です。実は、内発的動機付けが強すぎる場合、自己中心的な行動が増えてしまい、対人関係が悪化する可能性があるとされています[8]。例えば、Eが自分の興味を優先し過ぎて、業務時間のほとんどを難民支援に費やした場合、他の依頼者に迷惑をかけたり、事務所の運営上必要な作業を後回しにして事務員が仕事を進められなかったりすることがあるかもしれません。このような場合、周囲の人との関係性が悪化してしまうことがあります。何事もバランスが重要ですので、内発的動機付けと周囲の人との関係の両方を大切にしましょう。

3. 決断疲れへの対処

本事例で、Eは事務所運営と好きな仕事の間で揺れる思いを上手に解

---

[8] Ryan, Richard M = Edward L Deci. "Self-Determination Theory : Basic Psychological Needs in Motivation, Development, and Wellness." New York: Guilford Press (2017)

消していましたが、このように解決できる場面ばかりではありません。目の前の問題をすぐに解決できない場合、何をすべきか考え続けてしまい、物事を決めるまで時間がかかってしまうことがあります。これにより生じる問題を意思決定疲労（いわゆる決断疲れ）といいます。決断疲れが発生する原因は複数ありますが、意思決定の頻度や順序、期間、時間帯、責任、複雑さ、不確実さなどが挙げられます。そして、決断疲れの悪影響として、意思決定が非効率になる、最も簡単で安全と思われる選択肢を選びやすい、意思決定を誤る、意思決定ができなくなるといった点が指摘されています[9]。

　もし決断疲れが生じたら、決断疲れの原因が何かを明らかにして、状況を改善するように努めてみましょう。例えば、毎日どのような服を着るのか、何を食べるのかをその都度決める人も多いかと思いますが、これらを予め決めておくことで、日常的な決断を減らしてみるのもよいかもしれません。他にも、日常業務の中で典型的に行っている業務については、マニュアルを作り、できるだけ頭を使わずに進められるように準備するのも有効かもしれません。また、身体や心が疲れているために決断疲れが生じている場合もありますので、忘れずに休憩を取りましょう（理論編第4章Ⅱ参照）。

（三浦 光太郎）

9　Choudhury, N. A., & Saravanan, P. "Identifying the Causes and Effects of Decision Fatigue through a Systematic Review (Extended Abstract)." *Proceedings of the Human Factors and Ergonomics Society Annual Meeting*, vol.68, no.1,（2024）pp.189-190.

事例編

> COLUMN

ボス弁たちの葛藤と後継者育成の課題

「ボス弁」は、経営者としての苦労や葛藤にも直面しています。特に50代以降の多くのボス弁は「後継者の育成」について悩みを吐露しており、採用や育成を自身の課題に挙げています。多くのボス弁は経営や事件処理などのマルチタスクに追われ、緊急性の高い案件を抱えているときには、睡眠時間を削ったり土日祝日問わず業務を行ったりと、健康管理が二の次となってしまうことがあります。こうした無理がたたり、病気になるボス弁も少なくなく、病気になったことをきっかけに後継者育成を進めるケースも見られます。ここでは後継者の悩みを簡単に紹介します。

後継者候補がいない

2023年の弁護士白書[10]によると事務所の規模別に見た事務所数の割合は1人事務所が61.82％、2人事務所が17.28％、3〜5人以上で14.40％と続いており、全国にある法律事務所のほとんどが5人以下の小規模な法律事務所となっています。事務所内に弁護士がいない、または少ないことは、後継者育成のネックとなっています。

後継者を育てても離職されてしまう

先を見据えて若手弁護士を雇用してノウハウを伝授しても、独立や別の事務所への移籍で退職するケースは決して少なくありません。退職によりまた1から育成を始める必要があり、負担を感じてストレスになったと話すボス弁もいます。

---

10 日本弁護士連合会「基礎的な統計情報（2023年）」4．法律事務所の共同化及び弁護士法人の現状　事務所における弁護士の人数「資料1-3-2　事務所の規模別に見た事務所数の割合」より

顧客や案件の引継ぎが難しい

　多くのボス弁は自身の「人的つながり」を通じて顧客を維持しているため、共同経営者や若手弁護士に顧客を迅速には引き継げないという悩みに直面しています。例えば、ボス弁の仕事の高い評価により顧客や案件の紹介を受けているため、事務所内の別の弁護士に任せたとしても顧客との信頼関係が壊れて引き継げないのではないかと不安を抱えるボス弁も少なくありません。

（士業特化型ライター・インタビュアー　岩田 いく実）

弁護士全般

CASE12

感情的・高圧的な依頼者対応における苦悩

　弁護士Iは、ある日、夫の不貞行為に悩む女性依頼者Jから離婚事件の依頼を受けた。Jは受任時から精神的に不安定な様子だったが、離婚調停が思いどおりに進行していないことがわかるとさらに感情的になり、昼夜問わず頻繁に携帯電話に電話をかけてくるようになった。Iは、Jに共感しつつも電話の多さから仕事に集中できないだけでなく、毎回泣きながら「今は仕事もできずお金もないし、これからどうすればいいのかわからない」等の不安をぶつけられるため、次第に精神的に追い詰められていき、電話が鳴るたびに憂鬱になり耳鳴りも起きていた。このままでは限界を超えてしまうと感じ、Jの気持ちを理解しつつも、距離を置く必要性を痛感した。そこで、電話での連絡を最小限にするため、定期的に進捗報告を行うことを提案し、Jに対して「今後は原則メールで連絡をお願いしたい」と伝えた。これにより、Jとのコミュニケーションは少しずつ落ち着きを見せ、Iも冷静さを取り戻すことができた。

　また、Iが依頼者Mから遺産分割事件を受任した際、依頼者Mは「弁護士に高いお金を払ったのだから、勝って当然」と高圧的な態度だった。Mの望む内容で調停が成立するとは限らない旨を丁寧に説明したが、Mは納得せず、「絶対勝て」と強く求めてきた。Iは、依頼者の期待に応えられないのではないかという不安と、説明を理解してもらえない辛さで、Mとの打合せが非常に億劫だった。しかし、Iは根気強くMと打合せを行ったり、進捗を定期的に報告したりして、信頼関係を築くように努めた。また、具体的なリスクや見通しを示し、実際に起こり得る結果をわかりやすく説明した。これにより、Mの感情も徐々に落ち着き、Mとの関係が改善

して業務がスムーズに進むようになった。

I 弁護士Iが抱える問題

　多くの弁護士は依頼者対応で悩んだ経験があるでしょう。本事例の弁護士Iは感情的な依頼者や高圧的な態度の依頼者の対応に苦労しており、このような依頼者は弁護士の悩みの種の1つかもしれません。本事例では、感情的な依頼者を前にした弁護士の悩みや対応方法を見ていきたいと思います。

1．感情的な依頼者とのコミュニケーション

　依頼者JがIに頻繁に電話をかける背景には、夫の不貞行為による疲弊感に加え、離婚調停が思うように進まないため先が見えないことや、経済的な問題を抱え不安定な気持ちを抱えていることが考えられます。そして、この背景からJは「私の不安をIに受け止めてほしい」という思いを強く持つようになり、Iへの依存が始まっていると考えられます。Iも、Jに対し親身に話を聞き、気持ちを受け止めすぎた結果、JがIに対し昼夜問わず電話をかけるようになった可能性が考えられます。また、このように執拗に電話が来ることで、Iは電話が鳴るたびに憂鬱な気分になり、電話が鳴ってないときにも耳鳴りがするなど、精神的な疲弊につながった可能性があります。そして、弁護士は心理支援の専門家ではないため対応方法がわからず対応に苦慮するだけでなく、依頼者の不安に触れることで弁護士自身もストレスや不安を感じることもあり、Iもこのような理由で心身の不調に見舞われていた可能性も考えられます。

　Iの疲弊度合いに注目すると、耳鳴りや動悸がするなどの「身体的反応」と、食欲の減退や不眠などの「心理的反応」が見られ、Iは非常に疲れていたと考えられます。なお、本事例にはないですが、精神的に疲

れている場合、ストレス解消のために暴飲暴食や飲酒、喫煙量が増えるなどの「行動的反応」を示す場合もあり、疲弊度合いを確認する際には行動にも注目が必要です。

　また、業務時間中に依頼者の電話に時間を取られてしまうと、他の業務が進まず、自分で仕事をコントロールできない苛立ちでストレスを抱えることも問題です。加えて、ネガティブな気持ちを抱えたまま帰宅することで、鬱憤した気持ちが家族に向けられ、家庭不和につながる可能性もあります。

2．高圧的な態度をとる依頼者への対応

　依頼者Ｍのように「弁護士に依頼したら事件が自分の思うように進み、自分が求める結果が得られる」と思っている依頼者は少なくないでしょう。依頼者が望む結果にならない場合には、依頼者が弁護士に対し懲戒請求をちらつかせるなどの脅迫的な言動をすることがあり、弁護士を疲弊させることも多いと思います。このような高圧的な態度は、依頼者の思考の癖が反映されている可能性があります。例えば、物事を「成功か失敗か」と両極端に捉え、わずかなミスも許容できない思考パターンを「白黒思考」や「全か無か思考」といい、この思考パターンの人は完全に勝つことを期待し、期待どおりに進まないと強い不満や怒りを表す場合があります。加えて、自分の考えに強いこだわりや柔軟性のない思考を併せ持つ依頼者の場合、説得はさらに困難になるでしょう。Ｍもこのような思考の癖をもっている可能性があります。その他にも、経済的な困窮や親族との疎遠な関係などの事情も高圧的な態度の原因として考えられます。

　そして、ＩはＭが人の話を聞こうとせず一方的に自分の意見を押し通す態度をとるため、Ｍとの打合せを億劫に感じています。これはＭとの打合せに嫌気が差しただけでなく、精神的な疲労やモチベーションの低下が見られ、バーンアウト（燃え尽き症候群）に近い疲弊を示して

いる様子が見受けられます。この疲弊が悪化すると、IはMの依頼に関する業務を行うたびに眩暈や動悸がしたり、Mに会うと思うだけでも眠れなくなったりといった心身の不調に発展する可能性があります。

Ⅱ 弁護士Iが取った対策

1. 依存する依頼者とのコミュニケーション

　弁護士Iは依頼者Jからの電話を最小限にするため、Jに定期的に進捗報告を行うことを提案し、「今後は原則メールで連絡をお願いしたい」と伝えました。これは、感情的な依頼者への対応として有効な方法の1つであり、以下の3つの観点から有効な手段であったと評価できます。1つ目として、定期的な進捗報告を提案したことは、依頼者が自身の案件の状態を予測可能なスケジュールで把握できるため、安心感を得やすくなります。2つ目として、メールでのコミュニケーションは依頼者が自分の考えや感情を整理する契機や時間になり、依頼者の自立心を促進することだけでなく、感情の安定にも寄与します。3つ目として、メールでの連絡を原則にするコミュニケーションのルール設定は依頼者と弁護士との適切な距離感を保つことに役立ちます。これにより、IはMからの連絡によって抱えるストレスを軽減できるでしょう。

　コミュニケーションのルールを設定する際には、依頼者の感情に配慮した内容にしましょう。本事例であれば、Iからメールでの連絡をお願いした場合、Jから「私のことを見捨てるのですか？　私の気持ちはどうなるのですか」と強い拒否感を示される可能性があります。そこで、弁護士としては、依頼者の不安や心配に理解を示しながら、ルールの必要性を明確に説明して、具体的なルールを提案する方が望ましいでしょう。例えば、Iは「あなたが大変な状況にあることは十分に理解している」などの理解を示してJの気持ちに寄り添いつつ「今まで話を聞いて

いたが依頼の範疇を超えていること」や「離婚調停に必要なことに着目して話合いを進める必要性があること」をJに冷静に伝え、「必要事項のみお互いに随時メールする」という提案をすることが想定できます。また、依頼者の反応や意見を聞いたうえで、提案したルールを調整する柔軟性を示し、依頼者の反発を抑えることが必要になるかもしれません。

2. 高圧的な態度をとる依頼者との信頼関係の構築

　弁護士Iは、依頼者Mの態度を改善させるために、Mとの打合せを重ねるほか、進捗を定期的に報告して、信頼関係を築くように努めました。この手法はある程度有効であると考えられますが、依頼者の感情への共感や事情の理解に焦点を当てたアプローチを取ることでより深い信頼関係を築く余地があるかもしれません。例えば、Mが家族の中で孤立していた事情や、プライドが邪魔をして家族との復縁ができなかったこと、生活が困窮していることなどの依頼者の背景を聞きながら、「家族に頼ることなくご苦労されたのですね」といった依頼者の不安への共感を示すことが考えられます。このアプローチにより、MはIが自分の気持ちを受け止めてくれたことに安心感を持てるようになり、Mの高圧的な態度が徐々に落ち着く可能性があります。

　また、「白黒思考」や「全か無か思考」をもつ人は極端な思考になる傾向にあることから、現実的な期待値を設定することが最初に試みるべき解決策でしょう。Mのように丁寧に説明することも重要ですが、より明確に現実を理解してもらうためには具体的な事例、データや統計による一般的な結果、図表やグラフを用いた視覚的な説明などを用いるとより効果的に現実的な期待値の設定を行うことができる場合があります。残念ながら、このような取組みをしても納得を得られない場合もあり、そのような場合には共通の趣味や関心事を見つけて雑談を行いながら信頼関係を深めるなどの別のアプローチが必要になるでしょう。

Ⅲ 本事例で取れるその他の対策や予防

1．執拗な電話への対応や心構え

　今回の依頼者のように、不安や孤独感を抱えているがゆえに他人に依存したいという心の弱さが執拗な電話につながる場合があります。この場合、相手の状況を考えずに依存してしまい、時にはエスカレートして批判や罵倒、理不尽な言動に至ることも考えられます。本事例で、Ⅰはコミュニケーションの手法を変えて対応しましたが、そのほかに、執拗な電話自体への対応を上手にこなすための心構えと対策があります。以下に挙げる手法で、自分の心を守るとともに、蓄積するストレスをプライベートでしっかり解消することで、精神的ダメージが残らないように弁護士自身が工夫することも大切です。

① **冷静さを保つこと**
　相手が何を言っても感情的にならずに、冷静に対応することが大切です。
② **明確な境界を設定すること**
　電話の目的や内容に対して、自分の「できること」と「できないこと」の境界を明確に相手に伝えましょう。
③ **時間や日時、目的を設定すること**
　相手が何回も電話をかけてくる場合は、通話の目的や時間を定めて、目的の達成や時間の到来に応じて電話を途中で切ることが必要な場合もあります。また、次回予定を決めて、1回当たりの電話の時間を短縮することも取り得る手段です。
④ **メモを取ることや録音をすること**
　相手の言動をメモや録音で記録することで、内容の確認が容易になったり、次のステップが明確になったりするだけでなく、依頼

者の行動の抑制や問題発生時の資料としても活用できる場合があります。

⑤ **第三者に相談すること**
自分だけでは対応に困難を極める場合、先輩や同僚、友人の弁護士などに相談してみるとよいでしょう。良いアドバイスが得られる可能性があります。

⑥ **細かい表現にも注意**
自信のない人ほどわずかな言い回しに引っかかり、自分が否定されたと思い込む傾向があります。こうした状況が繰り返されることで情緒不安定になり、ますます行動がエスカレートしてしまうことにつながる可能性があるため、表現には細心の注意を払う必要があります。

⑦ **場合によっては聞き流すこと**
攻撃的な言動をとられた場合は、真摯に受け止めるのではなく、適当に聞き流して、相手が飽きたり諦めたりするのを待つのも効果的です。

2. 高圧的な態度をとる依頼者への対処

常に高圧的な態度を取る依頼者への対応は、弁護士にとって大きなストレスになりますが、1が行った信頼関係の構築や現実的な期待の説明以外にも、以下に挙げる方法を取ることで有効に対処できる可能性があります。

① **冷静に対応すること**
相手の言動や態度に動じることなく、常に冷静に保つことが大切です。

② **相手の話を傾聴すること**
相手の話をよく聞くことで、相手の本当の感情や要求を理解する

ことにつながります。
③ **共感を示すこと**
相手の気持ちを理解しようとする姿勢を示すことで、相手も落ち着きを取り戻す場合があります。
④ **境界を設定すること**
相手に対し、自分の意見や「できること」と「できないこと」の境界線を明確に伝えることが重要となります。
⑤ **明確な言葉で拒否すること**
社会的にも不適切な言動や行動に対しては、はっきりと拒否する姿勢をもつことが大切となります。
⑥ **サポートを求めること**
自分だけでは解決できない、限界だと思ったときはボス弁や兄弁など他の弁護士や専門家に相談しサポートを得るのも1つの手段です。
⑦ **ストレスの管理を行うこと**
仕事とプライベートを切り分けるとともに、プライベートではリラックスできることをしたり、趣味に時間を使ったりするなど、心身のリフレッシュを図ることが大切です。

3．受任継続の検討

本事例で説明したような対策などを試みても、相手の高圧的な態度や脅迫的な態度が一向に改善されない場合は、事務所内でその他の対応策がないかを検討してみてはいかがでしょうか。他の弁護士と相談しても対応策が見つからない場合には、辞任を検討してもよいかもしれません。弁護士自身の心身の健康を守るためにも無理せず適切な対応を取ることが大切です。

事例編

参考文献
畑中純子監修『産業保健と看護　職場のメンタルヘルス予防・対応・支援のすべて』メディカ出版（2021年）
山本晴義＝曽田紀子『初任者・職場管理者のためのメンタルヘルス対策の本』労働行政（2010 年）
山本晴義『ストレス一日決算主義』日本放送出版協会（2005 年）
厚生労働省「こころの耳　ストレス軽減ノウハウ　2　ストレスからくる病気」https://kokoro.mhlw.go.jp/nowhow/nh002/
厚生労働省「こころの耳：働く人のメンタルヘルス・ポータルサイト やってみよう・教えよう POSITIVE SHARING 疲れやストレスと前向きに付き合うコツ」（https://kokoro.mhlw.go.jp/ps/detective/02.html）

（小木曽　眞知子）

CASE 13　弁護士全般

弁護士会の会務が業務を圧迫する

　弁護士Cは、先輩弁護士からの頼みで消費者問題対策委員会の委員を引き受けることになったが、既に他の複数の委員会にも所属していたので、できれば引き受けたくないと考えていた。しかし、もし引き受けないと弁護士会内での人間関係が悪化するのではないかという思いもあり、引き受けることにした。既に他の委員会で資料作りや議案の整理、委員会での司会などを引き受けている中で、新たに会務が増えたことは想像以上に重い負担になった。また、Cの事務所は弁護士会まで車で片道1時間かかるが、委員会への出席などのため弁護士会に立ち寄る回数が増えたことで移動時間が大きく増えてしまった。こうして、Cは業務に集中できる時間が大幅に減ってしまったため、休日も働かざるを得なくなった。加えて、Cは休日の業務を増やしても受任件数を減らさざるを得ず収入が減ってしまい、大きなストレスを抱えるようになった。

　また、Cが会務で事務所を空ける時間が増えたことで、事務員はCに業務の相談ができなくなり、依頼者対応等の業務に混乱が生じた。さらに、事務員が対応できなかった場合、Cが後で対応しなければならないため、Cの負担は増える一方であった。そこで、Cは、自分の不在時にも事務員1人で対応できるように「緊急性が高い連絡はすぐにCへメールと電話で報告する」等の具体的で詳細な手順を定めた事務員向けのマニュアルを事務員と一緒に作成した。このマニュアルにより、業務上の混乱は収まり、業務量が減り始めた。

　加えて、会務をただ辛いだけの仕事と考えないようにするため、「弁護士と会う機会が増えるから、知り合いを増やそう」と会務を

> ポジティブに捉えようとしたが、当初はうまくいかなかった。そんな中、偶然「会務が好き」と話す弁護士に出会い、「1人では受けられない案件は会務で出会った弁護士に声をかけて手掛けている」と話してくれた。Cは以前から、重大な交通事故案件では、医療照会等の証拠収集が大変なので、共同受任をしたいと考えていたため、会務で知り合った弁護士と協働した経験を聞けたことは会務をポジティブに捉える大きな契機になった。

I 弁護士Cが抱える問題

1. 認知的不協和

　仕事において、時に自分の意思とは裏腹に役割を引き受けなければならない場面があります。このような現実と自分の思い（認知）との間に葛藤や対立がある状態を、心理学では「認知的不協和」と呼びます。弁護士のように多くの責任を伴う職業では、認知的不協和が生じやすく、しばしばストレスの原因となることでしょう。本事例では、①「できればやりたくない」と思いつつ新たに委員を引き受けなければならない現実、さらには②「辛いだけの仕事」と考えつつ会務を続けなければならない状況でそれぞれ認知的不協和が引き起こされていたと思われます。これらの強い心理的葛藤は、Cには強いストレスに感じられたことでしょう。本事例では、①の認知的不協和は比較的速やかに解消されましたが、②の認知的不協和に対してCは①よりも解消に苦戦していました。そして、Cは①と②に対して異なる方法で認知的不協和を解消するように試みていますので、この解消方法の違いについて後ほど解説します。

2. 業務等の負担増と連携不全

認知的不協和に加えて、Cは業務や収益に関するストレスも抱えていました。1つは業務時間の確保が難しくなったことです。Cは会務が増えたことで、資料作成や会議運営といった業務負担が大幅に増加しました。加えて、法律事務所から弁護士会までの移動時間が増え、平日の業務時間が削られました。さらに、業務時間が短くなったため、収益に悪影響が生じました。平日に十分な時間を確保できないCは、休日にも業務をこなさざるを得なくなり、その結果、受任件数を維持することが難しくなりました。このように、Cは自分の思うように業務ができない苛立ちを感じるとともに、収入が減少するという金銭面での問題も抱えることとなり、さらに強いストレスを感じるようになりました。

また、事務所を空ける時間が増えたことは、事務員との連携にも問題を生じさせました。事務員が急な依頼者からの連絡に対応できない場合が増え、その結果、Cが後で対応せざるを得なくなったのです。これにより、Cの業務は通常よりも増えてしまい、負担がさらに増加したことで、ますますストレスを抱えるようになりました。

Ⅱ 弁護士Cが取った対策

1. 委員就任における認知的不協和の解消——認知を変える

認知的不協和を解消する方法は、現実を変えるか認知を変えるかのいずれかとなります。認知的不協和を解消する方法としてより理想的な方法は、現実を変える方です。例えば「タバコは人体に害がある」と認知しつつ、「タバコを吸っている」という現実がある場合、現実を変える、つまり禁煙するのが最も合理的ですが、禁煙は一般的に簡単ではありません。現実を変えることが難しい点は、本事例でも同様であると考えられます。すなわち、Cが新たに委員を担ったことに対して認知的不

協和を感じている場合、「委員を辞任する」という現実を変える方法が、「できればやりたくない」という認知を変える方法よりも理想的な解消方法です。しかし、一度就いた委員を辞することは容易ではないと思われます。特に、Cの所属する弁護士会の規模が小さい場合には、他の弁護士も複数の会務を引き受けている状況にあると思いますので、なおのこと難しいと思います。

本事例では、Cは委員を担当しない場合の不利益を考慮し、「できればやりたくない」という認知を「人間関係を悪化させないためにやる」という認知に変えて委員を引き受けたと考えられます。これでストレスが完全になくなるわけではないでしょうが、ただ「やりたくない」と思い続けながら引き受ける場合に比べれば、「人間関係を悪化させないためにやる」と考えることで、認知的不協和を起こしにくい心のあり方に持っていくことができました。

2. 会務における認知的不協和の解消——考えの「幅を広げる」

Cは「会務はただ辛いだけの仕事」と思いつつやらざるを得ない状況での認知的不協和に対しても、「（会務をやっていれば）弁護士と会う機会が増えるから、知り合いを増やそう」と認知をポジティブなものに変える方法を試しました。しかし、残念ながら、この工夫は、初めはうまくいかなかったようです。これは無理して自分の考えを変えようとしたからかもしれません。ここでのポイントは「無理して」の部分です。前述のとおり、認知を変えられるようであれば何ら問題はありません。実際、「委員をやる・やらない」については「人間関係を悪化させないためにやる」と認知することで、「やる」という現実と折り合いをつけることに成功しました。しかし、Cの場合、会務が辛いという気持ちを解消するのには、認知を変える方法はうまく機能しなかったようです。

人は無理して考えを否定しようとすると、逆にその考えに囚われてしまう傾向があります。例えば、「絶対に緑色のパンダを想像しないでく

ださい」といわれると、頭の片隅に緑色のパンダがよぎったという方も多いのではないでしょうか。この現象を「皮肉過程」といいます。「絶対に」という「無理」を強いられたことがこの現象をもたらしています。

　Cが「弁護士と会う機会が増えるから、知り合いを増やそう」と思っても、そう思い切れなかったのは、もしかしたら「会務は辛くて大変」という考えを「無理」して抑え込もうとしたからである可能性があります。しかし、「会務が好き」という弁護士との出会いで、Cに変化が訪れました。会務のポジティブな側面を実際に享受している人の話を聞くことで、自分にはなかった考え方がプラスされたのです。自分の考えを否定するのは難しいですが、「そういう考えもあるんだな」と追加情報として他者の考えを認識するのならそこまで難しくはないでしょう。こうして、会務が「辛いもの」から「辛いだけではなく、他の弁護士と協働するチャンスを増やしてくれるもの」であると、考えの幅を広げることでストレスを減らせることもあります。

3．連携不全の解決——問題解決法

　認知的不協和を何とか解消して新たに委員を引き受けることを決めたCでしたが、既に会務を担当しているところに、新たな会務が追加されるといういわゆる「多重会務」状態は想像以上の負担になりました。自身の受任件数を減らすことを強いられたほか、事務員が対応できなかった業務をC自身が処理することが増えてしまったのです。そこでCが着手したのは、事務員向けのマニュアルの作成でした。具体的で詳細なマニュアルを事務員と一緒に作成したことで、業務上の混乱が収まるという素晴らしい結果が得られました。

　この具体的で詳細なマニュアル作りが成功した理由は、心理学的にも説明可能です。具体的には、認知行動療法（ものの見方・考え方に対して、また、何らかの行動に対して働きかけることでストレスの軽減や問題の解決を目指す科学的に有効性が認められた心理療法）の「問題解決

法」と呼ばれる技法に近いことをしていると考えられます。問題解決法とは、自らが抱える困りごとを自分で解決できるようになるための、一連の認知及び行動プロセスを役者の台本のごとく記述し、その台本に書かれているとおりに振る舞う技法です。あらかじめ「こうなったときにこうする」と決めておけば、比較的楽に行動に移せます。実際、抑うつ症状により活動性が落ちてしまったうつ病患者にも科学的に効果が実証されているほどです。

問題解決法を成功に導くうえで最も重要となるのは、「本人の納得[1]」だといわれています。実施する本人が問題に対してどのような解決を望んでいるかについて予め納得していなければ、この技法はうまく機能しません。その点、Cは事務員と一緒にマニュアルを作成していたため、事務員の方も納得感を持ってマニュアルどおりに動けたのではないかと思われます。これにより、Cは緊急性が高い対応にだけ注力することができ、Cの負担を間接的に減らすことに寄与しました。

以上のとおり、本事例からは、会務にまつわるストレスを軽減するためのヒントが見えてきます。自分が納得できるキーフレーズを考えて認知的不協和を解消させることや周りのうまくやっている人がどう考えているのかを知ることが効果的です。事務員などのサポーターにはどう動いてほしいのかを前もって伝えておくと、事務負担が減って有効に使える時間が増え、その分の時間を本来の業務に充てられるようになるかもしれません。

Ⅲ 本事例で取れるその他の対策や予防

1. 業務の洗い出しと業務の分担

Cは追加で委員を引き受けたことや、辛いながらも会務をしなければ

---

[1] 伊藤絵美『世界一隅々まで書いた認知行動療法・問題解決法の本』遠見書房（2022年）39頁

ならないことに対してある程度気持ちの折り合いをつけることができました。また、マニュアルを作ることで事務員が対応できることを増やし、事後処理にかかる時間を圧縮することもできました。

　しかし、それでもなお負担が重かったり、通常業務に集中できる時間が足りなかったりすることもあるでしょう。そのような場合は、まずは業務の内容を洗い出し、業務を細分化できないかを考えてみるのはいかがでしょうか。例えば、最近の業務や担当事件をリスト化したうえで重要度や緊急度で分類して他の弁護士に一部業務を任せることを検討したり、業務内容から事務業務に分類できるものは事務員に任せたりすることができるかもしれません。このようにして、もし他の人に任せられる業務があれば、思い切って任せてしまう。これも業務負担の軽減として重要な方法です。

　Cと同じく会務や業務について大きな負担を感じている方は、他の人の協力を得る方法を探してみていただければと思います。その際、「どのようにお願いしたらよいか」について頭を悩ませることがあるかもしれませんが、そういう場合はぜひ理論編第5章を参考に自分に合ったコミュニケーション方法を考えてみてください。

　また、最近では弁護士向けの業務管理ツールだけでなく、Teamsなどのオンライン会議システムや書類管理システム、電話代行サービスなど業務の効率化に有益なものが数多く提供されていますので、繁忙状況や働き方に応じてこれらのサービス・システムを活用するのも業務負荷軽減に役立つかもしれません[2]。

　　　　　　　　　　　　　　　　　　　　　　　　（小山 拓哉）

---

[2] 法律事務所や企業が弁護士業務の効率化のためにさまざまな取組みをしている事例が参考になる場合があります。第二東京弁護士会「弁護士の働き方改革」（2020年）（https://niben.jp/niben/books/frontier/backnumber/202005/post-183.html）

CASE 14　　　弁護士全般

報酬の悩み―請求の煩わしさや業務量とのバランス

　弁護士Cは、個人事件の報酬額を計算したところ、報酬が高額となったが、依頼者Xが金銭的余裕のないことを知っていたため、高額な報酬を請求してよいか悩んだ。事務所の先輩に相談したところ、「適切な報酬を請求するのは当然で、適切に請求しないと他の弁護士にも迷惑がかかる」と言われ、考えを改めることができた。そして、CはXに報酬の説明をしたが、Xは報酬が高すぎると文句を言い、払い渋ったので、その説得には大変苦労した。以前も報酬の説明で苦労しており、Cは報酬の説明をするときはまた文句を言われるのではないかといつも憂鬱な気持ちになっている。説明や請求の面倒さから報酬を減額しようかと思ったこともあるが、報酬を下げたくない気持ちも当然あるので、いつも葛藤している。Cは、せめて依頼者から文句が出ないようにするため、受任時に報酬の説明をより丁寧に行い、依頼者にとって不明点がないように努めているが、より良い方法を模索している。

　このようにCは苦労して個人事件の報酬を得たが、事務所との取り決めにより個人事件の報酬の半分を事務所に納める必要があり、納入金額の大きさに不満をもっていた。また、事務所Cが担当する事務所事件の数は、年々増えているが事務所からの報酬はそこまで上がっておらず、個人事件に集中した方が収入が良いかもしれないと感じており、Cは自分の業務量と報酬のバランスを考えて、独立を考えはじめた。しかし、独立により弁護士業務に加えて会計や人事などさまざまな業務が増えて負担が激増することに不安を覚えた。このように独立を考える中で、では自分の不満が報酬の少なさよりも業務量の多さにあることに気づき、意識的に事件数を

制限したところ、気持ちが少し楽になった。

I 弁護士Cが抱える問題

依頼者に報酬を請求する際に、残念ながら、依頼者との間で報酬に関するトラブルが発生することがあります。高額な報酬や敗訴時の報酬、報酬の説明に納得がいかないことなどさまざまな理由があるでしょうが、報酬請求におけるトラブルは事件処理以上に精神的な負担を感じる方もいるでしょう。本事例では、報酬に関する悩みについて考えていきます。

1. 慢性的ストレスの蓄積とバーンアウトのリスク

弁護士Cは、業務量の多さに加えて報酬交渉などに対する不満やストレスを抱えており、これは「燃え尽き症候群（バーンアウト）」[1]の原因になりやすいとされています。バーンアウトは、仕事上の慢性的な情緒的・対人関係上のストレスに対する長期にわたる反応であり、仕事への情熱や職業上の自己効力感が持てないこと（職務的効力感）、身体的・精神的な疲労（消耗感）、仕事に対するネガティブな態度や無関心（冷笑的態度）が強まる状態です。あらためてCが直面している状況をみると、バーンアウトのリスクを高める要素がうかがえます。まず、Cは依頼者との報酬交渉や説明に対する苦手意識があり、対応するときはいつも憂鬱な気持ちになっており精神的な負担を慢性的に感じています。そして、依頼者Xや以前の依頼者から受けた報酬に対する文句が対人ストレス（interpersonal stress）として蓄積されています。このように慢性的な気分の落ち込みや対人関係のストレスを抱えているので、バーンアウトになりやすい、精神的に負担の重い状況であるといえま

---

1 Maslach, C., = Leiter, M. P. ,Burnout. In G. Fink（Ed.）, "Stress: Concepts, cognition, emotion, and behavior ." *Elsevier Academic Press*（2016）pp. 351–357

す。さらに、Cは、業務量と報酬のバランスが悪いことや独立への不安などで悩み、これが慢性的なストレスにつながっているので、バーンアウトのリスクをさらに高めています。

2．自己効力感の低下

Cが金銭的余裕のない依頼者Xに対して高額な報酬を請求してよいか悩んでいる状態は、報酬の設定や請求について自己効力感（self-efficacy）[2]が低下している状態といえます。自己効力感とは、心理学者のバンデューラによって提唱された概念で、自分の能力や行動が期待した成果を生むという信念のことであり、しばしば特定の行動に対する自信とも表現されます。自己効力感が低下している場合、仕事に対する自信が失われて自分が成果を出せると信じることができない状態になっています。この状態が続くと、モチベーションの低下やストレス増加につながり、上記で説明したバーンアウトのリスクを高める場合もあります。

本事例で、Cは高い報酬を設定してXに請求することに悩んでいます。これは、Xが金銭的に困難な状況にある中で、適正な金額であっても高額な報酬を請求することが依頼者の負担につながってしまうため、Cが倫理的に葛藤を抱えている状況と考えられます。この葛藤により、自分の判断が正しいのか自信を持てず、自己効力感の低下につながっています。また、Cは、報酬の説明が依頼者に十分に伝わらず、最終的にトラブルになることを何度か経験しているため、「どれだけ説明しても依頼者に納得してもらえない」と感じるようになっています。こうした依頼者からの否定的・批判的な反応が続いたり、報酬請求時の成功体験が少なかったりと対人関係の問題が続くことで、自分の能力に対する信頼感が揺らぎ、自己効力感が低下している可能性があります。

---

2 Artino, A.R."Academic self-efficacy: from educational theory to instructional practice." *Perspect Med Educ*, (2012) pp.76–85 (https://doi.org/10.1007/s40037-012-0012-5)

3. 報酬と業務量のアンバランスによるフラストレーション

　Cは、業務量と報酬のバランスに悩んでいます。これは、心理学的には「努力と報酬の不均衡（Effort-Reward Imbalance）」[3]という概念で説明できます。労力と報酬が見合っていないと感じると、フラストレーションが高まり、モチベーションの低下が起こりやすくなります。本事例で、Cは、個人事件から報酬を得るには自分で案件を獲得し完了させるという多大な労力が必要となるにもかかわらず、事務所に売上げの半分も納める必要があるため、労力に対して得られる報酬が少ないと感じています。これは「努力と報酬の不均衡」にあたるといえ、Cにとって大きなストレスの源となっており、仕事への情熱を徐々に薄れさせ、モチベーションの低下や疲労感を強める可能性があります。加えて、個人事件の納入が無い事務所や、Cの所属先の事務所よりも納入額が低い事務所（例えば、報酬の3割程度）があるため、Cが所属先の事務所への納入額が他の事務所よりも大きいと感じている可能性があります。これがCの「努力と報酬の不均衡」に拍車をかけている可能性もあります。

　また、Cは、事務所事件の担当件数が多くなる一方で報酬があまり上がらないというもう1つの「努力と報酬の不均衡」も感じています。この不均衡な状況は、Cの事務所事件へのモチベーションを下げており、反対に不均衡な状況を改善したいために個人事件に集中したいという気持ちが強くなっています。このように、Cは2つの「努力と報酬の不均衡」を感じているため、大きな疲弊感を感じていると考えられます。

3　厚生労働省「働く人のメンタルヘルス・ポータルサイト　こころの耳 "努力-報酬不均衡モデル"」(https://kokoro.mhlw.go.jp/glossaries/word-1661/)

4. 対人関係のストレスと感情労働

　弁護士は「知識労働」の代表的な職種ですが、対人サービスでもあるため、感情を適切に管理しまたは適切な感情を表示する「感情労働（emotional labor）」としての側面があります。そして、感情労働は感情を抑えたり、特定の感情を演じたりする必要があり精神的に負担のかかる仕事ですので、疲労感や無力感、モチベーションの減退などを生じさせやすく、バーンアウトのリスクを高めます。Cは、事前に説明などしているにもかかわらず請求時にXから報酬が高すぎると文句を言われたとき、内心では怒りや呆れなどのネガティブな感情を抱えながらもそれをコントロールして、申し訳なさそうな表情や冷静な態度を示して再度報酬の説明をしたと思われます。これは心理学的に「感情労働」として分類され、Cにとっては感情的な負担が蓄積されて、大きなストレスを抱える原因となったことでしょう。

Ⅱ 弁護士Cが取った対策

1. 報酬請求について先輩に相談したこと

　Cは金銭的な余裕がない依頼者Xに高額報酬を請求することを悩み、先輩に相談しました。相談にはさまざまな心理的なメリットがあり、Cのように、先輩からのアドバイスで新しい視点を得て悩みの解決方法が見つかり解決できたことは自己効力感の向上につながります。また、悩みを相談すること自体も、話すことで気持ちが整理される効果があるだけでなく、同じような経験をしている先輩が悩みについて共感や理解を示してくれることで感情的なサポートを得られるので、ストレスの軽減にもなります。

2. 受任時に報酬の説明をより丁寧に行ったこと

　Cが受任時に報酬の説明を丁寧にしたことは、依頼者の誤解を防ぐだけでなく、丁寧に説明したという自信を得ることにより依頼者からの文句があった際にも精神的な安定を保ちやすくなります。また、丁寧な説明により依頼者との信頼関係の構築にもつながるので、依頼者からのクレームや文句は少なくなるでしょう。もっとも、離婚という強いストレス体験によって依頼者が精神的に不安定な状態にあるという理解を持つことも必要ですが、依頼者の特性により、いくら丁寧に説明しても文句を言う人は一定数存在します。そのため、この事実をあらかじめ認識しておくことで、依頼者への期待値を自らコントロールし心理的な準備を行うことができるので、過度なストレスを抱えずに対応できるようになります。

　また、Cは明確な報酬基準が設定できていない可能性もあるため、報酬基準を明確化することは心理的な負担を軽減できる可能性があります。加えて、報酬に関する説明の際に使うスクリプト（テンプレート）を用意しておくことも自信をもってスムーズに説明でき、説明の際の緊張やストレスを軽減できるため、有効でしょう。

3. 事件を抱えすぎないようにしたこと

　Cは業務量と報酬が見合わないことがストレスだと感じる中、仕事に追われている状況が最もストレスであると気づいて、自主的に事件数を制限しています。最も大きなストレスとなっている原因を特定して具体的な対策に着手しているCの行動は、ストレスを緩和させる行為に加えて、自ら問題の解決を図っているので自己効力感を回復する行為であり、メンタルヘルスの改善において非常に効果的であるといえるでしょう。また、改善点やストレスの原因を見つけること自体が自己理解を促進して今後の対策を講じるために有意義な行為です。さらに、事件数の

制限によって業務量を実質的に減らすことは、バーンアウトの防止にも役立つと評価できます。難しいことですが、自分の負担や限界を考慮して、受けられない仕事には「No」と言える勇気を持つことが大切です。

4．独立を検討したこと

難易度が高く、どれほど手間がかかったとしてもそれに見合う報酬が設定できない状況下ではフラストレーションが蓄積され、業務に対するモチベーションそのものが低下しがちです。「独立」という明確な目標を設定することで、モチベーションの維持に一定の効果があると考えられます。また、独立に向けて必要な準備を進める期間を、独立までのプロセスと認識することで、目標達成に向かって進む有意義な時期として活用することができます。この認識により、現在の困難や不満に対して耐えやすくなるので、メンタルヘルスの悪化を防ぐ効果もあるといえます。

Ⅲ 本事例で取れるその他の対策や予防

本事例でのメンタルヘルス上のリスクとして想定されるバーンアウトに対して、本事案で実施された方法以外の有効な対策を見ていきましょう。

1．休憩する

Cのように仕事量の増加や精神的な負担によって疲労感が蓄積している方には意識的に休息を取ることが重要です。休息は、バーンアウトを予防するための基本的なセルフケアです。加えて、Cのように限界を超えないように業務量に調整することも重要です。

- 仕事時間と休息時間を明確に分け、週末や定期的な休暇を十分に取るようにします。スケジュールの中で「休息時間」を意識的に確保することが必要です。
- 仕事を離れる時間にスマートフォンやパソコンを使用せず、完全にリラックスする時間を持つことが重要です。これにより、心の切り替えができ、疲れが取れやすくなります。

2．成功体験を積み重ねて自己効力感を高める

Cのように報酬設定や交渉で自己効力感が低下している可能性がある方は、自己効力感を高めるために少しずつ成功体験を積み重ねることが重要です。これは、心理的に「自信」を回復させるのに役立ちます。

- 大きな仕事を小さなステップに分け、それぞれのステップを完了するごとに自分を褒める。これにより、少しずつ自信を取り戻し、自己効力感を高めることができます。
- 過去に成功した報酬交渉の経験を振り返り、うまくいった要因を確認する。これによって自分のスキルに自信を持てるようになります。

また、自己効力感を高めるためには、他者からのフィードバックが重要です。Cのように同僚や依頼者からのフィードバックを活用し、自己評価を確認し、強みを伸ばす機会を増やすことができます。

- 報酬設定や交渉に関して、信頼できる同僚や上司からアドバイスを受けることで、客観的な視点を得て、自信を持つことができます。
- 依頼者からの感謝の言葉や成功事例をメモしておくことで、モチベーションが上がり、自己効力感が向上します。

3．社会的支援を活用する

　Cのように対人関係でのストレスを抱えている場合、「社会的支援（social support）」を得ることが重要です。他者と話すことで、心の重荷が軽くなり、ストレス対処がしやすくなります。

- 事務所内の同僚や他の弁護士と定期的に情報交換や意見交換の場を設け、仕事の悩みやストレスを共有することが有効です。
- 弁護士業務の中で困難なケースや報酬設定に関する悩みについて、経験豊富なメンターや専門家からアドバイスを受けることも役立ちます。

　また、Cのように依頼者とのやり取りで感情的な負担を感じている場合（感情労働がストレスになる場合）、自分の感情を適切に管理するためのセルフケアが必要です。

- 感情的に負担が大きい状況では、マインドフルネス瞑想を取り入れ、心を落ち着ける時間をもつことで、感情のコントロールを促します。短い瞑想でもリラックス効果が得られ、ストレスが軽減します（理論編第4章Ⅱ1.（5）（イ）参照）。
- 感情労働を続ける中で、自分の感情を抑えることに苦労を感じることが多い場合、適切に感情を表現する方法を学び、感情の発散の場を設けることが大切です。信頼できる同僚や友人と、仕事の感情的な負担について話すことで、気持ちを解放することができます。

| コメント | 個人事件の受任可否 |

　本事例とは異なりますが、個人事件に関する悩みとして少なくないのが、事務所方針としての個人事件の受任可否です。特に、個人事件が受任可能であるとうたいながら、事務所から個人事件の受任を控えてほしいと求められる場合は問題になりやすいです。このように方針と現実が矛盾するダブルスタンダードに対して、所属弁護士がとれる手段は多くはないでしょう。例えば、方針自体が実質的に変わったと考えて現状を受け入れ、個人事件の受任を控えること、個人事件が可能な事務所に転職すること、または独立することが考えられます。現状と折り合いをつけて、個人事件の受任を控える場合には、事務所との信頼関係の喪失やモチベーションの低下などにより、大きなストレスを抱える可能性が高いです。そのため、メンタルヘルスケアが非常に重要になるでしょう（理論編第4章参照）。

（鶴田 信子）

事例編

CASE 15　弁護士全般

高負荷案件によるプレッシャー

　弁護士AはX社からY社の食品関連事業を買収する案件の依頼を受けた。AはM&Aの経験は1回しかなかったが、X社からより多くの案件を受任したいと考えていたので、高い評価を得るためにも、絶対に失敗できないというプレッシャーがあった。

　加えて、X社の担当者は買収に不慣れであったため、契約書や買収手続に関してAに大量の要望や質問をした。回答期限の多くは当日や翌日であったため、Aは日中のほとんどの時間を契約書や質問への対応に費やすことになった。さらに、Y社との交渉が難航していたにもかかわらず、X社は買収をごく短期間で完了するよう求めており、Aは期限内に終わらせられるか強い不安を抱いていた。この様子を見た同僚の弁護士BはAに「顔色があまりよくなさそうだけど、何か手伝えることはある？」と声をかけたが、Aは本件のような大変な案件を他の弁護士も乗り越えてきたのだから自分も自力で乗り越えないといけないと思い、Bの申し出を断った。また、Aは本件以外にも複数の案件を担当し非常に立て込んでいたので、土日祝日も稼働し、前から予定していた旅行もキャンセルして働き続けていた。

　そのうち、買収案件以外の業務に手が回らなくなり、業務を効率化する必要を感じた。そこで、一日の仕事の進め方を見直し、朝7時から9時までの間と夜9時以降を主に買収案件の作業時間に当てて、それ以外の時間は他の案件や買収案件の会議などに当てることにした。これにより、Aは以前よりも仕事をしやすくなったが、毎晩目を閉じれば未着手の仕事が思い出され、どれほど仕事をしても仕事が終わらない焦りと不安を感じ、十分な睡眠が取れない日々が

続いた。そのため、思うように仕事がはかどらない日もあり、そんな自分に苛立ちを覚えることもあった。それでも、Aは「この買収案件はあと少しで終わるはずなので、終われば一息つける」と思い、自分を励ましながら業務に取り組んでいた。しかし、Aの体調は決して良くなく、ひどい頭痛を抱えながら作業を行う日も少なくなかった。

その後、Aは何とか期限内に依頼を完了させることができて安堵したが、無理矢理働き続けたため、極度の疲弊感が残り、しばらくの間十分に寝られず、仕事への意欲が出づらい時期が続いた。

I 弁護士Aが抱える問題

1. 非機能的認知

私たちは元気をなくすと、①自分自身、②周囲との関係、③将来の3つの領域で悲観的または否定的に考える傾向があります。この傾向を総じて「否定的認知の3徴」[1]といいます。例えば、①の自分自身に関しては、「自分は弁護士として無能だ」「自分は依頼者の期待に応えられていない」などと考えます。②の周囲との関係では、「同僚から良く思われていない」「依頼者は、自分を信頼していない」などと考えます。③の将来に関しては、「弁護士の仕事は将来性がない」「弁護士として将来成功できない」という考えです。

このような物事への考え方に対する認知のうち、適切な行動や思考を邪魔するような本人にとって助けにならない認知を「非機能的認知」と呼びます。そして、非機能的認知は、現実の状況を正しく把握できていないことから生じます。例えば、コップに水が半分入っている状況を

---

[1] 大野裕＝田中克俊『簡易型認知行動療法実践マニュアル』きずな出版（2017年）

「水が半分しかない」と捉えると、残念な気持ちになりますが、これが非機能的認知の一例です。その他に、「もし交渉が失敗したら自分は無能だ」といった極端な考え方（全か無か思考）や、少し失敗をしただけで自分全体を否定してしまう考え（過度の一般化）なども挙げられます。

　本事例では、Ａは「本件のような大変な案件を他の弁護士も乗り越えてきたものだから自分も自力で乗り越えないといけない」と考えていました。この考え自体は、他の弁護士も考えたことがあるでしょうから、決して非現実的ではないと思います。むしろ、自分を奮い立たせたり、成長させたりすることもあるため、この考えには良い側面もあると考えられます。しかし、Ａは忙しくて顔色が悪くなっているにもかかわらず、この思考によって同僚の弁護士Ｂの手助けを断っています。この場合、Ａは自分の体調を考えたり、業務のミスを減らしたりするために、周囲の手を借りる方が望ましい状況にありますが、上記のＡの考えが現実に照らした行動を妨げているため、この考えは「非機能的認知」といえるでしょう。

　このように、非機能的認知に囚われた場合、考えすぎて頭がいっぱいになり、認知機能（思考力や判断力、集中力など）の低下を引き起こしやすくなります。その結果、仕事をしていない時間にも不安や焦りが生じやすくなり、十分な休息が取れなくなったり、イライラしやすくなるなどの感情の問題を引き起こしたりします。Ａも、毎晩目を閉じると、やらなければならない仕事が思い出され、焦りと不安のなか、十分な睡眠が取れない日々が続いていました。また、不十分な睡眠によって思うように仕事がはかどらないという認知機能の低下を招き、自分にイライラが募るという感情の問題も引き起こしていると考えられます。さらに、こうした不調が続くことで、仕事への集中力がさらに低下し、仕事が思うように進まないため、Ａの焦りや不安がさらに増していくという悪循環に陥ってしまいます。長期的には、抑うつ状態や自己効力感

（自分ならできると自分を信じる力）の低下を引き起こす可能性があり、この悪循環がメンタルヘルスに深刻な影響を及ぼすことが懸念されます。

2. 燃え尽き症候群（バーンアウト）

Aは、買収案件が完了した後もしばらく十分に寝られず、仕事への意欲が出づらい時期が続きました。これは、長時間労働や過度な業務負担にさらされた結果として表出したバーンアウトの症状と考えられます。バーンアウトとは「過度で持続的なストレスに対処できなくなり、張りつめていた緊張が緩み、意欲や野心が急速に衰える状態」[2]を指します。Aのバーンアウトは、案件完了後に表面化したものの、その根底には長時間労働や業務のプレッシャーが強く関与しているといえます。

このように、Aのバーンアウトは、蓄積されたストレスが解放された後に現れたものであり、ストレスが一時的に軽減された際に心身の疲労が顕在化するという典型的なパターンです。弁護士のように、業務を続ける中で長時間労働や大量の業務を「なんとかこなす」方法を学ぶ職業では、バーンアウトを引き起こすような働き方をするリスクに十分注意する必要があります。

3. 社会的評価

AがX社からの評価について考えてプレッシャーを感じているように、私たちは日頃から他者から向けられる自分への評価を意識して生活しています。「責任を果たすこと」「締め切りを守ること」「ミスしてはならないこと」などは、私たちが生きる中で自然と取り入れてきた望ましい考え方、社会の規範、価値観です。これを守ることができない人は、信頼されず、仕事を任されず、相手にしてもらえないと教えられて

---

[2] 久保真人＝田尾雅夫「看護婦におけるバーンアウト ストレスとバーンアウトとの関係」実験社会心理学研究34巻1号（1999年）33-43頁

きたものです。弁護士も同様で、自らの仕事が依頼者や他の弁護士などに評価されることを無視して仕事をするわけにはいきません。本事例でも、Aは依頼者であるX社からの評価を気にして、どんなに多忙を極めても自らの私生活を脇において奮闘していました。この状況では、本来必要な「休む」という行為は重要でなくなるどころか、他人に迷惑をかけ、社会的な責任を果たしていない行為とさえ感じやすくなります。そのため、Aは、休むのを難しく感じてしまったことでしょう。

4．不調を無視して働く

　Aは頭痛がひどくても作業を続けていましたが、これは見直すべきポイントです。頭痛などの身体的症状は、体が休息を必要としているサインです。弁護士は「精神的な強さ」を重視する傾向があるかもしれませんが、身体を大切にすることが仕事のパフォーマンス向上につながるということを理解する必要があります。体のサインを無視し続けると、心身の疾患が重症化し、長期的に働くことが難しくなる可能性があります。

　また、他者の意見に耳を傾けることも重要です。同僚である弁護士Bが「顔色が悪い」と指摘していたことから、実際にAは体調を崩していたと考えられます。Aはすぐに大きな不調を来さなかったものの、後に十分に寝られず、仕事への意欲が低下する時期がありました。これを身体の状態から評価した場合、「抑うつ状態」と呼ばれる状態といえるでしょう。抑うつ状態が悪化すると、うつ病に進行する可能性があり、治療が長引き、再び働けるようになるまで時間がかかることがあります。無理をして乗り越えることは必ずしも悪いことばかりではありませんが、信頼できる人の助言に耳を傾け、無理をするかどうかを慎重に判断することが重要です。

Ⅱ 弁護士Ａが取った対策

1．問題焦点型コーピング

　Ａは、限られた時間の中で買取案件を完了させるという課題に真正面から取り組み、業務を見直して効率的に進めることで問題解決を目指しました。かかるＡの対応は、問題焦点型コーピングに該当します（理論編第１章Ⅰ１．（３）参照）。これはストレスの原因となっている問題そのものに直接対処する方法です。

　Ａが行った業務の見直しにより、Ａは①業務のバランスを保ちながら同時並行で業務に取り組めるようになる、②都度他の業務を思い出す必要がなくなり目の前の問題に集中できる、③手元の業務を定期的に見直すことにより業務の優先順位を調整できるようになるという３つの理由により、認知機能への負荷が軽減され、ストレスの原因に直接対処できています。したがって、Ａが行ったような業務の見直しは、問題焦点型コーピングとして、心理学的にも有効な方法だといえます。

2．思考の切り替え方（認知再構成法）

　Ａは、どれほど仕事をしても仕事が終わらない焦りと不安を感じていましたが、「この買収案件はあと少しで終わるはずなので、終われば一息つける」と思うことで自分を励ましていました。このように思考を切り替えたことは、状況に対する解釈を変えることでストレス反応を変化させるという「認知再構成法」と一致します。

　認知再構成法とは、現実に即して、過度にネガティブな認知を現実的でバランスのとれた考えに切り替える方法であり、ストレスや不安の軽減につながります。Ａは、買収案件があと少しで終わると意識することで、業務に対する焦りや不安を「一時的なもの」「乗り越えられるもの」であると前向きに捉え直しています。この考え方の変化により、Ａ

が抱えていた焦りや不安が軽減され、Aが買収案件を乗り越えることに役立ったと考えられます。

Ⅲ 本事例で取れるその他の対策や予防

1. 心理学的アプローチ

　Aのように気分的な落ち込みや仕事や私生活などに支障が生じている場合には、認知再構成法がおすすめです。現実を客観的に捉え直し、非認知的機能を軽減させることで、うまく立ち回れるきっかけが生まれるかもしれません。

（1）セルフモニタリング

　認知再構成法を効果的に使うためには、セルフモニタリングが有効です。セルフモニタリングとは、自分の思考、感情、行動を客観的に観察し、記録することで、自分の状態を把握する方法です。モニタリングの対象は、①思考、②感情、③身体、④行動の4つの要素に分けて行います。全てを記録するのが難しい場合は、書きやすいものから始め、慣れてきたら他の要素も追加する形で進めてください。スマートフォンのアプリを活用することもできます。例えば、Awarefy（アウェアファイ）というアプリでは、心と体の状態を5段階で評価し、メモとともに記録できます。その他メンタルヘルスケア関連のアプリ（例えば、セルフモニタリングやジャーナリングのアプリ）や、メモアプリ、スケジュール帳などを利用するのもよいでしょう。

　セルフモニタリングを始めると、自分自身に気づくことが増えるかもしれません。例えば、疲れてイライラしやすいことに気づけば、「ちょっと一息をつこう」と休憩を挟み、心に余裕を持たせやすくなります。

（2）認知再構成法

認知再構成法は、ネガティブな思考を現実的な思考に置き換えることで、気分や感情を改善する方法です。以下はその方法の1つです。次の項目に沿って進めていきます。

① **状況**
ネガティブな思考に陥ったときの具体的な状況を書きます。そのとき、どこにいて、何をしていて、どのような人と関わっていたかを詳しく記録します。

② **ふと浮かんだ考え**
その状況で最初に浮かんだ考えや思いを記録します。例えば、「私はこの仕事をうまくできた」というポジティブな考えや「人に迷惑をかけてしまった」というネガティブな考えです。

③ **現実的な考え**
次に、状況を冷静に見直し、より現実的でバランスのとれた考え方を探します。「当初ふと浮かんだ考えが、実際に発生しなかったことは過去になかったか」「他の人が同じ考えをしたら何と言ってあげるか」などの視点で考えてみます。

④ **気分**
現実的な考えに切り替えたときに、どのような気分になったかを書き出します。ネガティブな感情が和らいだか確認します。

⑤ **今後の課題**
最後に、今後の対策や課題を考えます。今回の出来事から学んだことを生かして、次に同じような状況が起きたときにどう対応するかを考えます。

認知再構成法の実践例

①状況	②ふと浮かんだ考え	③現実的な考え	④気分	⑤今後の課題
どのようなことが起こりましたか？	どのような考えが頭に浮かびましたか？	バランスの良い考え方をしてみましょう。	気分は変わりましたか？	今後の課題や気づいたことを書きましょう。
確認不足で、ミスをしてしまった。	自分は弁護士に向いてない。	十分確認をできているときときもある。	イライラ（30％）焦り（30％）	焦っているときは気持ちを落ち着かせてから業務に取り組む。
頭が痛い。仕事は進みが悪い。	いつも大事なときに具合が悪くなる。	いつもではない。具合が良いときもある。	暗い気分（30％）明るい気分（30％）	体調管理に気を付ける。睡眠をとる。
同期と話し、仕事が忙しいと聞いた。	自分は同期ほどうまくいっていない。	うまくいっている面もある。	前向き（50％）不安（20％）	自分は自分のことを頑張る。

　このようにして、浮かんだネガティブな考えを見直し、より現実的な考え方に置き換えることで、気分の改善を図ることができます。セルフモニタリングを続けると、認知再構成法がスムーズになります。自分の心や身体の状態を書くためには、自分自身でモニターすることが重要だからです。セルフモニタリングで提案した思考、気分、身体、行動の4つの要素に気づく練習をすることによって、柔軟な思考を生み出す認知再構成法を使いやすくすることができます。認知再構成法は、過去の経験を振り返り、その考え方を柔軟にし、気分を和らげる効果をもたらします。これにより、非機能的認知を変えることができます。

2．業務の分担

　本事例から、弁護士が同様の状況に直面した際に有効な解決策を検討

します。まず1つ目は、業務の分担です。業務を進めるうちに、意図せずに特定の弁護士に業務が集中することがあります。しかし、事務所内の他の弁護士やパラリーガル、事務員に業務の一部を分担することで、Aのような過度な負担を軽減できる可能性があります。勤務先に複数人の弁護士がいれば協力を仰ぐことができるかもしれませんし、自分にとっては苦手な分野であっても他の弁護士にとっては得意であって、助言を受けられる可能性もあります。経験のある先輩などに共同受任を相談してみるというのも1つの方法です。

3. 他の選択肢が取りづらい場合──ストレスコーピング

本事例のような多忙な状況では作業の効率性が落ち、かえって非効率な働き方になっているかもしれません。それを防ぐためにも、一時的にも気分転換を図ることが効果的です。具体的な気分転換としては、好きなものを生活に取り入れることです。例えば、カフェでコーヒーを飲むこと、気になるお店に少し立ち寄ってみること、ペットと戯れること、観葉植物に水をあげることなど、日常的な些細なことで構いません。一時的にも仕事から意識を離すことで頭が休まり、メリハリのある生活づくりのきっかけになります。これは情動焦点型コーピング（理論編第1章Ⅱ1.(3)(イ)参照）の1つです。Aのように多忙で時間がとれない場合には、このように一時的にも精神的な負担を軽減することが有効であることを頭に置いておきましょう。

| コメント | 生存者バイアスに注意 |

　ここで見落としやすい心理学的な問題を指摘しておきたいと思います。Aのように業務量が多く長時間働く中でも、「終わりがあるスケジュール」だと前向きに自分を励まし頑張ることができた背景には、同様の状況をうまく乗り越えられた経験があるのかもしれません。本事例のように多忙で困難な案件に取り組み、その結果、大きな達成感や充実感を得た体験があれば、それにより、「今が辛くても努力すれば乗り越えられる」という自信や、「難しい事件に対応できた」という達成感を通じて成長を実感してきたと考えられます。そうすると、次第に「長時間労働は問題だが、弁護士である以上は当然にこなさなければならない」と捉えるようになってしまうかもしれません。しかし、これは弁護士を続けてきた人の視点です。実際には、業務量が多く、長時間労働によって健康を害したり、精神的に追い詰められたりして、弁護士を続けられなくなった人がいます。しかし、彼らの声が弁護士の意見として取り上げられる機会はあまりありません。したがって、現在弁護士ではない人の意見が含まれない、偏った見方ということができます。このような偏りを「生存者バイアス」といいます。私たちは知らぬ間にこのように偏った見方で重要な問題を過小評価してしまうことがあります。このことをぜひ心に留め置いてほしいと思います。

参考文献
日本認知療法・認知行動療法学会「認知行動療法の共通基盤マニュアル」(2023年)

（鈴木 健一）

CASE 16　弁護士全般

注目事件の弁護人が受ける被害

　弁護士Fは被告人Gの主任弁護人として弁護活動を行った。本事例は報道が過熱している刑事事件であり、Fによるマスコミ対応や弁護活動が多忙を極めている。Gの報道が増えるに比例して、Fに対する暴言や批判がSNS上やインターネットニュースのコメント欄へ大量に記載されて、Fが経営する法律事務所には、無言電話やFAXなどの嫌がらせも何度も続いた。電話などに対応する事務員は業務に集中できないため何とかならないかとFに不満を漏らしており、Fは申し訳ないという気持ちはあったが、嫌がらせをすぐに止めることもできず、歯がゆく思っていた。

　そんな中、Fは「インターネットでこの事件や自分のことを検索はするまい。絶対に嫌なことが書かれている」と思い、同時に、「嫌な仕事だけれど、今回の依頼をきっかけに良い仕事も来ると信じよう。それに入所希望の若手も増えるはず」と自分に言い聞かせながら業務にあたっていた。

　あるとき、インターネット上でFの長男Hが通学する小学校が特定されてしまった。Hに危害は及ばなかったものの、学校の同級生から「Hのお父さんは悪い人の味方をしているんでしょ？」と心無い言葉を投げかけられたことがあった。Hは事前に父であるFが取り組む弁護活動について聞いていた。ニュースになるような事件に関わる父に誇りを感じていたが、連日の報道内容を見て父に対して複雑な感情を抱くようになった。そして、今回同級生から批判されたことで、Hはショックを受け、不満をFにぶつけた。Fは毅然と弁護活動を続けたが、Hが同級生から言われた言葉に心を痛め、Fは自分の弁護活動が家族に与える影響を重く受け止

めた。「どうして無関係な家族が攻撃されるのか」とやるせない気持ちを抱える一方で、「家族に申し訳ない」という思いも強くなった。
　Fは、家族や事務所のメンバーと話し合う機会を設けつつも、今後同様の事件を受ける場合には、警備面の強化やマスコミへの対応についてどうするべきか悩んでいる。

I　弁護士Fが抱える問題

1．生活の安心が守られないことのストレス

　本事例におけるストレスを考えるにあたり、PTSD（心的外傷後ストレス障害）という疾患について紹介します。PTSDとは、自己または他人が実際に又は危うく死ぬ、深刻な怪我を負う、性的暴力を受けるなどの、精神的衝撃を受ける心的外傷（トラウマ）体験に実際にさらされたことで生じるストレス症候群[1]であるとされています（PTSDの詳細は理論編第1章Ⅱ（4）参照）。このトラウマ体験の例としては災害、暴力、深刻な性被害、重度事故、戦闘、虐待などが挙げられており、そのような出来事に家族や親しい人が巻き込まれたことを知ることもトラウマ体験とされます。PTSDでは、トラウマ体験が先行し、その後に特定の症状や状態が確認されます。この発症に先行する経験というのはいずれも、生活の安全が脅かされるというものです。そのため、PTSDの治療には治療対象となる人の「安心・安全」が確保されることが必要です。このことは、メンタルヘルスについても同様で、メンタルヘルスを回復するためには、まず最初に安全で安心な環境を整えることから始め

1　American Psychiatric Association「精神疾患の診断・統計マニュアル 第5版（DSM-5）」日本精神神経学会（監修）、髙橋 三郎＝大野 裕＝染矢 俊幸＝神庭 重信＝尾崎 紀夫＝三村 將＝村井 俊哉＝中尾 智博（訳）医学書院（2023年）

る必要があります。別の言い方をすれば、安全・安心といえない環境では、メンタルヘルスを回復させることが難しく、傷ついていく可能性があります。

さて、本事例では、Fは受任している注目事件が発端で、SNSやインターネット上で暴言や批判を受けるようになり、法律事務所への無言電話などの直接的な嫌がらせも受けるようになりました。このように、匿名での嫌がらせを受けると、正体不明の脅迫者が至るところにいるような感覚になるため、不安や恐怖が喚起されて当然です。特に、個人攻撃や名誉毀損が含まれている場合、その影響は深刻です。その後、長男Hの小学校が特定されたほか、Hは同級生から心無い言葉を言われるようになり、Fの家族が攻撃を受けてしまい、大切な家族の身の安全を守れないという状況でした。このようにF本人とFの家族にまで脅威が及ぶことは、Fの生活の安全を十分に脅かす酷い状況であり、Fとその家族のメンタルヘルスに深刻な悪影響を生じさせる環境にありました。

また、小学生であるHへの影響も懸念されます。実際に、Hは同級生の言葉にショックを受けており、学校という子どもにとって重要な生活の場の1つにおける安全が脅かされているといえます。同級生の対応や周りの環境がさらに悪化し暴力などに発展した場合、HがPTSDを発症する可能性も否定できません。

2．注目を集めることの影響

FはニュースやSNS、ネットなどのさまざまな媒体で取り上げられる注目される事件を受け持つことになり、Fは当初、使命感をもって仕事にあたっていました。注目を集めることは良い側面もありますが、今回は悪い注目が集まっています。

この注目を集めることについて、心理学にはピグマリオン効果・ゴーレム効果という概念があります。ピグマリオン効果とは、ポジティブな注目を子どもに向け続けると、その子どもの成長をより促すというもの

です[2]。一方で、ゴーレム効果とは、ネガティブな注目をすると、その対象者がそのネガティブな期待により悪影響を受けてしまうというものです[3]。これらは、他者の期待や信念が個人の行動や変化に影響を与える心理現象を説明する考え方です。ピグマリオン効果・ゴーレム効果は教育やビジネスの世界でも活用されている概念で、Fの状況にも当てはめることができます。世間から批判的な注目を受けることでFに対する社会的な期待が低くなってしまい、この社会的な期待に応じてFのパフォーマンスが悪影響を受けるというゴーレム効果が生じる可能性があります。

3. 周囲との軋轢によるコミュニケーション不全

　事務所や家族も攻撃されたことで、他の職員や家族からは不満が出て、FとFを取り巻く人々との間に軋轢が生じることがあります。本事例では、事務員が嫌がらせによって仕事に集中できない不満をFに向けていました。本来であれば、嫌がらせをしている人に向けられる不満ですが、嫌がらせをする人々に対して反論することができない状況であったため、Fに状況を改善して欲しいという気持ちと、Fの業務が嫌がらせの原因であるとの考えが相まって、不満がFに向けられた可能性があります。また、Hも小学校で同級生から心無い言葉を言われる原因は父親であるFにあると考えてしまい、その不満をFに向けていたかもしれません。このように、Fへの不満が溜まり軋轢が生まれるようになると、味方であるはずの事務員や家族とも意思疎通が十分にできないなどのディスコミュニケーションが生じるでしょう。

　Fとしても、自分が原因の1つになっているとの思いから、事務員や家族に申し訳なさを感じ、事務所のメンバーに迷惑をかけているという

2　中島義明＝安藤清志＝子安増生＝坂野雄二＝繁枡算男＝立花政夫＝箱田裕司編『心理学辞典』有斐閣（1999年）
3　中島義明ほか（1999）・前掲注2

思いや守るべき家族を危険にさらしているという負い目を抱えています。こういったFの気持ちもコミュニケーションに大きく影響します。Fの気持ちがうまく影響する場合は、家族や所員との関係がより良くなりますが、そうでなかった場合には、負い目を感じることで、Fは家族や所員との対話を避けたり、必要以上に防御的になったりすることがあり、さらに周囲の人たちとの関係が悪化する場合もあります。

4. 将来への不安と心配

　Fの今回の仕事は、報道されることによってその結果がより多くの人の目に触れることになります。その結果いかんによっては、以後の仕事や事務所の運営に影響を及ぼす可能性があると考えるのは自然な発想です。実際、Fは、良い依頼が来ることや若手の就職希望者が増えることを期待しています。その反面、今の担当事件が思わしくない結果に終わったらと考えたときにネガティブな連想が続くのも当然です。仮に良くない結果になった場合、今回の担当事件の負担が心身ともに非常に大きいことから仕事のやりがいが減退するだけでなく、結果が報道されることで一時的に受任が減るなどの金銭的な影響が生じる可能性があります。このようにネガティブな結果を考えた場合、将来への不安や心配につながりやすく、Fの気持ちが落ち込むことも考えられます。

Ⅱ 弁護士Fが取った対策

1. 批判に注目せず俯瞰する

　本事例において、Fはインターネットで担当事件や自分のことを調べるエゴサーチをせず自分に対する批判を目にしないことで、前述したゴーレム効果の影響を最小限に抑えることができています。これにより、不要な気持ちの乱れも避けることができています。

さらに、Fを取り巻く環境で数多くの問題が起きており、四面楚歌の状況にあるため、悲観的な見方に流されてしまいそうですが、Fはこのストレス状況を乗り切った先に得られる成果を見つけることができています。例えば、今回の刑事事件を通じて将来期待できる報酬（他の良い依頼や優秀な人材の獲得の可能性）について考えています。このような姿勢は、仕事への動機づけを維持するために効果的であったと思います。

2．家族や所員との話合い

Fは家族や所員との話合いの機会を設けるという対策を講じており、これはF自身にとっても、家族や所員にとっても良い対応だったと思います。ストレスが多い状況下では、コミュニケーションをとること自体が億劫になりがちであり、コミュニケーションを行ったとしても各自が苛立ちやストレスを感じているために衝突することも多くなります。そして、衝突を恐れてコミュニケーションを避けてばかりいると、事態は膠着しやすくなり、場合によっては疑心暗鬼になり、さらにコミュニケーションを避けるようになるといった悪循環に陥ることもあります。しかし、できるだけ早い段階で話合いの機会を設け、お互い感じていることを話し合い、鬱屈している感情を吐露することで気持ちが晴れることやお互いの誤解を解消できることもあるでしょう。特に、本事例では、メディアやSNSなどの情報により、Fの家族がFの仕事を誤解しやすい環境になっています。そのため、Fが家族と話し合ったことは家族関係を良好に維持するとともに、これからの業務や負担を理解してもらうためにも必須であったといえます。所員との話合いも、改めてFの業務や現状を理解してもらうことで、今後の見通しを共有し、対策を立てる機会になるので、Fと事務所のメンバーとの良い関係を保つために必要だったといえます。

Ⅲ 本事例で取れるその他の対策や予防

　本事例において、Fは自身で抱えている悩みに対して効果的な対策を実施しています。ここでは、Fが取った対策以外に本事例で取り得る対策として、メンタルヘルスケアの観点から、安全な環境の構築、ストレス要因を理解する重要性及びストレスケアの方法を紹介します。

1. 現実の危険には具体的な対策を立てる

　Fを最後まで悩ませていた、警備やマスコミ対策がやはり重要になります。Fと関係者のPTSDを防止する観点からも、Fとその家族の生活環境の安心安全や、Fと所員が働く事務所の安心安全を確保することは重要です。そして、現実に迫っている危険に具体的に対処することは、問題焦点型コーピングの一環として心理的な負担を軽減させる効果のある手法です。

　しかし、防犯対策やメディア・SNSにおける誹謗中傷や暴言、批判への対策には残念ながら限界があります。そのため、被害を最小限に抑えるためにさまざまな取組みを行うとともに、実際に被害が発生した場合の適切な対処方法を事前に準備することも心理的な負担を軽くするためには重要です。例えば、誹謗中傷や暴言を見ないようにするためにSNSのミュート機能やブロック機能を活用しつつも、実際に被害を受けた場合には速やかに証拠の保存を行い法的措置などの事後対応に備える手順を確認しておくといったことが考えられます。また、本事例では、小学生のHも攻撃対象になっているので、警察や小学校への相談や防犯ブザーを持たせることなども考えられます。加えて、事前に準備した対処方法を関係者で共有しておくことも重要です。「いざというときは、こうする」という具体的な対応策を、自身や事務員、配偶者や子どもも把握しておくことで、不安や恐怖を完全に消滅させることはでき

ないとしても、多少なりとも軽減することができると思います。

2. 環境からの影響が強いことを心得ておく

　PTSDの説明と同様ですが、環境の安全が担保されない状態では、ストレスは軽減しません。しかし、ピグマリオン効果やゴーレム効果などのように、人間が環境からどのような影響を受けるのかを理解することは、心理的負担を軽減させるために重要です。「幽霊の正体見たり枯れ尾花」と昔からいわれますが、今起こっている現象の正体や原因がわかると、未知の要素が減って状況を合理的に捉えることができるようになることに加えて、具体的な対処法を考えることができるようになるため、それだけで心理的負担が減ることもあります。また、自分に生じている不調が外部環境にも要因があることがわかれば、うまく対処できないのは自分だけが悪いからだ、という不必要な自責感を感じずに済みます。

3. 具体的なストレスに対処する

　ストレス要因への解決や対処、ストレスを生じさせる原因や状況への理解も重要ですが、ストレス対処をすることも同様に重要です。本事例のようにプレッシャーの多い仕事や周囲の注目を集める環境、さらには攻撃を受ける状況は、交感神経を刺激して、リラックスすることを困難にします。理論編第4章にも紹介していますが、そのような場合は副交感神経を効果的に刺激できる呼吸法やストレッチなど日常に取り入れましょう。日々の小さなメンテナンスが必要であり、多忙なスケジュールの中にメンテナンスの時間を事前に組み込むことをおすすめします。その際には、長時間のメンテナンスは必要ではなく、ぜひ5分でも10分でもよいので、コーヒーブレイクなどの実際に実現可能な小休止を入れることが大切です。このように意識して休むことがストレス対処には大事です。

（野﨑　麻里）

CASE 17　弁護士全般（事務所経営者）

脅迫と怒声がもたらす恐怖

　弁護士Aが運営している法律事務所にはAと女性の事務員Bだけが在籍しているが、Aは接見や期日などで外出することが多く、平日の営業時間中はBだけで過ごす時間が長い傾向にあった。
　Aが暴力団対策業務に携わるようになってから、事務所に脅迫状が届くようになり、怒声をあげた電話がかかってくることがあった。Aはこれに対して毅然と対応したが、心の奥では「弁護士は襲撃されるリスクがある」「恨まれたらどうしよう」という怖さを感じていた。また、最近の電話のことを考えると、Aの不在時にBを1人で事務所に残すことでBに怖い思いをさせるかもしれないだけでなく、今後の依頼によってはAやBが危険にさらされるリスクが高まることをAは危惧していた。これまで、Aは、誰でも気軽に立ち寄れる法律事務所にするため、事務所に立ち寄りやすい雰囲気を重視して、目立つようなセキュリティ対策はしていなかったが、万が一の事態に備えて、対策に乗り出すことを決意した。
　Aは、まず初めに警備会社と契約をして警備サービスを導入するとともに、警察との連携も強化した。ただ、急な襲撃を受けた際に警備会社や警察が駆けつけるには少し時間がかかるため、自分たちで対応するための他の対策も必要だと感じていた。受付に防犯グッズを設置することを考えたが、防犯グッズが見えると立ち寄りづらい雰囲気になる可能性を懸念して、すぐには良い対策が思いつかなった。そこで、Aは、取り急ぎ、今後の防犯対策を強化するために、緊急時の対応など防犯面について事務員とざっくばらんに話し合う機会を定期的に設けることで、少しでも互いに安心感が持てるように努めた。

事例編

> Aは、弁護士としての使命感と責任感から、引き続き暴力団対策業務に従事しているが、自身や事務員の安全を確保しつつ、誰でも気軽に立ち寄れる事務所にする方法を模索している。

I 弁護士Aが抱える問題

　本事例のように、弁護士は反社会的勢力が絡む業務を担わなければならないことがあります。仕事とはいえ、反社会的勢力との接点を持たなければならないことは、それだけで大変なストレスになります。たとえ「向こうも逮捕されたくないだろうから、実際に襲われることはないだろう」と頭では理解していても、私たちはどうしてもいろいろと良くないことを想像してしまうものです。

1. A自身が感じる恐怖

　Aは反社会的勢力から対面での被害にあったことはありませんが、脅迫状や怒声をあげた電話を受けており、襲撃や逆恨みを内心恐れていました。Aは脅迫状や電話があったことを踏まえて、直接的に被害を受ける可能性を考えていますが、この被害が予測できないため、恒常的に相当な恐怖や不安を抱えていると考えられます。そして、今後は被害を持続的に警戒する必要があることで、慢性的なストレスを感じているとともに、場合によってはこの警戒がAの集中力を散漫にさせるなど仕事のパフォーマンス等に悪影響を及ぼす可能性もあると思われます。

2. 安全確保の責任

　Aの不在時には事務所に女性の事務員Bが1名だけになるため、万が一、暴力団関係者が来所した場合、Bは、1人で対応しなければならない孤立感や助けを求められないことによる恐怖を覚えるでしょう。また、1人でいるときに暴力団関係者から電話が来るだけでもBが同じ

ような思いをする可能性があることを考えて、Aは自身の不在時の状況に対応しなければならないとの責任を感じています。一方で、事務所を立ち寄りやすい雰囲気にしたいという思いとのバランスをとる難しさもあり、Aは、安全確保をすべきというプレッシャーと事務所の運営方針を維持したい気持ちとの間で悩みを抱え、これがストレスになっていると考えられます。

Ⅱ 弁護士Aが取った対策

1．警備サービスの導入と警察との連携

　反社会的勢力と対峙するうえでは、まずはしっかりとした防犯対策が欠かせないでしょう。ストレス軽減を図るためにとる問題解決への直接的な施策を、心理学では「問題焦点型コーピング」と呼んでいます。（理論編第1章Ⅰ1.（3）（ア））。

　本事例で、Aは警備サービスの導入と警察との連携を行っています。これは、今抱えている悩みを直接解決する施策であるだけでなく、外部のリソースを活用することで専門家からのサポートを得て問題に対処できるようになったことなどから、問題焦点型コーピングとして有効であると評価できます。

　なお、CCTV（監視カメラ）の設置や、事務所内外の状況を常時監視できるようにセキュリティシステムを導入することも、問題焦点型コーピングの例として挙げられます。法律事務所の防犯強化にあたっては、第二東京弁護士会が公開している「あなたの事務所・自宅が狙われたら!?」[1]が参考になると思われます。

---

[1] 第二東京弁護士会「【講演録】あなたの事務所・自宅が狙われたら！？」NIBEN Frontier 2022年11月号（https://niben.jp/niben/books/frontier/backnumber/202211/post-454.html）

2. 事務員との定期的な話合い

　Aは、定期的に防犯面について事務員と話し合う機会を設けています。この定期的な話合いは事務員との信頼関係を深める助けになり、事務員の感じる孤立感や不安の軽減に寄与します。また、防犯対策の話合いにより、事務員が緊急時の対策などを想定することができ、問題が発生した場合の対応にある程度自信を持ち、極端なパニックになることを避けられるため、心理的な安全感が向上すると考えられます。このような取組みにより、Aが感じている安全確保への責任を一定程度果たすことができるため、Aのストレスの軽減につながるでしょう。そして、このようなアプローチも問題焦点型コーピングの一環といえます。

　ただ、Aは「誰でも気軽に立ち寄れる法律事務所」という理念を大切にしているので、この理念と防犯対策のバランスをとるのは難しいかもしれません。この葛藤については、後述するピアサポートグループ（本CASE Ⅲ 2.参照）の中で他の弁護士に相談し、具体的な対応を知る等して、折り合いをつけていけると理想的です。

Ⅲ 本事例で取れるその他の対策や予防

　本事例では、Aは反社会的勢力に対して毅然とした態度を示しつつも、内心では怖さを感じていましたが、以下で説明するような心理的アプローチはしていませんでした。心理的アプローチも防犯対策と同じくらい大事ですので、こういった恐怖反応について、どのような心理的なケアができるのか考えていきましょう。

1. 誰でも怖いものは怖いと理解し重篤化を予防する

　本事例における心理的なアプローチとして何より重要なのは、反社会的勢力との関わりは誰にとっても怖いものだと理解しておくことでしょ

う。弁護士の中には淡々と処理できる方もおられるでしょうし、実際にAも反社会的勢力に対して毅然と対応していました。

しかし、毅然とした態度をとる必要があるとしても、恐怖を感じてはいけないわけではないのです。反社会的勢力との関わりで恐怖を感じないというのには無理があります。反社会的勢力と関わる案件を淡々と処理できる方であっても、実際にいつ襲われるかわからない状況になってしまったならば、怖さを感じたとしても全く不思議ではありません。自然に湧き上がる感情を否定すると、逆にその感情は大きくなってしまうものです。そして恐怖が大きくなれば、それは次第に、後述の「トラウマ」へと姿を変えてしまうかもしれません。トラウマを予防するためには、怖いときにはしっかりと「今、自分は怖いと感じている」と認めることが重要です。弁護士であろうとなかろうと、怖いものは怖いと感じてもよいのです。トラウマについては、後掲・COLUMN「トラウマへの対応」をあわせてお読みください。

2. 他の弁護士に相談する

恐怖の低減、ひいてはトラウマを予防するために、同じ業界の仲間と集まってお互いの悩みを共有するグループをつくり、気持ちをシェアする場を設けることも効果的です。こういった、仲間（ピア）との間で悩みを共有するグループをピアサポートグループといいます。自分と同じような悩みや苦しみを感じている仲間が他にもいるのを知れるだけでも、ストレスは大きく減っていきます。Aは、定期的に防犯面について事務員とざっくばらんに話し合う機会を設けていますが、事務員に限らず、反社会的勢力の関わる案件を担当している他の弁護士とも悩みについて話すようにし、ぜひ「怖いと感じている」気持ちも、その場でシェアできるとよいかと思います。例えば、所属する弁護士会に「民事介入暴力対策特別委員会」または類似する委員会があれば、そこに所属する先生方に相談するのも、その具体的なアプローチの1つになるでしょ

う。

3.　その他──リラクセーションの時間や趣味や家族との時間

　定期的に短い休憩をとり、リラックスできる活動（ストレッチ、深呼吸、瞑想など）を取り入れることも有効でしょう。詳しくは理論編第4章も参考にしてみてください。また、仕事以外の時間を確保し、家族や友人と過ごすことでストレスを解消し、心の安定を図ることも、仕事で感じたストレスを取り除くのには効果的です。加えて、趣味に没頭し、楽しい時間を過ごすことで、頭の中から仕事のことを追い出すことも良いとされています。

> **コメント　男性もメンタルヘルスケアを**
>
> 　男性のメンタルヘルスケアについても触れておきたいと思います。本事例のような反社会的勢力対策は、身体への危険を伴うことから、男性弁護士に仕事が偏ってしまう傾向があるようです。
> 　末木（2020）[2]によれば、一般的に男性は女性と比べて援助を求めることが少ないことがわかっています。「弱音を吐く男性は恥ずかしい存在である」「男は強くあらねばならない」といった性役割の固定観念が、援助を求めることを難しくさせている側面があるそうです。しかし、男性であっても必要に応じて助けを求めるべきです。むしろ、助けを求めることができる男性こそ本当に強いといえるのではないでしょうか。
> 　固定観念を打ち破ることに加えて、男性が助けを求められるようなオープンなコミュニケーションが推奨されるべきでしょう。例えば、本事例のように反社会的勢力への対応が怖いのは、男性も女性も同じ

2　末木新『自殺学入門──幸せな生と死とは何か』金剛出版（2020年）55頁

です。そのため、恐怖を感じる経験をした際には、ぜひ周りの弁護士や信頼できる方と気持ちを話し合いましょう。

参考文献
服部信子『今すぐ使える誰でも使えるフラッシュバック対処と予防』Independently published（2023年）

（小山 拓哉）

> COLUMN

トラウマへの対応

1．トラウマとは

　反社会的勢力との関わりは、それがたとえ仕事上必要なものであったとしても大変な恐怖を抱くものだろうと思います。命の危機を感じるような恐怖を感じたり、そこまではいかずとも繰り返し恐怖を感じ続けたりすれば、心に大きな傷を残すことになりかねません。本事例では、Aや事務員に具体的な症状は発生していませんが、今後トラウマを負ってしまう可能性があります。そこで、トラウマとそのケアについても説明します。

　トラウマとは、地震や戦争被害、災害、事故、性的被害などによって、その人の生命や存在に強い衝撃をもたらす出来事の結果として生じる心理的な外傷をいい、トラウマをもたらす出来事を体験することをトラウマ体験といいます[3]。しかし、トラウマになるのは必ずしも直接的に強い衝撃を受けたときだけではありません。トラウマ体験をした人の話を見聞きしたことでトラウマを受けることもあり、これを代理受傷といいます。また、1つひとつの出来事は強い衝撃ではなかったとしても、何度も繰り返されることで傷が深くなり、トラウマにまで発展することもあり、これを複雑性トラウマと呼びます。このように、トラウマの負い方は「直接」「間接」「繰り返し」と複数のパターンがあります。

　本事例のように反社会的勢力対策の業務に携わっている場合、以上に挙げたパターンでトラウマを負うこともあり得るため、非常にストレスの高い状況といえます。

---

[3] 文部科学省「在外教育施設安全対策資料【心のケア編】」（2024年）（https://www.mext.go.jp/a_menu/shotou/clarinet/002/003/010.htm）

2．トラウマ反応
　トラウマを受けると以下のような反応が出ることがあります。

① 侵入症状
　突然トラウマに関する不安や恐怖が襲ってくることをいいます。目の前のことに集中することができず、今まさに恐怖対象と相対しているかのような強烈な恐怖に襲われます。

② 回避症状
　トラウマを想起させる事柄を避けたいとする強烈な動機が働き、実際に避けてしまうことを指します。典型的な例は、反社会的勢力から脅迫的な電話があると、その後電話を取れなくなることです。

③ 過覚醒
　イライラが強くなる、ちょっとした音に敏感になる、眠れなくなるといった状態を指します。いろいろなことに怯えてしまい、当然仕事にも集中できなくなります。

④ ネガティブな気分と認知
　上記①〜③のほかにも、興味関心の喪失や幸福感の低下、自分を否定的に捉えてしまうなど、気分や認知（考え方）にも支障が生じることがあります。

3．「今」に集中するトラウマケア
　本事例のようにストレスの高い環境に身を置いている場合、トラウマを予防し改善させていくことは極めて重要です。そして、トラウマに対処するためには、「今」に注目することが鍵となります。

トラウマがあると、「過去」の恐怖体験を思い出しやすくなります。過去の恐怖体験を思い出すと、「反社会的勢力にあんなことやこんなことをされるのではないか」と、今度は過去の経験をもとに思考が「未来」の危険を予測します。そして、未来の危険を予測する際に、他の過去の恐怖体験まで再び呼び起こされることがあります。このように、思考が「過去」と「未来」を行き来すると、ますます恐怖を感じてしまうばかりではなく「『今』この瞬間は何も起きていない」ことが見えなくなります。この悪循環を生む過去と未来の想起を防止するために、意識的に「今」に集中することがトラウマケアの中核となるのです。

　具体的なトラウマ対処の方法としては、「言葉による対処」と「身体による対処」の大きく２つがあります。「言葉による対処」は、その時の実際の状況を言葉にすることを指します。例えば、「今日は〇年〇月〇日。今の自分は仲間に囲まれた事務所にいる」と声に出すことで、現実に「今」起きている事柄に意識を戻します。また、目の前に見えるものの名前を声に出すのも効果的です。これにより、「今は安全な場所にいるのだ」と再認識することができます。

　また、「身体による対処」にも複数のやり方があります。例えば、足元の地面をしっかり感じながら歩く方法（グラウンディング）や、周囲をゆっくりと見回し、危険が迫っていないことを確認する方法などさまざまです。深呼吸や、くつろげる音楽や癒やされる動画の視聴も効果があります。また、恐怖を感じているときは同時に緊張もしており、身体が固まっているため、身体をほぐすことも大切です。ストレッチや、一度全身に力を入れてから脱力する方法（筋弛緩法）などもトラウマへの対処方法として知られています。

　いずれの方法も効果には個人差があり、１回でトラウマが全て消えるわけではありません。しかし、さまざまな対処法を試し、自分に合った方法を探し、創意工夫を施すことが重要です。そのうえ

で、少しでも「効果があった」と感じられれば、ぜひその変化に注目してください。しかし、「多少改善したが、まだ恐怖が残っている」と考えると、余計に恐怖に囚われ続けてしまうおそれがあります。そのため、少しでも効果を感じられれば、「今はこれでよい」と割り切り、その改善点に注目してください。そして、その「少しの改善」を積み重ねていくことが、自信や安心感につながっていきます。本事例と同じく怖い思いをしている弁護士の方には、ぜひ上記のような対策を心がけていただければと思っています。

（臨床心理士・公認心理師・精神保健福祉士　小山拓哉）

事例編

CASE 18　女性弁護士

妊娠・出産を経て弁護士業務とキャリアに悩む

　女性弁護士Aは、弁護士4名の法律事務所に在籍し、結婚後も弁護士業に没頭していた。しかし、昨年の不妊治療が成功して第一子を妊娠した後、想定以上につわりが長引くなど妊娠の負担が大きかった結果、妊娠6か月時には時短勤務を余儀なくされた。Aは業務の引継ぎを開始し業務量を減らしたが、周囲は男性弁護士ばかりだったため、引継ぎの際などに妊娠に対する理解を求めることに大きなストレスを感じていた。

　産後の育児休暇中も、Aは産前に受任した案件について同僚弁護士からの問合せに応じていた。しかし、出産後すぐに業務に復帰する女性弁護士と自分を比較して「どうしてあの人は産後もタフに働けるのか。同じように働けない自分には何が足りないのだろうか」と、自分を責める気持ちも強くなった。事務所からは「復帰を無理に急ぐ必要はない」と言われていたものの、早く業務に復帰して産前と同様に働かなくてはならないという焦りを感じていた。

　育児休暇後、業務に復帰したAは、子どもの保育園への送迎や発熱時の看病などにより、出産前と同じように働くことが難しいと気づいた。その中で、Aは「子育てが多忙な時期に無理をしても仕方ない」と思い始めた。また、当初は復帰したら出産前と同じように働きたいと考えていたが、業務を行う中で、仕事を最優先にできないときがあると気づき、理想と現実のギャップを感じた。Aは、初め、周囲の子育て中の女性弁護士と自分の現状を比べて気持ちが落ち込んだ。しかし、思い切って業務量をセーブすると、限られた時間の中で効率良く仕事ができるようになり、子育ての時間を十分に確保できるようになったため、心の安定を取り戻すことができ、

> 少しずつ前向きな気持ちを持てるようになった。

Ⅰ 女性弁護士Aが抱える問題

1. 妊娠自体が心身にストレスを生じさせる

　妊娠・出産・育児は、職業人である女性にとって大きなハードルの1つです。例えば、妊娠中は、動悸やめまい、むくみなどにより普段のように身体を動かせず、また、ホルモンバランスの変化から感情の起伏が激しくなる場合があり、精神的に不安になることがあります。そのため、普段とは状況が大きく異なります。本事例において、Aは妊娠・出産を機に、妊娠前と比べて満足に働くことができない状況に大きなストレスを抱えていました。この状況を説明する前提として、まず妊娠・出産と育児自体が働く女性にとって大きな負担になることが重要な視点になります。

(1) つわりのストレス

　本事例では、Aは妊娠中のつわりが長引いたため、時短勤務を余儀なくされました。つわりの症状には個人差があり、例えば、思うように好きなものを食べられなくなる人もいれば、激しい嘔吐に見舞われるなどして仕事が手につかなくなる人もいます。これらの状況は、Aにとって大きなストレスになったでしょう。

　また、Aにとって今回の出産は初めての体験でした。過去に出産を経験していれば、どのような変化が起こるのか大体の見通しを持つことができますが、初めての場合はそうはいきません。Aは、妊娠中の体調の変化や出産後の生活がどのようになるのか全く予測がつかず、不安を感じていたと考えられます。実際に、AのつわりはAの想像していた以上に重かったため、予定よりも早く時短勤務に切り替える必要があ

り、予測できなかった事態が発生していました。

（2）不妊治療

　近年は不妊治療をするカップルも増えていますが、不妊治療自体、心身に相当のストレスがあります。まず、自然妊娠ができないということで、不妊治療に至る前に傷つく人もいます。カップルのうちどちらが原因かということでも、摩擦が生じる場合も考えられます。そして、実際の治療に踏み切るまでに、家族計画の展望に加え、治療費の負担、業務量の調整や不妊治療を続ける期間の目途、万が一妊娠できなかった場合の対応など、キャリアや家族計画の根幹に関する点についても考えたうえで、カップル間ですり合わせる必要があるでしょう。さらに、周囲の人々の期待などプレッシャーを受けている人もいます。不妊治療を開始する前にこれだけの課題が考えられ、それらをカップル間で話し合う必要があり、その際のコミュニケーションも誤解やすれ違いなどが生じる可能性を大いに含みます。そして、それらを乗り越えて、治療に踏み切った後には、ホルモン治療などの影響で身体的に負担が生じますし、定期的な通院のために仕事や他の予定を調整する必要があります。その際に、周囲の不妊治療の理解が乏しかったとしたら、その点に関しても孤独を感じやすくなるでしょう。また、不妊治療は長期化することも多く、治療の成果が思うように出なかった場合、不安や心配が常につきまとうことになります。本事例では、これらの負担を乗り越えて、Ａは妊娠しましたが、妊娠を無事に継続して出産まで至れるのかといった不安も生じて当然です。

（3）キャリアの中断

　妊娠すれば、もちろん、妊娠に伴う喜びや出産・育児への楽しみも感じるでしょう。しかし、同時に妊娠期の女性は、つわりや体重増加、ホルモンバランスの変化など、さまざまな心身の変化を体験しながら生活

を送っています。これらの変化が生じる程度には個人差がありますが、程度の差はあれ普段どおりに日常生活を送ることができないことは注目すべきストレス要因です。特に、産前産後休暇や時短勤務により業務量を大幅に減らさなければならない点は、ストレスになります。Aは業務復帰後すぐに出産前と同程度に仕事をしたいと感じているなど、仕事への熱意が強いように見受けられますので、キャリアの中断が強いストレスになっていたことがうかがえます。

2．産前産後の業務に関する女性弁護士Aの悩み

(1) 妊娠への理解を求める苦労

　Aは長引くつわりから、時短勤務に切り替えることを余儀なくされたため、その段階から仕事を同僚に割り振る必要が出てきました。その場合、本来なら自分でできる仕事を人に依頼しなければならない申し訳なさや仕事を全うできない不全感が生じる可能性があるでしょう。実際の仕事の調整にかかる負担もありますし、依頼者との信頼関係にも気を遣うはずです。

　さらに、Aは、男性が多い職場で妊娠に対する理解を得ることにストレスを感じていました。Aの同僚が、実際にAの妊娠をどのように受け止め反応したかは明確ではありませんが、A自身は理解を得るのが難しかったと感じていたようです。自分の苦労がわかってもらえず、同僚に対する期待が裏切られたような悲しい気持ちになったかもしれません。ネガティブな感情を持ちつつ、同僚と関わらなければならなかったこともAのストレスとなっていたと考えられます。

　また、Aが妊娠や育児に対する理解を求めるために、自分の状況を説明したり、支援を依頼したりすること自体がストレスになっていた可能性もあります。Aが予想よりも早く時短勤務になったことから、仕事の引継ぎや業務負担の割合などで気まずいやり取りがあったのかもしれません。妊娠自体がAの大きなストレスになっている中、自分の業

務をこなしながら、同僚とスムーズなやり取りができないことがさらなるストレス要因になることは容易に想像できます。

（2）産後に思うように働けない辛さ

Aは、産後まもなく、慣れない育児と並行して同僚からの仕事の問合せに応えています。出産は全治2か月の交通事故に遭ったくらいのダメージを身体が負うといわれることもあるぐらい相当な負担があります。実際に交通事故に遭って大けがをした場合は、安静期間があるはずなのですが、産後はそうもいっていられません。生まれてからすぐに世話をしなければならない乳児がいて、しかも乳児は大人の事情など構ってくれないのです。また、産後はホルモンの影響により一時的に記憶力などが低下するといわれています。そのような産前とは大きく異なる条件下で、仕事の問合せに応えることは多大な心身の負担を伴います。客観的には、頑張りすぎといえるでしょう。しかし、Aは周りの子育て中の女性弁護士と自分を比べて、同じように働くことができない自分を責めてしまっています。

（3）業務復帰後の仕事と子育ての両立

さらに、Aは復帰後の仕事と子育ての両立にも悩んでいました。Aは産後も産前と変わらず業務を行い、仕事に邁進したいと思っていたところ、想像以上に子育てに時間と手間がかかることに気づき、理想と現実のギャップにショックを受けたかもしれません。そして、ここでも仕事と子育てを両立しているように見える周囲の女性弁護士と自分を比べて気持ちが落ち込んでしまいました。

このように、Aは、自分を他人と比べてしまい、自分のことをできていないと評価してしまう傾向があるように見受けられます。これは、A自身の認知の傾向として考えることができそうです。不妊治療中も業務に邁進し、育児休暇中でも問い合わせに対応し、早期の業務復帰を望ん

でいたことからも、Aは仕事への熱意が強く、心身への負荷が大きい状況でも業務をこなしてきた、仕事に対する責任感が極めて強い人なのだと思います。そういった方に多いのが、完璧主義の思考パターンです。できていないことに焦点を当てやすく、少しでもできていないところがあると自分はダメだというような思考に陥りやすい傾向があります。こういった思考のクセがあると、必要以上に自分を責めてしまい、ストレスを感じやすくなるのです。

Ⅱ 女性弁護士Ａが取った対策

　Ａは最優先事項を出産前と後で変えています。出産前までは、多忙であり仕事が生活における最優先事項になっていたようです。しかし、子育てをしていると、食事や就寝等の身の回りの準備や、普段の子どもとの会話、保育園への送り迎えや子どもの体調悪化時には子どもを迎えにいき看病をすることなど、子どもを優先せざるを得ないことも多くなります。そのため、出産前のように、仕事を一番に考えられなくなり、仕事の優先度が一時的に下がってしまうこともやむを得ないといえます。Ａはこの優先事項の変更を受け入れたうえで、子育てにかける時間を大事にし、限られた時間で仕事の成果を上げることに注力しています。このように、Ａは自分の中の優先度に応じて目標を再設定し、これを満たすことで日々の生活に充実感を覚えられるようになっています。このような思考の切り替えができたことは、仕事と子育ての両面を充実させるうえで極めて重要なことであるといえます。

　そして、Aの出した結論において特筆すべき点は「子育てが多忙な時期に」という期間を意識している点です。「子育てが多忙な時期に無理をしても仕方ない」という考えの背後には、おそらく「子育てが多忙な時期の後には、子どもも自立するのだから自分の時間が確保できるだろう」という展望があったのだと推測できます。子育てが大変な「今」

だけに焦点を当てると、「これから先は前のように仕事ができない」と考え、気持ちも落ち込みますし、考えも塞ぎこんでしまいます。このような状態を、心理的視野狭窄と呼びます。人は、辛い状況が続くと、その辛い「今」の状況にのみ注目し、悲観的な考えに固執してしまい、ネガティブな考えばかりが浮かび、さらに悲観的になるという悪循環に陥りやすくなります。しかし、この状況がいつか変わるのだと「将来」にも視座が向くならば、今後は子育てが落ち着き、仕事にも集中できるかもしれないという楽観的な気持ちになり、考えや将来の見通しも柔軟になりやすいのです。Aは、見事にこの心理的視野狭窄の状態から、切り替えることができたのです。

Ⅲ 本事例で取れるその他の対策や予防

1. 事前に環境を整えておく

妊娠・出産に関するストレスにおいては、個人でできるセルフケアも重要ですが、実際に妊娠・出産で生じる負担を踏まえて環境を整えておくということも重要です。

（1）妊娠・出産による心身への負担

冒頭で妊娠にまつわるストレスを取り上げましたが、最悪のケースとして、妊産婦の自死といった問題もあります。ここ数年は、妊産婦の自死について、ニュースで目にすることも多くなりました。日本産婦人科医会の発表によると2020年以降、妊産婦の自死の割合が高くなっています[1]。産後うつという言葉も、だいぶ耳慣れてきました。このように、妊娠・出産は精神的に悪影響を及ぼすことがあり、中には産後うつや自

1　厚生労働省「第5回自殺総合対策の推進に関する有識者会議（オンライン開催・ペーパーレス）資料」（2021年）（https://www.mhlw.go.jp/content/12201000/000862045.pdf）3-10頁

死といった極めて深刻な状況に陥る場合もあります。

　また、妊娠中に受けられる治療の種類は非常に限られており、極めて限定的な対症療法しか受けることができないため、妊娠中は不調を抱えながら生活することを余儀なくされます。

（2）職場との調整

　このように、妊娠をすると不調に対する薬の使用を制限されることが多く、我慢を強いられます。そのため、産前・産後ともに心身に大きな影響が及ぶため、使えるものはすべて使って、なるべく自分に負担がかからず、または妊娠・出産に伴う負担があっても働くことがつらくなりすぎないような環境をできる限り準備しましょう。本当ならばそのような環境が既に準備されていると理想的ですが、職場環境はさまざまであるため自ら働きかけなければいけない場合も多いと思います。

　妊娠中、職場の理解を得ることが難しいという問題に対しては、医師が妊婦に対して行った指導内容を職場に伝えるための「母性健康管理指導事項連絡カード」（母健連絡カード）[2]を活用して、通勤の調整や休憩時間の延長、勤務時間の短縮などの措置について、話し合うこともよいでしょう。また、職場からの理解や配慮を得る方法について相談できるような信頼できる産婦人科医にかかることも大事です。医師に相談しにくければ、助産師・看護師に相談しましょう。

　産後は、自治体の産後ケア事業も少しずつ充実してきていますし、コストはかかりますが産後ケアホテルなどを利用する方法もあります。また、1週間健診、2週間健診、1か月健診、保健師訪問など産後も専門家と関わる機会があります。その機会を利用して相談するのも手です。なお、母健連絡カードは出産後も使用できるため、状況に応じて活用す

---

[2] 一般財団法人女性労働協会「働く女性の心とからだの応援サイト　妊娠出産・母性健康管理サポート」『母健連絡カード（母性健康管理指導事項連絡カード）について』厚生労働省（https://www.bosei-navi.mhlw.go.jp/renraku_card/）

るのもよいかもしれません。

　繰り返しになりますが、妊娠・出産は心身に大きな影響があります。理想は、自分が必要と思えるだけ休むことですが、就労形態や業務の多忙さゆえ、それが難しい場合も多いかもしれません。この場合、単に考え方を変えればよいという問題ではないため、専門家の助けを借りながら職場と相談し、実際に業務量や職場環境を調整するのがよいでしょう。

2．環境調整以外の予防策
（1）自分の思考パターンに気づく

　もし完璧主義の思考パターンを事前に自覚できていれば、ネガティブな思考に陥ることを防ぎ、必要以上に思い悩むことが少なくなるでしょう。しかし、自分が完璧主義かどうかに気づくには時間がかかります。思考パターンは自分に染み付いているため、意識して客観視する必要があるからです。カウンセリングを受けて完璧主義の思考パターンをもっているかを話し合うことができますが、1人で実践する方法もあります。例えば、理論編第1章を参照してストレスについて知り、ストレスの日記をつけて振り返るという方法です。日記には、出来事とそれによって生じた感情を記録し、その感情が生じるきっかけとなった出来事に対して自分がどう考えたかも記録します。自分の思考パターンに気づくには、ストレス日記を数週間続けるのが理想的ですが、まずは1週間で試してみたり、出来事とそれに対する感情だけを簡潔にメモしたり、繁忙状況に合わせた取組みから始めるのもよいでしょう。また、完璧主義以外の思考の癖にも気づくかもしれません。紹介した方法は、認知行動療法という心理療法で利用する方法であり、認知行動療法をもとにしたセルフヘルプの本も参考になります。

(2) 経験者から情報収集をする

　また、Aは既に出産経験のある他の弁護士と自分を比べて落ち込んでいました。しかし、第三者から見た評価と当事者の実態は一致しないことがよくあります。傍から見て軽々とその問題に対処しているようでも、実際は水上の白鳥のように水面下では必死に足を動かしていることだってあるのです。タフに仕事をこなしているように見える女性弁護士も、実は毎日限界に近い状態で過ごしている場合があり、その中で円滑に仕事ができるような環境をさまざまな工夫によって作り出しているのかもしれません。ぜひ、先達の経験談を聞いて自分で実践できる工夫を取り入れることをおすすめします。

参考文献
ベネッセコーポレーション編『最新！初めての妊娠・出産新百科（ベネッセ・ムック たまひよブックス たまひよ新百科シリーズ）』ベネッセコーポレーション（2021年）

（野﨑 麻里）

事例編

CASE 19　　男性弁護士（弁護士全般）

男性弁護士として性犯罪被害者支援に関わる葛藤

　男性弁護士Ａは、一般民事事件や刑事事件を広く手掛けていたが、女性弁護士Ｂの勧めで、犯罪被害者支援にも関わるようになった。特に、これまで性犯罪事件の加害者側の示談交渉を多く担当した経験を生かし被害者側の支援にも携わりたいと考えていた。
　しかし、性犯罪被害の女性の相談者からは、初回法律相談やその予約電話の際に「申し訳ないけれど、男性の弁護士には話しにくいので、女性弁護士が同席できないなら依頼したくない」という要望を受けることが多かった。そこで、ＡはＢや他の女性弁護士と共同受任するように努めているが、共同受任できる女性弁護士を探すのにはいつも苦労している。このように女性弁護士を求められることが多いことから、Ａは「男性の自分が性被害を受けた女性の支援を行ってもよいのか？」と悩む日々が続いている。
　また、Ａが女性弁護士と共同受任した際にも、女性依頼者から「詳細な被害内容については女性弁護士だけに話したい」など特定の事項に関与することをＡだけが拒まれるケースもあった。そのため、Ａは男性弁護士による女性の性被害者支援に限界を感じて、無力感を抱いている。
　それでも、Ａは依頼者のためにできることを模索した。Ａは性犯罪被害者には心理的な配慮が重要だと考え、心理学に関する書籍を読み、セミナーに参加し、性被害者が抱える悩みや葛藤について積極的に学習した。また、犯罪被害者支援の経験が豊富な他の弁護士とも連携し、積極的に実務でのアドバイスを求めるようになった。この過程で、Ａは、男性と女性の弁護士がチームを組んで支援できるセーフティネットのような仕組みを作りたいと考えている。

I 男性弁護士Aが抱える問題

　警視庁「令和5年度犯罪被害類型別等調査」（2024年）によると、性的な被害を受けた経験があると回答した方のうち、女性の割合が87.4%を占めており、性犯罪被害者は圧倒的に女性が多いといえます。もちろん、男性の被害者が一定数存在すること、そして、女性被害の数の多さから「性被害は女性が受けるものである」という認識がされることで男性の性被害者が声をあげにくい状況にあることも忘れてはなりません。しかし、人数でいえば、性被害者の多くが女性であり、加害側の多くは男性であることが実情です。

1. 男性弁護士に恐怖する女性依頼者

　本事例のように「被害者が女性、加害者が男性」の性犯罪事件の場合には、被害者が被害を受けた経験から全ての男性に対して恐怖を感じてしまう状況もあるかと思います。トラウマの支援に関わる野坂（2019）[1] によれば、性暴力は突然の出来事であり、加害者の行為には恐怖や嫌悪しか感じられないことから、一度性被害を受けると安全感や安心感が失われ、不安と警戒が高まって、男性を避けたり、被害現場に近づけなかったりすることは珍しいことではありません。したがって、女性被害者の場合、担当する男性弁護士の人柄や言動にかかわらず、男性弁護士に対して恐怖や不安を感じることはしばしば起こり得ることです。本事例でも被害者がAに性加害の状況を話しにくいと感じており、実際に「別の弁護士に変えてほしい」と伝えられる事例は少なくないようです。

　また、性被害以外にも、例えば、交通事故や離婚などでも同様のケースが見られます。具体的には、交通事故の衝撃によって脊髄損傷などを

---

[1] 野坂祐子『トラウマインフォームドケア——"問題行動"を捉えなおす援助の視点』日本評論社（2019年）46頁

負った場合に、尿意や便意に影響する（尿が出ない、漏れる、便がコントロールできないなど）こともあり、被害状況を尋ねると非常にデリケートな点に触れてしまうことはしばしば起こりうることです。離婚案件についても、男性弁護士のふとした発言や、過敏になっている依頼者に突然怒りを向けられた際に思わず言ってしまった余計な一言により、そのつもりがなくても女性依頼者を傷つけてしまう場合もあるようです。

2．自信の喪失や依頼者対応への不安

　このように、弁護士が男性であることを理由に、依頼者から女性弁護士に変更してほしいと言われることがあります。こうした申出に対して、弁護士側も、何か相手を傷つけるようなことをしてしまったのだろうかと考えたり、自分の弁護士としてのスキルに自信を失ったりすることがあるかもしれません。本事例のAも依頼者から女性弁護士の同席を求められることで性被害者支援の限界を感じて無力感を覚えています。このような不安をそのままにしておくと、弁護士としての自信をなくしてしまったり、依頼者との関わりが怖くなることで対人不安につながったりしてしまう可能性があります。さらには、性被害の事件にかかわらず、あらゆる案件において依頼者との関わりに緊張を抱えてしまうことも考えられます。

　また、依頼に思ったように取り組めないことは自分のメンタルヘルスを消耗させる場合があります。性被害者支援に携わっている方は、非常に強い想いを持って業務に取り組んでいる人が多いかと思います。しかし、想いが強い分、うまく関われないときには自信を喪失し、燃え尽きたような気持ちになってしまうことも懸念されます。また、依頼者のケアについては個別性もあるため、依頼者への個別対応の難しさに悩んでしまい、ストレスになることで負荷が高まることも考えられます。多忙な方も少なくないため、ただでさえ疲労感もある中で依頼者対応に苦慮したり、共同受任できる弁護士が見つからなかったりする状況が続く

と、自身の心身の不調につながることも十分に考えられます。

Ⅱ 男性弁護士Ａが取った対策

1. 周囲にサポートを求める姿勢

　男性と女性の弁護士がいる法律事務所では、女性弁護士の関与を求められる可能性に備えて、最初から男女で事件を受任することも少なくないようです。また、法律事務所に男性弁護士しかいない場合には、Ａが実施していたように協力し合える他事務所の女性弁護士と共同受任する場合もあると聞きます。このように、依頼者が相談をしやすい環境を作るために、男女の弁護士で共同受任をできる体制を整えたり、サポートし合える弁護士や専門家とのネットワークを築いたりすることは依頼者と弁護士の両者にとって重要です。このようなネットワークの構築には、興味のあるテーマのイベントや勉強会などに参加することや、日本弁護士連合会や各弁護士会の犯罪被害者支援委員会や、各都道府県に設置されたワンストップセンターなどとつながることが役に立つでしょう。

　しかし、男性弁護士が１人で受けざるを得ない場合ももちろんあると思います。性被害者支援のようなセンシティブな案件を対応するには得手不得手もありますが、中には上手に１人で対応している弁護士もいるようです。そのような弁護士は、以下のⅢで触れるような専門知識を理解していることがあるので、このような知識を身につけておくことは有益であると考えられます。

2. 「自分が関わってよいのだろうか」との悩みを自覚できていること

Aのように、自身が抱える悩みについて自覚することは、ストレス状態の悪化を防ぐことにもつながりますし、必要なサポートを得られるように行動するきっかけにもなり得ます。自分のストレスに気づき、対応をするというのは、シンプルなようですが非常に重要です。特に、対応する際には、1人で抱え込むことにならないように、誰かに助けを求めるという選択肢を持っておくことが重要です。

自分自身が男性であることを自覚し、男性であることが女性の依頼者に与える自覚的または無自覚的な影響を理解しておくことも重要です。特に性被害などの場合、再トラウマにつながらないような受任体制を整えたり、関わるうえでの留意点を頭に入れたりしておくことなどは、1人でもでき得る対応でしょう。

3. 性被害などについて専門的な知識を積極的に学習していること

Aは、書籍やセミナーを通じて心理学を勉強したり、被害者支援の経験が豊富な他の弁護士と連携したりすることで、性被害者支援における弁護士実務の理解を深めるだけでなく、性被害者が抱える悩みや葛藤について積極的に知る機会を設けています。この取組みによって、Aは性被害を受けた依頼者に対してより充実した支援を提供できるようになるため、性被害者支援を行うことのできるという自信を持てるようになります。これは無力感を軽減するのに有効なだけでなく、Aが抱える依頼者対応への不安やストレスに対しても役立ちます。特に、後述するアンコンシャスバイアス（無自覚の偏見）や、トラウマインフォームドケア（TIC：トラウマとその影響についての知識を持ち、その知識や情報に基づいた関心・配慮・注意を向けた関わりをすること）について知ることが、被害者と接するうえでは有用であると考えられます。上手に対応できている弁護士の方々は、このような専門知識を活用している

ように思います。

Ⅲ 本事例で取れるその他の対策や予防

Ⅱで言及しているとおり、Aは男性弁護士による被害者支援の限界から無力感と焦りを抱いたため、積極的に関連分野について勉強をしており、これはメンタルヘルスケアにとっても依頼者対応を充実させるためにも重要なことです。以下では、性被害者支援における依頼者対応に有用な知識として、アンコンシャスバイアスとトラウマインフォームドケアについて紹介します。

1. アンコンシャスバイアス

近年、ダイバーシティなどの文脈でもアンコンシャスバイアスの重要性が注目されています。アンコンシャスバイアスは、各自がこれまでの経験や環境などの影響を受けて無意識に持っている考えや偏見のことを意味し、誰もが持っている可能性があります。例えば、社会においてマイノリティに属する女性や性的少数者などの属性の人に対し、差別的な言動をするつもりがなくても、アンコンシャスバイアスに基づく言動により、無意識に相手を傷つけてしまうことがあります。しかし、アンコンシャスバイアスは無自覚なので、自分の偏見を自覚することは非常に難しいです。例えば、夫（男性）が妻（女性）に対して「（育児を）手伝うよ」という発言をして夫婦間の雰囲気が険悪になることなどはよくあります。その背景として、夫が無自覚に「（共働き夫婦であっても）育児の主体は女性である」と思っている場合がありますが、夫側は悪意がないため、妻が不機嫌になる理由が理解できないことがあります。

アンコンシャスバイアスの背景には「マジョリティ」と「マイノリティ」の問題があります。マジョリティは単に人数が多いというわけではなく、多数であるがゆえに社会において強い立場にある人や、マイノリ

ティ（弱い立場）側の人が経験するようなネガティブな経験をしなくて済む人を指し、そうした状態を「特権を有している」と説明されます。

「男性」は社会においてはマジョリティ側の立場とされる場面が多くあるのが現状です。女性が被害を訴える声をあげても、「男性側の視点で」考えてしまうことで、女性に対して理解や状況の想像力が不足してしまうことがあります。また、「弁護士」という職業は社会的地位が高いといわれることも多いため、「男性」であり「弁護士」である「男性弁護士」は、社会において強い特権性がある職業であるといえます。

このような「無自覚な特権」を有した男性弁護士からすると、マイノリティや弱い立場に立たされている人が抱える不安や不利益を経験したことがないために、その人たちの抱える苦労を知識以上に想像がしにくいことがあります。例えば、性犯罪被害者である女性依頼者に対して「なぜそのような時間にそんな格好で出歩いていたのですか」と、事実関係を問うつもりで弁護士が質問をしたとき、その背景には「被害に遭ってもおかしくない時間に、被害に遭いやすそうな格好で出歩いていれば、被害に遭っても仕方ない」という発想があるのかもしれません。もっとも、弁護士がその発想に無自覚であるとしても、依頼者としては、自分のことを責められた気持ちになるかもしれません。弁護士としても、悪意なく無自覚に相手を傷つけることは本意ではないことでしょう。自分自身の中にあるアンコンシャスバイアスに気づくのはなかなか難しい部分もありますが、「自分の中では当たり前に思っていることが相手にとってはそうでもないかもしれない」と考えたり、「この考えはもしかして自分のアンコンシャスバイアスなのかな」と気づいたことをメモしてみるなど、折に触れて自分の中にあるバイアスと向き合ってみることも、被害者への支援を行っていくうえで非常に重要です。バイアスに気づいたことで、依頼者を無自覚に傷つけない質問の仕方を学ぶきっかけになるなど幅広い視点で依頼者への対応を考えられるようになります。また、依頼者対応のバリエーションが豊富になれば、対応できる

場面が増えて自信がついて心の余裕が生まれるので、ストレスの軽減にもつながると考えられます。

2．トラウマインフォームドケア

日本では2014年以降にトラウマインフォームドケア（TIC）が紹介されるようになり、精神科医療の領域から導入が開始されました。TICとは「トラウマの影響を理解した対応に基づき、被害者や支援者の身体、心理、情緒の安全を重視する。また、被害者がコントロール感やエンパワメントを回復する契機を見いだすストレングスに基づいた取組み」と定義されています[2]。TICは、支援者のトラウマに関する確固たる理解を基盤とし、被害者と支援者の安全の確立を目指すものとされており、支援者の安全も重視されています。また、支援関係を良いものとし、支援の際に被害者にトラウマを与えないようにしていくことや、被害者を無力感から抜け出させ、コントロール感と有力感を回復させていくために、被害者の脆弱さ（弱み）よりもストレングス（強み）に着目するのも特徴とされています[3]。弁護士は、被害者が受けた被害の解決を請け負う立場であることから、被害からの回復のために一役を担う重要な役割です。特に、トラウマが生じ得る被害に遭った方への対応に関わる際には、TICの考え方が役に立つでしょう。

性被害者支援に関してはさまざまな書籍も出ています。例えば、齋藤＝岡本（2022）による『性暴力被害の心理支援』[4]は性暴力の被害に遭遇した方の支援を行う場合に、まず知っておくべき基礎的な知識や、心理支援の基本について記しています。

また、以下のトラウマインフォームドケアの10原則などもあわせて参照すると、トラウマを抱えるリスクのある依頼者への対応に役立つこ

2　野坂（2019）・前掲注1
3　野坂（2019）・前掲注1
4　齋藤梓＝岡本かおり編著『性暴力被害の心理支援』金剛出版（2022年）

とも多いでしょう。

トラウマインフォームドケアの10原則[5]

① 暴力や被害体験が，発達と対処方略に及ぼす影響を支援者が認識している
② 最も重要な目的は、トラウマからの回復である
③ エンパワメントモデルに基づいている
　※エンパワメントとは、個人の持つ能力を尊重して、自ら問題を解決できるように援助をしていくことを指します。
④ 回復に向けた本人の選択とコントロールを最大限尊重する
⑤ 協働的な関係に基づいて行われる
⑥ 安全、尊重、受容についてのサバイバー（被書者）のニーズを大切にする雰囲気を作る
⑦ レジリエンス（回復力）に着目することでストレングスを強調する
⑧ 再トラウマ体験を最小限にすることを目指す
⑨ 文化に配慮し、それぞれの人生経験や文化的背景を踏まえて本人を理解する
⑩ TICを実施する機関は、サービスのデザイン設計やその評価に利用者を招き入れ、関与してもらう

また、TICは、4つの「R」を実践することから始まるともいわれています。1つ目は、トラウマの広範囲な影響と回復の過程を知ること（Realize）、2つ目が、患者に認められるトラウマのサインや症状に気

---

[5] Elliott, D.E., Bjelajac, P., Fallot, R.D. et al."Trauma-informed or trauma-denied:Principles and implementation of trauma-Informed informed services for women." *J Community Psychol*, vol.33,no.4（2005）pp.461-477

づくこと（Recognize）、3つ目が適切な方法で対応すること（Respond）、そして、4つ目として、これら3つのRを実践することが、再トラウマ化の予防（Resist re-traumatization）につながるという考え方です。つまり、トラウマを抱えた方への支援などにおいては、トラウマを再燃させないような関わりが非常に重要になってくるわけです。

そして、野坂（2019）[6]によれば、TICは支援者個人だけではなく、トラウマの影響を理解した支援組織において取り組む必要があり、トラウマインフォームドなシステムの構築が前提になるといわれています。例えば、性被害者支援の場合には、性被害というトラウマの影響を考慮することが大切です。弁護士単独で支援を行うよりも、法律、医療、心理などの専門家や多様な性別の人から構成されるチームが支援することで、トラウマを再燃させない支援が可能になります。

しかし、中には地域性などにより、弁護士が1人で関わらなくてはならない場面があるかと思います。その際には、再トラウマを防ぐための関わりとして亀岡（2020）[7]が挙げている次の点を考慮しておくことが望ましいでしょう。

6　野坂（2019）・前掲注1
7　亀岡智美「精神科医療におけるトラウマインフォームドケア」精神神経学雑誌122巻2号（2020年）160-166頁

事例編

再トラウマを防ぐために、支援者がすべきでないこと
・強制的な対応
・威圧的な態度（腕を組む、挑発的な態度）
・大声・命令口調・暴言
・不親切な態度・無関心な姿勢
・支援の内容や目標を十分説明しない
・支援方針の突然の変更、約束を破る
・相手に誤解を与えるようなことば遣い
・支援機関の掲示物などのことば（暴力・禁止）

そして、仮に、自分が男性であるがゆえに、攻撃的に感じられる言葉をぶつけられたりすることがあった際には、被害者がそれだけ深い被害の苦しみとまだ闘い続けているのだということも頭に入れておくことも大切です。依頼者から非常に強い言葉がぶつけられることもあるかもしれませんが、その全てが自分に対して投げられているわけではなく、加害者に対して向けられている想いである、などと考えられると、自分自身を落ち着かせる鍵になるかもしれません。

コメント　男性が被害者になる可能性の認識

本事例では、女性が性被害者でしたが、男性が性被害者になるケースもあります。警視庁の「令和5年度犯罪被害類型別等調査」（2024年）によると、性被害を受けた経験があると回答した人のうち、女性の割合が87.4％を占めており、性犯罪被害者は圧倒的に女性が多いといえます。そのため、「性被害は女性が受けるものである」という認識がされやすく、男性の性被害が認識されづらい状況であり、この状況によって、男性の性被害者が声をあげにくくなってい

ます。さらに、被害に遭った男性に対して「男性なんだからもっとしっかりしなくては」「男性が被害に遭うのはおかしい」などと発言することで、性被害者の男性が二次的な被害を受けるような事例も少なくありません。このようなジェンダーに基づいたバイアスは男性に対しても起こりうることです。女性だけでなく、男性におけるジェンダーによるバイアスや相談しにくさの具体例などについて、弁護士同士で情報共有をしたり、認識のアップデートをしたりする機会を持てれば、男性の性被害者にとって、弁護士がさらに心強い存在になるでしょう。

参考文献
D・Jグッドマン著、出口真紀子監訳『真のダイバーシティをめざして－特権に無自覚なマジョリティのための社会的公正教育』上智大学出版（2017年）
Substance Abuse and Mental Health Services Administration. *SAMHSA's Concept of Trauma and Guidance for a Trauma-Informed Approach.* (HHS Publication No. (SMA) 14-4884.) Rockville, MD: Substance Abuse and Mental Health Services Administration（2014）
大阪教育大学学校危機メンタルサポートセンター＝兵庫県こころのケアセンター訳「SAMHSAのトラウマ概念とトラウマインフォームドアプローチのための手引き（日本語版）」（2018年）（http://ncssp.osaka-kyoiku.ac.jp/mental/wp-content/themes/original/commons/img//mental_care/1_1.pdf）

（中村 洸太）

CASE20　企業内弁護士

他部署との対立で疲弊する法務部員

　A社で勤務する弁護士Bは、契約書レビューなどの法務に従事していた。先日、営業部のCは新規取引先Xから大口取引を獲得し、自社の契約書ひな型をもとにXと契約条件を交渉した。Cは事前相談なくXの要望を組み込んだ契約書のレビューをBに至急で依頼した。Bは、急ぎ確認したところ、契約書が古いひな型から作成されたことに加えA社に不利な条項が多いことに気づき、契約書に大幅な修正が必要である旨をCに説明した。Cは契約書を修正せずに今日中にXに送りたいと要望したが、Bは法務として修正は必須とあり、時間がかかると返事をした。そして、Bは急ぎ修正を開始したが、他の至急案件もあり、修正版の契約書をCに送ったのは翌日だった。

　この対応に対し、Cは「作業が遅いし、修正箇所が多すぎる。Xが契約締結を渋ったらどうするのか」と文句を言ったが、Bは改めて「修正箇所はできる限り必要最低限にしており、法務としてこれ以上の譲歩はできない」と説明した。最終的に契約は締結されたが、後日、営業部から重要案件での契約書レビューを迅速に行うようにクレームが入った。Bは、他の案件で多忙な中、Cから至急対応を突然求められたうえに、Cの要望に応じた難易度の高い修正を早急に行ったので、このクレームに全く納得できなかった。また、以前も同じトラブルがあり、法務部から営業部に事前相談を要望していたが、今回のクレームはその要望を無視したものでBを含む法務部員を苛立たせた。

　そこで、Bは営業部に話を聞きに行ったところ、営業部内で事前相談の必要性が周知されていないことがわかったので、再度の周知

を依頼した。話し終わった帰りに、Bは「最近の法務部は要求が多いし、動きが遅いので困っている」との営業部員の文句を偶然聞き、法務部の役割が理解されていないことに失望し、やるせない気持ちになった。Bは法務部員として適切な対応をしても、文句を言われて正当に評価されないことに疲弊し、やりがいを失いつつある。転職を考えるべきかもしれないと悩む一方で、法務部内の人間関係は良好であり、Bも他の部員と一緒にランチに行くなど良い関係性の維持に努めており、部内の仕事環境に何も問題を感じていないため、転職は早計だとも感じている。

I 企業内弁護士Bが抱える問題

　法務部は、企業が法的リスクを最小限に抑えつつビジネスをスムーズに進められるようにする重要な役割を担っています。法務部が十分に機能することにより、法的リスクの低減だけでなく、訴訟などのトラブル防止によるコスト削減や社内の意思決定の迅速化、信頼性の向上などさまざまな利益を享受できます。
　一方で、法務部の役割が十分に理解されていない場合、法務部が契約締結を遅延させているなどとして、法務部が営業の足を引っ張る部門であると捉えられることもあるようです。そこで、本事例を通して、法務部への無理解によるメンタルヘルス上の問題を見ていきます。

1．営業部からの反発──社内の人間関係の悪化

　本事例では、Bが営業部員のCが作成した契約書について必要不可欠な修正を行ったところ、Cが望む内容やスケジュールで進められなかったため、CはBに責任追及するような文句を言っています。Cは新規顧客の開拓に加えて大口契約を取ってきており、大きな業績を上げる機会を逃したくないことから、Xの方針が変わる前にできる限り早く契約

を締結したいと思っているでしょう。そのようなCからすれば、Xと合意できている内容を変えて契約締結の懸念を生じさせるBは、自分たちの邪魔をする悪役か、足を引っ張る邪魔者に感じるのかもしれません。しかし、法務部は契約書の内容を精査して法的リスクなどの分析とその手当を行うことで、不利な契約締結の回避やトラブル発生時における有利な立場の確保などを果たし、会社の利益を確実にする大事なポジションです。大きな観点から見れば、法務部も営業部もその利害は一致しているはずですが、同僚から悪役、邪魔者であるかのような反応をされれば、誰でも良い気持ちはしないでしょう。Bだけでなく、法務部全体が疲弊を訴え、強いストレスを抱えたとしても不思議はありません。

　交流分析のストローク理論（ストローク：自己および他者の存在に対する働きかけ。理論編第5章Ⅰ1.参照）でいうと、営業部が法務部を「要求が多いし、動きが遅い」などと批判している場合、営業部は契約締結が遅くなることへの苛立ちや法務部の重要性への理解不足を背景に、法務部に対してネガティブ・ストローク（相手を不快にするストローク）をしていると考えられます。この状況では、営業部は法務部に対して業務への感謝などのポジティブ・ストローク（相手に好意を伝えるストローク）を示さないことが多いでしょう。一方で、法務部が契約書のレビューに時間をかける行為は、たとえ必要なことであっても、営業部が納得できないのであれば、営業部に対するネガティブ・ストロークになる可能性があります。BはCに修正理由を説明しCの要望に応えるように努力しましたが、Cが修正に不満を抱いていることから、Cにとって、今回の契約書レビューがネガティブ・ストロークになっていたと考えられます。その後になされた営業部からのクレームや文句から、法務部と営業部の関係性は悪化しており、運悪くその原因の1つになってしまったBは大きなストレスを抱えたに違いないでしょう。

2. 業務への不当な評価——やりがいの喪失

　法務部は、営業部から、営業活動に文句を言って足を引っ張る存在であるなどと否定的な捉え方をされており、これを直接耳にしたBは自分の仕事が不当に低く評価されていると感じています。加えて、営業部は、法務部からの事前相談の要望に応じていなかっただけでなく、事前相談をすることで防げたはずの契約書のトラブルについてクレームを入れており、営業部にとって本来は重要な部署である法務部とその一員であるBに対する肯定的な評価（ポジティブ・ストローク）も欠如していることがうかがえます。人はストローク不足（他者からの反応や認識が不足している状態）には耐えられませんが、ネガティブ・ストロークばかり受け取っていては、不快に思うことはあっても喜びを感じにくくなります。このような状況に置かれたBが、現在の業務にやりがいを見い出しにくくなり、会社への不満を抱えて、自分を正当に評価してくれる別の仕事を探そうと転職を考えるのは心理学的にも納得のいく話です。ただ、部内は良好な人間関係が保たれて働きやすい環境であり、そのことがBを現職場に留まらせています。

II 企業内弁護士Bが取った対策

1. 法務部内の人間関係を良好に保ったこと

　Bが部内の人間関係を良好に保とうと意識して関わっていた点は重要です。チームのコミュニケーションが良好に保たれることによって、部員の士気が維持され、業務に対するストレスを軽減する役割を果たします。B自身も法務部の人間関係の良さを理由に、転職は早計だと感じています。職場でお互いの存在を認め、ポジティブ・ストロークが交わせることは何よりのエネルギー源になります。部外では自分達の部署に対

する風当たりが厳しい状況で、Bが部内の人間関係を良好に保つために積極的にコミュニケーションを取ってきたことは高く評価できます。良好な人間関係ではお互いを労い、認め合う肯定的なコミュニケーションが多く交わされるので、そのお陰でBもここまでやってこられたのでしょう。しかし、法務部は部外とのやり取りも多いため、部内の肯定的なストローク交換だけでは不十分です。その結果、ストレスや疲弊感、何よりも仕事へのやり甲斐を感じられなくなり、Bに転職を考える気持ちが出てきたと考えられます。

2. 営業部からのクレームを受けて話を聞いたこと

　Bは営業部のクレームを受けて、クレームに納得がいかずに営業部に話を聞きに行ったところ、法務部から要望を出していた事前相談について営業部内で周知が徹底されていなかったことがわかりました。そのため、営業部としては、CがBに事前相談をして、Bの対応が遅かったせいで契約締結まで時間がかかったとの誤解に基づき、クレームを出したという構図が明らかになりました。このように営業部と直接話をしに行ったBの働きは営業部の誤解の解消につながり、積極的なコミュニケーションによって、問題の原因から解決しようとした点で評価に値します。もっとも、今回の誤解の背景には、営業部と法務部との日常的なコミュニケーション不足があり、常日頃からの情報共有などができていなかったように推測できます。事前相談を要望するだけでなく、相談窓口になる人を決めたり、普段の仕事の進め方など業務プロセスなどを共有したりする必要がありそうです。また、営業部と対話を続け、より効率的な契約審査プロセスを検討する会議に発展させるなどの工夫もできるでしょう。

Ⅲ 本事例で取れるその他の対策や予防

1．法務に関する社内教育

　法務部による契約書レビューに対し、Ｃから文句が出たり営業部からのクレームが起きたりしたことは、契約書レビューについて営業部の理解を得られていなかったことを示しています。契約書レビュー自体が必要であることは間違いないですが、営業部と法務部との間でコミュニケーションが不足していたか、その重要性や目的が伝わっていないため、営業部員が契約レビューを「契約締結を阻害する時間がかかる行為」とみなし、法務部が悪役か邪魔者扱いされてしまった可能性があります。

　取り得る方策として、契約書の重要性や各種取引における法的リスクといった法務に関する基本的な知識について、理解を深めるための研修の開催などの社内教育プログラムの実施が挙げられます。営業部が法務に関する知識を持つことは、契約交渉力が向上し有利な条件での交渉を可能にしたり、法務部とのやり取りが効率化され契約審査にかかる時間も短縮されたりするなど、営業部にとってもメリットが多いでしょう。そして、セミナーや研修を実施する際には、理解を深めたり誤解を解いたりするためにも、多くの社員が参加できるように、形を変えて複数回開催することをおすすめします。研修の開催により、法務の基礎的な知識を養う方策は、法務部による契約書の修正点を説明する方法に比べて一見、遠回りに見えるかもしれませんが、契約書レビューの重要性に関する意識が育っていないところに、特定の条項の重要性などを説明したとしても理解に時間がかかるばかりで実態の改善にはつながりづらいでしょう。

2．法務部の活動報告と改善策の提案

　次に、法務部の業務について、業務内容や成果を定期的に報告し、契

約条件が改善された例や成功例を発信していくのはいかがでしょうか。営業部の立場から見ると、ネガティブ・ストロークを出していたのは法務部も同じだった可能性があり、ポジティブ・ストロークを積極的に行う必要があるかもしれません。例えば、営業部の目線からは「この規定は定めない方が良い」などの否定的なフィードバックがこれまでのやり取りの中で目立ってしまっていた可能性があります。そこで、ポジティブ・ストロークを出すために「この取引類型ではこの規定の方が良い」「過去の契約との整合性からこの規定なら取引先から応諾されやすい」などの改善例や成功例を示す方がよいでしょう。また、携わった社員の感想なども入れると親近感が湧き、よりオープンなコミュニケーションが促進され、信頼関係を深めるのに効果的でしょう。

3．法務部員のメンタルヘルスケアとストレス管理

　いずれにしろ、Bをはじめ、法務部員には過度なストレスがかかっているようなので、メンタルヘルスケアは欠かせないと思われます。例えば、定期的に部内でミーティングを設け、ストレスや悩みを共有する場をつくり、孤立感を減らし、チームの結束力を高めます。「言いっ放し」「解決を求めない」「言っても仕方がないようなことをあえて言う」など、課題解決型ではないストレス発散と心情の共有を目的にしたミーティングにするのも1つです。そして、社内外のカウンセリングサービスやメンタルヘルスに関する情報を共有して利用しやすくし、お互いにポジティブ・ストロークを交わすことを心掛けるなどもよいでしょう。

　また、上司と面談する中で、業務上の目標を設定するよう勧められることもあるかと思います。その際に有効な手法として、問題や課題に対して、達成目標を最初から高くせず、達成しやすい目的を小さく、スモール・ステップに設定する方法があります。例えば、契約書の作成やレビューについて、周りの法務部員に比べてミスが多いという課題があった場合には、いきなりすべてのミスをなくすというステップを意識した

目標を立てても、達成するのは難しいでしょう。そこで、秘密保持契約などの業務でよく扱う契約書については時間の許す限り入念に作成・レビューしてミスをなくすことを目標にすることが考えられます。この目標を達成したら、次は別の類型の契約書についてミスをなくすといったステップを意識した目標を立てていくのもよいかもしれません。目標の立て方については専門の産業カウンセラーやコンサルタントを利用するのもよいでしょう。その他のセルフケアについては理論編第4章を参照してください。

4．転職におけるメンタルヘルス上のリスク

　最後になりますが、Bの転職の可能性について触れたいと思います。Bは職場で自分が正当に評価されていないと感じ、「そろそろ転職を考えるべきでは」と考えています。もちろん、Bの言うように転職も1つの方法です。しかし、注意しておきたいことは、メンタルヘルス上の問題として、現在の仕事を続けるストレスと、転職によって環境が大きく変わることで生じるストレスは、どちらも大きいということです。

　仕事を辞めたいときは「ここを辞めたら問題は全て解決する」と思いがちです。実際、解決することもありますが、仕事を辞めることにまつわるストレスと新しい仕事に就くことのストレスを忘れてしまうことも多いです。同じ理由で、メンタルクリニックなどに通う患者が、就職や転職、結婚や離婚、再婚など、人生で大きな選択をする際は、医師から患者に、まずはメンタルヘルス不調が落ち着くまで決断を先送りし、しっかり休憩して本来の調子を取り戻してから決断することを勧めることがあります。

　しかし、「そんなことを心配していては、いつまでたっても自分と合わない職場を辞めることができない」と思われるかもしれません。それもそのとおりです。ですから、ギリギリまで踏ん張り「もう駄目だ」となるまで頑張るのではなく、余裕をもって転職を検討することも大事に

なります。信頼できる人に相談に乗ってもらう、事前に十分な情報収集をしたうえで決断する、仕事を辞める時期と新しい仕事に就く時期を考える（すぐに次の職場に入職するか、いったん仕事を休んで十分休息する時間をつくるか、など）といったことなども検討しておきましょう。転職エージェントに相談する、転職経験のある同業者に話を聞くといった対応も1つです。それぞれの職場環境と個人の生活状況を踏まえて検討することをおすすめします。

（岡本 かおり・三浦 光太郎）

CASE 21

企業内弁護士（弁護士一般）

転職後の環境変化に適応する難しさ

　弁護士Bは以前、不動産会社A社で働いていたときには、社員からの法務相談や賃貸借契約や不動産売買契約などのレビューを行っていた。また、出社することが多く、同僚とのコミュニケーションは基本的に対面で、自分の働き方に合っていると感じていた。しかし、オフィスが遠方に移転することになり、新幹線通勤が必要となった。Bは、家を購入した直後で引っ越しも難しかったため、通勤がしやすく、これまでの業務経験を生かせると感じた不動産投資会社C社へ転職した。

　C社への転職当初、Bは新たな環境でのチャレンジに期待していたが、業務内容の相違が想像以上にストレスであった。A社では主に不動産法務に携わっていたが、C社ではベンチャー投資や不動産ファンド組成などの金融法務が中心となり、以前の業務経験を十分には生かせなかった。そこで、Bは金融法務の勉強を始めたが、その複雑さから理解が簡単には深まらず、C社の法務をこなすことに苦しんでいた。

　また、C社では、リモートワークやフレックス制度の導入が進んでおり、同僚と直接会う機会が少なく、日々の雑談や軽い業務相談などのコミュニケーションが減少し、孤独感を抱くようになった。さらに、以前よりも在宅勤務が増えたので、仕事とプライベートの境界が曖昧になり、自宅にいる間も常に仕事が頭から離れず、仕事のプレッシャーを感じるようになった。そこで、Bはカフェやコワーキングスペースを利用して、働く場所を変えることで気分転換を図りつつ、仕事と生活の時間を切り離すために業務時間外はメールなどの連絡を見ないようにしてオフの時間を確保するようにした。

> 加えて、意識的に同僚との会話を増やすことを心がけ、連絡の際に顔を見て話せるようにオンライン会議を併用したり、同僚と出社タイミングを合わせて昼食を一緒にするなどの工夫を図った。
> 　Bはこのように転職後の環境変化に適応しようと努力したが、今の環境が自分のキャリアや働き方に適しているのか疑問を持つようになり、自分に適した働き方や職場環境を模索している。

I　企業内弁護士Bが抱える問題

　転職によって環境が大きく変わると誰でもストレスや不安を感じるものです。経験や年齢、職位などにより異なりますが、転職して新しい環境（職場）に慣れるまでには一定の時間を必要とすることが一般的です。本事例では、A社からC社への転職は、Bにとって職場の社風、業務内容、人間関係が大きく変わり、Bは転職による環境の変化に順応することに苦労しています。中には、適応障害（環境の変化によるストレスが個人の順応力を越えたときに心身の不調や行動面の問題が生じた状態）になるリスクもあるといえます（理論編第3章II 2.参照）。

1.　職務の変化によるストレス

　業務内容の大きな変化により、Bは強いストレスを感じています。Bは、C社の法務でパフォーマンスを発揮するために早急に金融法務の知識やスキルを身に着けることが必要と考えていました。しかし、金融法務の勉強が進まずに苦しんでおり、Bは負担過多の状態に陥っています。これにより、Bは自分の法務部員という職務に対する否定的な感情（役割ストレス[1]といいます。）を抱え、バーンアウト（いわゆる燃え尽き症候群につながるような）大きな負担を感じていたことでしょう。ま

1　中山元佳＝香月富士日「看護管理職の役割ストレス・労働負荷とバーンアウトとの関連」日本看護研究学会雑誌43巻2号（2020年）189頁

た、社内コミュニケーションが大きく減少したことは金融法務の知見やC社特有のノウハウなどの共有を妨げる要因にもなるため、Bの抱える業務上のストレスは非常に大きなものであったと考えられます。そして、このような状況は、職務に適応する時間を長期化させることになり、Bの職場に対する不安の増幅やパフォーマンスの低下が生じやすくなります。

2. コミュニケーションの減少から生じる孤立感

　インハウスとして組織の一員であることを実感できた前職に対して、C社では、社員とのコミュニケーションが少ないため、BはC社や法務チームに帰属意識が持てずにいると考えられます。コロナ禍によるリモートワークやフレックス制度の導入によって[2]、チームメンバーとのコミュニケーションが減少し、Bは「孤立感」や「孤独感」を強く感じています。職場での人間関係が仕事のやりがいやストレス管理に大きく影響することは、心理学的にもよく知られています。このように社会的支援（社会的関係の中でやり取りされる有形無形の支援）が不足する状況では、ストレスを軽減することが難しく、メンタルヘルスのリスクが高まるとされています。また、米国職業安全保健研究所（NIOSH）の提唱する職業性ストレスモデル[3]によれば、緩衝要因と呼ばれる周囲からの適切な援助の有無がその人固有のストレス要因を緩和すると考えられています。BはA社勤務時には社員との日常的な対話を通じて、自己の役割を確認するとともに自分の働き方に適している環境であったと認識していたため、日々の対面での会話がない環境はBのメンタルヘルス不調のリスクを高めているといえます。

2　コロナ前に比べて、出社の推奨や義務化が進んでいます。日本経済新聞「サントリーなど日本企業も出社回帰　オフィス需要復調」（2024年）（https://www.nikkei.com/article/DGXZQOUC031SF0T01C24A0000000/）
3　Hurrell, J. J., & McLaney, M. A. "Exposure to job stress: A new psychometric instrument." Scandinavian Journal of Work, Environment & Health, vol. 14 (1988) pp27-28

3. ワークライフバランスの崩壊

　リモートワークの導入は通勤時間を削減しプライベートの時間をより多く確保でき、業務効率の向上にも良い影響がある反面、プライベートな空間にいながら仕事のことを考え続けなければならず、仕事とプライベートの境界が曖昧になりやすいマイナスの側面もあります。特にBの場合、金融法務に自信がなく会社に貢献できているか不安であり、その不安の解消のためにベンチャー投資やファンドの勉強をしていると考えられます。勉強自体は自己研鑽ですが、仕事に関連する勉強であるため公私を切り替えることができなくなり、長時間労働と同等の負担になっている可能性があります。これは「オーバーワーク（過重労働）」や「バーンアウト（燃え尽き症候群）」のリスクを高めていると考えられます。

4. キャリアの自己疑念

　BはC社に入社しても不動産に関連する法務を行う認識でいましたが、実際には不動産ファンドやベンチャー投資といった金融法務を行っていました。このような期待と現実のギャップにより、Bは自分のスキルや経験が生かせないと感じて自信を失いやすくなります。また、Bは「今の会社は自分に合っていないのではないか」という自己疑念を抱いています。これらの事情は「職業的自己効力感（career self-efficacy）」の低下を示唆しており、心理的には自分の能力や適応力に対する不信感が強くなることを意味します。職場での役割や将来のキャリアに対する不安が強い場合、長期的には自己肯定感の低下や、抑うつ症状につながるリスクがあります。

Ⅱ 企業内弁護士Bが取った対策

1. 働く場所を変えたこと

　Bは仕事とプライベートの境界が曖昧なことに悩み、働く場所を自宅からカフェやコワーキングスペースに変えました。これは物理的に境界を明確にして、仕事とプライベートの時間を分けて、仕事のストレスをプライベートの時間に持ち込むことを防げるため、有効な対策です。また、物理的な環境を変えることは気分転換となり集中力の向上などに役立つだけでなく、コワーキングスペースなどは他の利用者との軽い交流や雑談の機会を得られます。リモートワークで孤立感を感じていたBには、コミュニケーションの機会を得て孤立感の軽減が可能になるので有効な対策でしょう。そして、このような対策で改善が見込めれば、「自分は問題に対処できる」と認識できるようになるため、自己効力感を高めることができます。

2. コミュニケーションを増やしたこと

　A社勤務時にBは対面でのコミュニケーションが自分に合っていると認識しており、これがBの働き方にとって大きな「価値」のある環境でした。実際にC社に転職して対面でのコミュニケーションが減って働きづらさを感じたことで、この価値の重要性を再認識して、Bはコミュニケーションを意識して取るようにしています。そして、Bが働きづらさから感じた苦痛は「孤独感」や「孤立感」ですから、オンライン会議を含めた対面でのコミュニケーション量を増やすことは社会的支援や緩衝要因を改善することにつながり、適切な解決法ということができます。

3．リモートワークでの仕事と生活の切り替え

　リモートワークのデメリットとして「仕事と仕事以外の切り分けが難しいこと」と「長時間労働になりやすいこと」が指摘されています。Bは業務時間外にメールなどの連絡を見ないようにしてオフの時間を確保しています。仕事とプライベートを明確に分ける方法として、ワークライフバランスの回復において効果的な対応です。また、C社でパフォーマンスを発揮しきれていないと認識しているBとしては不安の解消のために長時間働き続ける選択肢もある中で、能動的に働き方を決めたことは自身の無力感の軽減になる点も評価できるポイントです。なお、長時間労働はメンタルヘルスの観点からは基本的には望ましくないため、他の選択肢で解決できるのであれば他の選択肢を実施することを推奨します。

4．金融法務の勉強を開始したこと

　Bは必要に迫られて金融法務の勉強を始めており、これにはさまざまなメリットがあります。Bは知識不足を補うために勉強しており、これは知識不足からくる不安感の減少や業務に自信をもつことに直接貢献します。また、新しい知識やスキルを習得することにつながるので、自己効力感の向上だけでなく、スキルセットが増えることでキャリアの発展にもつながります。本事例でBは取り組めていませんが、金融法務の学習の過程で、同僚に質問するなどの話す機会を持つことができれば、コミュニケーションの増加にもつながるので、Bの状況を改善できるかもしれません。

Ⅲ 本事例で取れるその他の対策や予防

1. 職場の変化への対応方法

　転職という大きな環境の変化そのものがストレスであり、本来新たな環境に慣れるまでの時間を必要としています。環境への順応がうまくいかないときに外からのストレスを減らす方法としては「環境調整」が挙げられます。大きな環境調整は「転職」や「休職」ですが、大きな環境調整は最終手段として残しておく方がよいでしょう。いきなり大きな環境調整を試みるのではなく、現時点で実現可能性が高く、より負担の少ない環境調整を探すことから開始します。小さな環境調整としては、チームや上司と定期的なミーティングの時間を確保することが挙げられます。個人の順応力を増やす現在の悪循環をもたらしているメカニズムを理解し、ストレスを減らすための対策を考えます。

　また、ベンチャー投資やファンドの知識を得ることで、Bから提案ができるようになれば依頼部門からの相談が増え、Bの望むコミュニケーションができるようになることも考えられます。

　加えて、Bは今回の転職の経験を通じて自分が職場に求める環境が明確になったということもでき、その差分を明確に認識できることで必要な環境が見えるようになったというメリットもあると考えられます。自分のキャリアを決める際に、仕事において最も大切にする価値観のことを「キャリアアンカー」といいます。仕事や人生において軸となるアンカーを把握することで、仕事に求めていることが明確になり、納得のいく働き方を選びやすくなると考えられています。

2. 職業的自己効力感の低下への対応

　Bは、前職の経験を生かせると考えた不動産金融業界を転職先にしましたが、その期待と現実には大きなギャップがあり、職業的自己肯定感

が低下しています。この場合、具体的で達成可能な目標を設定して[4]、それを達成することは自己効力感の向上に役立ちます。また、成功体験の振り返りも自分の能力への信頼を取り戻し、自己効力感を高めることに有効です。なお、成功体験の振り返りを苦手とする方がいるかもしれませんが、案件の成功や同僚からの感謝の言葉、チームの目標達成などの具体的なエピソードを思い出すことが重要です。その他に、メンターやカウンセラーとの対話を通じて成功体験を振り返ることも考えられます。

3. 不調に気づく

　Bは転職後に、転職が非常に大きなストレスになることに気づきました。幸いにも、このストレスを原因とする症状が出る段階にまでは至っていませんが、場合によっては病気に発展する場合があります。例えば、転職の場面で罹患することが考えられる病気の1つに適応障害があります（理論編第3章Ⅱ2.参照）。その症状には、大きく分けて「心の症状」「身体の症状」「行動面での変化」の3つがあります。心の症状の例としては、抑うつや不安などがあり、うつ病とよく似ています。何をしても楽しめない、やる気が出ないなどの意欲の低下、ストレスとなる出来事（仕事や会社）について考えると、焦りや緊張、不安を感じて涙が出てしまうことがあります。身体の症状としては、不眠、食欲不振、頭痛や吐き気、腹痛、腰痛、めまい、動悸、倦怠感、疲労感などがあります。行動面での変化としては、欠勤、喫煙や飲酒量の増加、過食や拒食、買い物やギャンブルへの依存などがあります。これらの状態は適応障害の症状の一部ですが、仮にいずれかの状態にあったとしても、直ちに適応障害であるとはいえません。

　もっとも、上記の状態にある場合には何らかの不調が生じている可能

---

[4] 目標設定時にはSMART（具体的、測定可能、達成可能、価値観や長期目標との関連、期限）という目標設定のフレームワークを活用することも有効です。

性は高いため、不調に気づくためのヒントになります。しかし、身体の不調が目立つ場合は心の不調（適応障害）と気づかず、内科の受診を繰り返すうちに不調が悪化してしまうことがあります。一人暮らしでリモートワークをしていると自他ともにメンタルヘルスの不調に気づかないことも少なくありません。ご自身の状態の変化に気づくのは容易ではないかもしれませんが、理論編第3章Ⅰで紹介しているチェックリスト等も参考に自身の状態を定期的に確認してください。

もし既に身体や心の症状によって生活や仕事に支障が出ている場合は、メンタルクリニックの受診が必要になります。早期の治療によって悪循環を防ぎ、早期の回復を図ることができます（理論編第6章参照）。

参考文献
Hurrell, J. J., & McLaney, M. A. "Exposure to job stress— A new psychometric instrument." *Scandinavian Journal of Work, Environment and Health*, vol.14（Supplement1）,（1988）pp.27-28
厚生労働省「テレワークの適切な導入及び実施の推進のためのガイドライン」（2024年）(https://www.mhlw.go.jp/stf/seisakunitsuite/bunya/koyou_roudou/roudoukijun/shigoto/guideline.html)

（鶴田 信子）

執筆者一覧

(2025年2月1日現在)

編集代表・執筆

三浦 光太郎(みうら こうたろう)

　Ami代表。弁護士有資格者(留学のため登録抹消中)。一般社団法人AIメンタルヘルスケア協会理事。2015年中央大学法学部法律学科卒業、2017年東京大学法科大学院修了、2018年弁護士登録。法律事務所勤務を経て、2022年より企業の法務部に所属。2024年よりLondon School of Economics and Political Science (MSc in Human Resources and Organisations (Organisational Behaviour)) に留学。2020年Amiを設立。Amiでの弁護士のメンタルヘルスケアの取り組みにより、日本弁護士連合会の2022年度若手チャレンジ基金制度における「弁護士業務における先進的な取組等に対する表彰」でシルバージャフバ賞を受賞。

Amiについて

　弁護士をはじめとする法曹関係者の持続可能な生き方・働き方を実現するために、法曹関係者にメンタルヘルスケアサービスを提供する団体。法曹関係者個人向けにカウンセリングを、法律事務所向けに所員の業務負担の調査・分析・コンサルティング・カウンセリングを提供。令和4年度日弁連夏季研修(北海道地区)における「弁護士のメンタルヘルス」(日本弁護士連合会編『日弁連研修叢書 現代法律実務の諸問題〈令和4年度研修版〉』第一法規(2023年)に掲載)などのメンタルヘルスケアに関する研修会を日本弁護士連合会や各弁護士会、法律事務所、企業にて実施。

執筆【五十音順】

熱田 英範（あつた ひでのり）
　医師。広尾メンタルクリニック院長。1998 年東京医科歯科大学医学部医学科卒業。国立精神・神経センター武蔵病院、国立療養所南花巻病院、東京医科歯科大学医学部附属病院、東京都立広尾病院勤務を経て、2020 年より現職。精神保健指定医、日本精神神経学会精神科専門医・指導医、臨床研修指導医。

岩田 いく実（いわた いくみ）
　士業特化型ライター・インタビュアー。福井県立大学卒業後、損害保険会社勤務時に家族が交通事故の被害者となり、長期にわたる訴訟を経験する。訴訟を通じて弁護士の活動に触れたことをきっかけに法テラス・法律事務所に勤務した後、士業特化型のライター・インタビュアーとして独立。年間 60 人を超える弁護士などの取材を行う。本書の事例編に関して弁護士へのインタビューを担当。Ami 所属。

岡本 かおり（おかもと かおり）
　清泉女学院大学人間学部教授。専門は臨床心理学・犯罪心理学（被害者臨床）。臨床心理士・公認心理師。博士（心理学）。

小木曽 眞知子（おぎそ まちこ）
　社会福祉法人アザレア福祉会理事長。精神保健福祉士・公認心理師・社会福祉士。修士（社会福祉学）。医療観察事件や刑事事件、債務整理、成年後見人などの領域で弁護士と共に課題解決に取り組む。Ami 所属。

小山 拓哉(こやま たくや)

　臨床心理士・公認心理師・精神保健福祉士。修士（臨床心理学）。医療機関勤務。デイケア、リワーク、産業保健などの多領域で臨床経験を積む。「ロールプレイで学ぶマイクロカウンセリング技法」「初学者のための事例で学ぶ摂食障害のアセスメントと介入」「臨床アドラー心理学入門―実践家に聞く、支援への活用法―」などの講演を実施。Ami所属。

鈴木 健一(すずき けんいち)

　臨床心理士・公認心理師・マインドフルネス講師。修士（心理学）。精神科クリニックと私立大学（非常勤講師）に勤務。2023年 Tochigi Mindfulness & Counseling Takibi を開業。マインドフルネスのトレーニングや弁護士・対人援助職向けの研修を実施。Ami所属。

鶴田 信子(つるた のぶこ)

　臨床心理士・公認心理師。修士（心理学）。都道府県公安委員会指定犯罪被害者等早期援助団体、精神科クリニック、企業の健康管理室に勤務。大学病院や公立中学校のスクールカウンセラー、大学での非常勤講師などの勤務を経て現職。専門はトラウマやグリーフケア、被害者支援。Ami所属。

中村 洸太(なかむら こうた)

　東洋学園大学人間科学部専任講師。臨床心理士・公認心理師・精神保健福祉士・産業カウンセラー。博士（ヒューマン・ケア科学）。精神科・心療内科クリニックや大学病院などの勤務を経て、現在スクールカウンセラーや働く人のカウンセリング、管理職・人事・産業保健スタッフへのコンサルテーションなどを行う。Ami所属。

野﨑 麻里(のさき まり)

　臨床心理士・公認心理師。修士（教育学）。都道府県公安委員会指定犯罪被害者等早期援助団体・医療機関勤務。専門は被害者支援。Ami所属。

サービス・インフォメーション

　　　　　　　　　　　　　　　　　　　　――― 通話無料 ―――
① 商品に関するご照会・お申込みのご依頼
　　　TEL 0120 (203) 694／FAX 0120 (302) 640
② ご住所・ご名義等各種変更のご連絡
　　　TEL 0120 (203) 696／FAX 0120 (202) 974
③ 請求・お支払いに関するご照会・ご要望
　　　TEL 0120 (203) 695／FAX 0120 (202) 973

●フリーダイヤル（TEL）の受付時間は、土・日・祝日を除く
　9：00～17：30です。
●FAXは24時間受け付けておりますので、あわせてご利用ください。

今からでもすぐできる！　弁護士メンタルヘルスケアの心得
～メンタルお悩み事例から学ぶ　セルフケア実践法～

2025年3月15日　初版発行

編　著　　三　浦　光太郎
発行者　　田　中　英　弥
発行所　　第一法規株式会社
　　　　　〒107-8560　東京都港区南青山2-11-17
　　　　　ホームページ　https://www.daiichihoki.co.jp/

弁護士メンタル　　ISBN 978-4-474-04800-3　C2032 (9)